本书获教育部哲学社会科学研究重大委托项目《吉林新发掘日本侵华档案中若干重大侵华罪行研究》（14JZDW006）资助

鼓楼史学丛书·区域与社会研究系列

日本“北满移民”研究

RIBEN “BEIMANYIMIN” YANJIU

马伟 著

中国社会科学出版社

图书在版编目（CIP）数据

日本“北满移民”研究／马伟著．—北京：中国社会科学出版社，2015.10

ISBN 978－7－5161－5591－2

Ⅰ.①日…　Ⅱ.①马…　Ⅲ.①侵华事件—研究—日本②日本人—移民—研究—东北地区　Ⅳ.①K265.607

中国版本图书馆 CIP 数据核字(2015)第 037471 号

出 版 人　赵剑英
责任编辑　宋燕鹏
责任校对　王　斐
责任印制　李寡寡

出　　版　中国社会科学出版社
社　　址　北京鼓楼西大街甲 158 号
邮　　编　100720
网　　址　http://www.csspw.cn
发 行 部　010－84083685
门 市 部　010－84029450
经　　销　新华书店及其他书店

印　　刷　北京市大兴区新魏印刷厂
装　　订　廊坊市广阳区广增装订厂
版　　次　2015 年 10 月第 1 版
印　　次　2015 年 10 月第 1 次印刷

开　　本　710×1000　1/16
印　　张　17
插　　页　2
字　　数　287 千字
定　　价　56.00 元

序　一

马伟本科在兰州大学历史系学习，毕业后分配到黑龙江佳木斯大学任教。十多年前考上陕西师范大学亚洲史专业方向研究生，成为我的学生。在学期间他学习认真刻苦，善于钻研问题，除发表过两篇学术论文之外，硕士毕业论文也得到答辩委员的一致好评，获得十分难得的“优秀”评价。2007 年毕业后返回佳木斯大学继续从教，其间和我仍然保持着联系，我为他的发展进步感到由衷的欣慰！

作为一名年轻教师，不仅要面对热切求知的莘莘学子，应对繁重的教学任务，还要进一步发展从事“令人生畏”的科研活动。无疑，在佳木斯大学任教的这些年，马伟在上述诸多方面都做得比较成功。短短几年中，他已在一些核心或重要杂志上发表了十余篇专业论文，申报的黑龙江省教育厅课题，教育部人文社会科学课题也已经圆满结项，并获得很好的评价。摆在读者面前的这本著作，就是马伟完成教育部项目的结项成果。另外，我了解到他对本成果经过一年多时间潜心修正，也还请其他专家最后过目，本成果应该是近期在这个领域涌现出的一部较高水平的著述。

我本人近二十年来主要关注古代中韩、中日关系史，承担国家和省部级项目的研究，出版过几种相关论著。虽然也给研究生、本科生讲授东亚国家关系史课程，涉及近现代史的一些具体内容，但并未有专门的研究成果发表。马伟让我写序，起初我确实感到有点为难，翻来覆去几次，最后我觉得还是非常有必要。故而夙兴夜寐阅读书稿，获得了此前不曾了解的许多东西，很是高兴！这当然要感谢马伟给我的这个学习机会。

《日本“北满移民”研究》全书 24 万字，共有七部分内容。本书在已有研究基础上，运用现存日文文献，以及黑龙江、吉林两省档案馆所藏日伪时期的移民资料，精心论证，能发前人未发之覆，在某些方面有相当好的说服力。具体来说，我认为有以下几个方面值得关注。

首先，本书对“满洲”及其衍生的概念“北满”“南满”进行了考辨。认为其衍生词“北满”“南满”源于俄人，成于日人，后居然为韩国及国内学术界、舆论界所接受。据我了解，现在日本、韩国的一些学者或政客，当提到我国东北地域之时，仍然运用此前的“满洲”“北满”“南满”等提法。

其次，在策划移民侵略方面，东宫铁男其人多被学界所忽视，本书依据现存真实可靠的史料，对东宫铁男涉及的问题做了专题研究。1932年6月，东宫铁男向关东军司令部提出“吉林屯垦基干队编成意见书”，建议在吉林东部十县，以日本退伍军人为基础，组建吉林“屯垦军”，从而拉开了日本移民侵略的帷幕。而加藤完治其人在切实推动移民侵略之前，先后在山形县自治讲习所、茨城县国民高等教育学校进行殖民教育达二十年，并创设了“五部编成教育”模式，以教唆青少年移民侵略他国为己任。1935年设置的内原训练所是“五部编成教育”中之第五部“短期训练”的延伸和扩大。东宫铁男、加藤完治两人与移民侵略的实际推动者关东军互为表里，都是“北满移民”侵略的主要推手。

还有，日本移民的农业经营问题上，国内学界研究成果较少。而日本官方所标榜的日本移民为东北农业带来了新技术、新农具、新制度，使“北满”农业步入近代化。但本书作者经过考察发现，日本移民的营农效果，即便拥有大量的优质资源，长时间也很难实现收支平衡，还产生了厌农情绪。伪满后期，为了提高粮食的掠取质量，在移民团中推行机械化作业，但因资金、技术等原因，最终又回归畜力耕作。“北满改良农法”，也因日本战败而不了了之。总而言之，本书有相当的理论性支撑，又结合史料突出现实性价值，从宏观总体看，亦有相当的参考价值和学术感染力。

可能本书值得关注推崇的地方还有很多，而本人并非从事这一领域研究的学者，故而或许挂一漏万，难得其实质和精华。当然，书中的不足部分，也请读者多多批评，以便马伟在以后的学术探索道路上汲取经验教训，取得更多、更扎实的成果。

衷心希望马伟以这本著作的出版为契机，在现有研究的基础上发奋努力，在东亚历史研究领域打造自己的一片新天地。

是为序！

拜根兴

2014 年 10 月 25 日

于陕西师范大学寒舍

序　二

马伟同志专著《日本“北满移民”研究》即将出版，索序于我。我对本书所研究的问题有所了解，故可略说几句。日本“满洲移民”一直是日本侵华史研究的重大课题，其侵略形式多样，有武装移民、农业移民、满蒙开拓青少年义勇军、“满洲建设勤劳奉仕队”等，经过学术界多年的研究，已涌现出如衣保中《朝鲜移民与东北地区水田开发》、高乐才《日本“满洲”移民研究》等优秀成果。研究这段历史，不仅对于梳理日本移民侵略东北历史具有填补空白的重要价值，而且在目前日本右翼势力试图否认殖民侵略史，揭露日本侵华的罪恶历史，具有重要的爱国教育意义，有利于增强民族意识和国家安全感，具有重要的现实意义。

马伟同志的专著，是近期涌现出的一部较高水平的著述。全书24万字，共七部分内容。在已有研究基础上，运用日文文献及黑龙江、吉林档案馆所藏日伪时期的移民资料，能发前人未发之覆，有一定的说服力。

首先，该著述在前人研究基础上，对“满洲”及其衍生概念“北满”“南满”进行了考辨。认为“满洲”与“满珠”并无本质区别，清太宗为了显示其鸿鹄之志，着重于对外宣传，恢复了 manju 之旧称，在“满洲”“满珠”之间，显然前者更适合。“满洲”更符合中原文化的特点。其研究有一定代表性。

其次，开创性的对加藤完治的殖民教育思想及实践进行全面探讨，并将其殖民教育体系总结为“五部编成教育模式”；在策划移民侵略方面，东宫铁男多被忽视，该著述都进行专题研究。1932 年 6 月，东宫铁男向关东军司令部提出“吉林屯垦基干队编成意见书”，建议在吉林东部十县，以日本退伍军人为基础，组建吉林“屯垦军”，从而拉开了日本移民侵略的帷幕。

加藤完治在切实推动移民侵略之前，先后在山形县自治讲习所、茨城县国民高等教育学校进行殖民教育达二十年，并创设了“五部编成教育”模式，以教唆青少年移民侵略他国为己任。1935 年设置的内原训练所是“五部编成教育”中之第五部“短期训练”的延伸和扩大。此二人与移民侵略的实际推动者关东军互为表里，都是“北满移民”侵略的主要推手。

在移民用地的掠取及“原住民”的研究上也很有特点。1915 年，日本就已在东北掠取土地，九一八后这种掠取国策化，为了掩人耳目，还宣称只对“未耕地”或“未利用地”进行收买，但在实际掠取中，采取熟地荒地“一揽子收买”计划。为了缓和民族矛盾，日伪实行“内国开拓民”政策，迫使失地农户进行距离不等的迁徙运动，实质是开垦荒地、掠取粮食。从实施的规模和过程看，“内国开拓民”类似于“集团部落”。从拥有土地的性质看，“内国开拓民”实质是国家佃户。虽对“内国开拓民”进行资助，但多数被“土地经理人”攫取。

还有，日本移民的农业经营问题上，国内成果较少，该著述拿出近 4 万字的篇幅进行考察，日本宣称，他们的移民为东北农业带来了新技术、新农具、新制度，使“北满”农业步入近代化。但在考察中发现，日本移民的营农效果，即便拥有大量的优质资源，长时间也很难实现收支平衡，还产生了厌农情绪。伪满后期，为了提高粮食的掠取质量，在移民团中推行机械化作业，但因资金、技术等原因，最终又回归畜力耕作。“北满改良农法”也因日本战败而不了了之。

可以肯定的说，“满洲建设勤劳奉仕队”的研究，国内几乎无人关注。这是一项独立的移民侵略政策，本书对此进行了开创性研究，认为该移民行为分“长期勤劳奉仕”和“短期勤劳奉仕”，前者属移民行为，后者终了后，其职能由伪满勤奉制所继承。

马伟，我是熟悉的，和我交流也较频繁。该同志早年在兰州大学、陕西师范大学读本科和硕士至今，勤于学问，尤其专注于史料的挖掘梳理，终有所成。近年不仅发表论文多篇，还完成教育部青年课题，实乃青年俊才，后生可畏。对于这样的同志，我是一贯支持的，也愿意为之作序。总而言之，该著述有一定的理论性和现实性，总体还是不错的，希望该同志不断努力，取得更大的成绩。

是为序。

吴祖鲲

2014 年 9 月 20 日

（作者为中共吉林省委党校教授，曾为加拿大卡尔加里大学客座学者）

目　　录

绪　论

一　本书所用名称解析

明清以来东北称谓几经变迁。明朝一般将山海关以东称为“关东”或“关外”，以西则称为“关内”或“关里”。有清一代沿用此称谓。1907 年，清廷改东北军政制为行省制，设东三省总督。“东三省”“东省”遂成为东北另一称谓。

但俄人在东北称谓上却另起炉灶。1897 年，俄国财政部编《满洲地志》，不顾历史事实，率先从地理上将东北称为“满洲”，此前该称谓仅是族名。俄人据此还提出“满洲”倾斜面区分法，认为“北满”是西伯利亚的延伸，面积占“满洲”八成以上，“南满”面积较小属于中国。日俄战争后，双方以长春为界，瓜分东北，北属俄，南归日。

由此可见，将“北满”“南满”作为地理名词，是俄日所为。而近代中国，在国际上缺乏话语权，但还竭力学习西方，在某些问题的看法，往往是潜意识的接受。对于俄日将“北满”“南满”作为地名，竟也不加区分地顺延使用。“东省”经济调查局编印《北满农业》，《东方杂志》所刊文章《南满水田志》《满洲移民的历史和现状》等，均使用该名称。当然，“东三省”“东省”等传统称谓并未停止使用，而且还将“北满”称为“东北北部”，“南满”称为“东北南部”。

本书以“北满”为题，主要基于以下三方面考虑。第一，“关东”多指辽宁一带，“关东北部”学术界很少使用，“东北北部”完全是个地理概念，且略显拗口，关键是不具有历史意义。第二，采用“北满”，主要突出 19 世纪后期至 20 世纪前期帝国主义对东北的侵略，既具有一定的批判性、现实性，又具有一定的历史性。第三，俄日制造的“北满”屈辱史，我们早已洗刷，不应再左右我们的思维。综合以上，本书使用“北满”这一概念。

二 “满洲移民”缘何称“北满移民”？

首先，从人口分布角度看，1919年东省总人口2003.9万，其中“南满”占62.3%，“北满”占37.7%。经过十年的移民固边，1928年总人口增加到2404万，其中“南满”比重降为57.3%，“北满”上升为42.7%，但“北满”面积却是“南满”的3.13倍。从单位面积看，“南满”人口已趋于饱和，密度达14.1人，与陕西、山西类似，而“北满”仅3.7人。所以，日本帝国主义将移民侵略的目光重点投向了“北满”。

再从日本移民的分布区域看，1932至1936年，共殖入9个移民团2760户，经过病死、战死、退团，后又动员家属补充增加，截至1938年末，上述移民团共6605人，[①] 全部分布在牡丹江和三江地区。1936年，日本实施“百万户国策”移民计划。在1000万公顷的掠地计划中，“北满”占75%。[②] 截至1941年底，满拓公社掠地1172万公顷，“北满”占71.6%。[③] 伪开拓总局掠830.6万公顷，91%分布在“北满”。[④] 截至1943年12月，日本在东北移民团（村）623个，53620户，155390人，[⑤]“北满”占户数的95.2%，人数的94.93%。

再从移民训练所的设置看，截至1941年3月，基本移民训练所7个，训练生10030名；甲种训练所35个，训练生9253名；乙种训练所18个，

① 东亚研究所：《关于满洲开拓民的资料性调查研究》（中间报告），1941年4月，第27—28页。

② “三江省地带，300万町步；小兴安岭南麓地带，100万町步；齐齐哈尔以北松花江上游地带，200万町步；黑河瑷珲地带，50万町步；旧中东铁路东线地带，20万町步；京图及拉滨线地带80町步。”共750万町步。

③ ［日］“满史会”编：《日本帝国主义在中国东北的移民》，黑龙江人民出版社1991年版，第199页。

④ 《满洲开拓论》，明文堂1944年版，第364页。另在伪“黑河、北安、三江、东安、牡丹江、滨江、龙江”等“北满”7省共掠夺土地9683252公顷，占总数的91%。参见《黑龙江文史资料》（第30辑）。

⑤ 据《满洲开发四十年史》（上）（中译本）第540—565页“日本内地人开拓员一览表”（1943年12月止）统计。

训练生 9224 名；满铁训练所 31 个，训练生 8433 名；丙种训练所 3 个，训练生 1006 名。合计 94 个，容纳训练生 37945 人，其中“北满”训练所 76 个，人数超过 80%。

“满洲建设勤劳奉仕队”是一种独立的青少年移民形式。其九成队员在“满”苏边界和“北满”活动。1943 年，“开拓女塾”共 12 处，1944 年又在秋梨沟、宁安、克山、庆安和嫩江新设 5 处，全部分布在“北满”。

综上所述，“北满移民”几乎可囊括“满洲移民”。这就牵扯出一个问题，在论述的过程中，是否需要对“北满移民”和“满洲移民”进行严格区分？本书采用的策略是，能区分的尽量单独论述，模糊的则从整体进行考察。

三　日本“北满移民”概略

日俄战争后，当时的日军参谋总长儿玉源太郎、“满铁”第一任总裁后藤新平就极力鼓吹向中国东北移民。1905 年，后藤新平在《就任满铁总裁情由书》中说，“经营满洲”的核心思想有四个，“第一经营铁路；第二开发煤矿；第三移民；第四兴办畜牧农业设备……其中必以移民为要务……现在如依靠经营铁路不出十年将得以向满洲移民 50 万，俄国虽强也不能向我开启战端”①。后藤新平移民侵略的思想为“满铁”和关东军所继承。1915 年“关东都督府”施行了“爱川村”移民。几乎同时，“满铁”还推行了独立守备队退役兵移民。1929 年 4 月，“满铁”又成立了“大连农事株式会社”，收买土地，组织移民，计划 5 年内向“关东州”移民 500 户。但以上移民试探均告失败。

“九·一八”事变后，日本少壮派军官东宫铁男制定了《在乡军人及朝鲜人满蒙移民方案》，提出将朝鲜人大规模迁入“满洲”，并由日本退伍军人予以节制。1932 年 1 月 26—27 日，关东军主持召开了“满蒙法制及经济政策咨询会”，那须浩、桥本传左卫门主张断然“满洲移民”，实行急进式移民政策。《移民方策案》《日本人移民案要纲》和《屯田兵制

① 南满州铁道株式会社编辑：《南满州铁道株式会社十年史》，满洲日日新闻社 1919 年版，第 111 页。

移民案要纲》等要求在未来十年内“特别农业移民”1万人，十五年间“普通移民”10万人。但该移民案仅停留在字面上。需要注意的是，此时关东军推行以“普通移民”为主、“特别农业移民”为辅的侵略政策。

1932年2月，拓务省以加藤集团[①]制定的《满蒙殖民事业计划书》（六千人移民案）为基础上制定了《满蒙殖民计划书》，但在第62届临时国会上未获通过。6月7日，东宫铁男提出“以日本在乡军人组建屯垦军基干部队，永驻吉林省东北地区（今黑龙江省佳木斯地区）”[②]的武装移民的建议，并将此作为防卫苏联和打击我抗日武装的基干。其军事功能显而易见。6月10日，关东军有限度地接受了该意见。7月17日，关东军安排东宫铁男与加藤完治在奉天会面，重新调整了移民政策。8月16日，“一千户移民案”（“第三次移民案”）在第63届临时国会上表决通过。该计划书在宗旨中强调，“满洲移民”是千载难逢的机会，及早尽可能多的向我国东北移民，根据日本现状，是最重要的事业之一[③]。“一千户”分两批移植于“北满”。此项移民计划开启了日本“武装移民”的序幕。

1933年2月13日，关东军在特务部增设了移民部，统一规划移民事务。1934年11月26日至12月6日，移民部在长春召开移民会议，针对移民的经营形态作了初步规划，会议的成果之一《北满地方以旱田耕作为主体的农业经营案》及《北满地方移民农业经营案（20町步案）》。1935年3月，关东军在两个“经营案”的基础上制定了《北满移民农业经营标准案》。7月，日本拓务省《北满移民农业经营标准案》稍作改动，给予确认。该标准案遂成为日本移民经营的基本指导方案。

1936年5月，关东军出台了更大规模的《满洲农业移民百万户移住计划案》和《甲种移民（即集团移民）的暂行实施要领案》，提出20年内向中国东北移民100万户500万人的庞大移民计划，计划分四期完成，第一期10万户，以后依次递增，第四期达到40万户。7月，制定出《日本人移民用地整备要纲》，提出移民用地的取得速度快且要价廉的方针。8月25

---

① 加藤完治、那须浩，京都帝国大学农学教授桥本传左卫门，农林次官石黑忠笃及小平权一等五人，组成“日本满蒙移民御用集团”（有时也会加上公主岭农事实习所所长宗光彦）。

② ［日］山田豪一：《满洲的反满抗日运动与农业移民》（上），转引自《东北沦陷十四年史》辽宁编写组翻译发行《满洲开发四十年史》（上），1988年，第518页。

③ 日本“满史会”编：《满洲国史（总论）》，黑龙江省社会科学院历史研究所译，1990年版，第666页。

日，广田弘毅内阁正式宣布“百万户移民计划”是日本七大国策之一。

1937年，日本拓务省制订出《满洲移民第一期（1937—1941）实施计划要领》，内容包括移民种类、入殖地域及营农等方面。[①] 计划采用集团移民、集合移民、分散移民等形式。满鲜拓殖公社成立后，朝鲜移民正式纳入其中。在“百万户移民”中，日本殖民主义者还采取“分村分乡”移民办法，把国内一个村或乡作为“母村”，将半个或部分村屯整体移植，建立一个“分村”或“子村”。“分村分乡”逐渐成为以后日本殖民东北的主要方式。

1938年1月，拓务省又颁布了《满蒙开拓青少年义勇军募集要纲》，规定青少年移民募集的对象是16岁至19岁的青少年。1941年又制订了《满洲开拓第二期五年计划》，第二期目标比前一期要更大。因为第一期完成率较低，希望第二期补上。由于日本帝国主义扩大战事，第二期完成率更不尽如人意。截至战败投降，日本农业移民102239户220968人。

四　日本侵华期间国内研究现状

关于日本帝国主义的移民侵略，民国舆论在关注日本对东北侵略时有所涉及，学术界则有较为深入的分析。“九·一八”事变后，关内移民生存艰难，纷纷返家还乡。其中，雇农、佃农尤为艰难。1934年前后，年工工资仅五六十元，养家都不够，很多人遂放弃关外生产生活。《满铁劳务时报》1932年12月载，“东北现有失业群众40万，内中有很多是失去土地的农民”。东北已有的社会秩序被破坏了。所谓的“要幸福，闯关东”已成为历史。

这是人为干预的结果。伪满中前期对于关内移民的政策是只出不进。1935年1月27日《中华日报》载，“本年度山东农民被驱逐出境的含有永久驱逐之意义。前年（1933年）4月至11月前赴东北的仅10129名，同年4月至11月被驱逐出境者超过84000名。特别是去年10月至11月被驱逐之人数较前年同期多三倍”。上述所列数据的确切性有待核实，但基本把关内移民的窘境勾画出来了。大连《工商月报》1935年5月第225号亦载，“1930年出关的华北农民有75万，回来的只有49万。1932年出

① ［日］喜多一雄：《满洲开拓论》，明文堂1944年版，第244—248页。

关的41万，回来的有50万”。这样看来，1930年留在东北的农民还有26万，1932年净流出近9万人。禁止关内农民的移入，显然是为日本移民侵略创造条件。

学术界在此方面的著述就深入了。《倭寇在东北的暴行记》中涉及“日人”“日本”等字眼，统统用××代替，具有强烈的时代特色。陈正谟编著《日本铁蹄下之东北农民》，试图唤起农民的民族意识，自觉地与日本帝国主义作斗争。该著述共六部分，约一万五千言，在序言中称，“中国的民众80%是农人，农人民族意识尤较薄弱，不能不就他们所关切的事实言之”[①]。认为中国之所以被日本所侵略、所侮辱，其中一个重要原因就是我国农民太多太分散，且民族意识薄弱，希望该书能在农村广泛传阅，增强民族意识，最终彻底摆脱被奴役被压迫的命运。书中还涉及前两次日本“武装移民”及日伪土地的掠取。

创刊于1904年的《东方杂志》，对日本移民问题刊发了多篇专题性文章，其中，1933年第17号王检《东三省日本移民的过去和将来》和1935年第19号瞿明宙《日本移民急进中的东北农民问题》较有代表性。

王文分析了“九·一八”前日本移民失败的原因，同时还重点介绍了日本人和朝鲜人土地的掠取、武装移民的训练、朝鲜移民村的建立及国内失业人员和技术工人的移殖。最后作者认为，“日本为永久占领东三省，以实现其移国大陆的计划起见，上述移民计划势必积极实行。我们的根本办法还是希望政府能够设法在短期内收回东三省和热河”[②]。

瞿文认为，日本移民东北历来有急进、缓进之分。“急进派主张以和平方式的移民完成军事计划的初步，因此不惜以武力作移民的后盾。缓进派主张在整个的南满、关东产业开发政策下，设立移民试验区，由试办而徐图进展。”[③]“九·一八”前是缓进，之后是急进。该文的一些图表和数据直到现在仍为学术界所引用。

马毅的《东北现势》对日本集团移民、集合移民和分散移民入侵的时间、地点、计划户数、实际户数、现有人数、移民团名称、移民村自身管理机构及交通情况，以列表的形式分别作了介绍。该书学术性较强。第

① 陈正谟编：《日本铁蹄下之东北农民》，中山文化教育馆1938年编印，序言第1页。

② 王检：《东三省日本移民的过去和将来》，《东方杂志》第30卷第17号，第48页。

③ 瞿明宙：《日本移民急进中的东北农民问题》，《东方杂志》第32卷第19号，第61页。

五章重点论述了日本的“百万移民计划”，内容有宏观计划、第一期移民基本状况及第二期的规划，其中包括到目前为止很少关注的“满洲建设勤劳奉仕队”“大陆归化农”“花嫁训练所”及“开拓女塾”。

关于朝鲜移民与日本移民的关系，民国学术界不约而同地将二者等同，认为朝鲜移民是日本侵略中国的先锋。刘思慕[①]所撰《七年来日寇对东北经济侵略的结算》第六部分“日鲜移民的阴谋”中，将日本人与朝鲜移民等同论述。王海波著《东北移民问题》更是将长期生活在我国东北的朝鲜民众，与日本人一样，称为侨民。

之所以如此认识朝鲜移民，原因不外有二：一是日本帝国主义长期以来蓄意挑拨朝鲜民族与汉民族关系，推行“扬鲜抑汉”政策，使我国民众普遍将朝鲜人视为日本侵华的同谋。二是日本殖民者长期推行“日人殖鲜，鲜人殖满”换位移民侵略政策，直接将朝鲜移民推向我国民众的对立面，国人普遍认为反对朝鲜人就抗击日本帝国主义。国民政府将在东北的朝鲜人、日本人称之为“韩侨”“日侨”。

关于日本移民侵略的实质问题，刘思慕认为日本移民东北的目的是侵略苏联，并为永久占有“满洲”寻找了一个借口。“日本占领‘满洲’后极力奖励日人移殖满洲从事农业，固然是有一部分想欺骗在国内备受压迫无法生活的农民，但更有一个重要的目的，就是想充实伪满的‘国防’。”[②]

对于日本移民侵略的结果，学术界认为是断断成功不了的。张海波认为，“其一，日本的最低工资也比我国东北高数倍，所以劳动者不愿去东北，东北的生活，更不宜日人居住。其二，日本每年在东北获得极为可观的大宗利益，但这种利益皆入了三井、三菱、大仓及安田诸大公司手中”[③]。不管其分析是否合理，认为日本移民行为不符合经济学常理，在当时有一定的代表性。

综上所述，关内媒体多无法亲临现场，所揭露和报道只限于某些片

---

① 抗战期间，为了向海外华侨报道宣传日本对我国之侵略，某些爱国人士组织了“国际新闻供应社”（简称国新社）。该机构在宣传日本侵略的同时，也结集出版揭露日本掠夺我国东北的专题文章。1938年刊行的《沦陷七周年的东北》就是这种形式。其中就收录了民国著名历史学家刘思慕撰写的《七年来日寇对东北经济侵略的结算》。

② 国新社编印：《沦陷七周年的东北》，1938年，第57页。

③ 王海波：《东北移民问题》，中华书局1932年版，第83页。

段。当地媒体则多由日本人出资或控制，对此也就轻描淡写，一概而论。学术界的考察则较为深入，其中将日本移民的基本类型、轮廓勾画得较清晰，并重点分析了其移民动机。

五 战后国内外研究现状

战后对日本“满洲”移民的研究，中日两国几乎同步进行。我国最早当属孔经纬教授，1961 年发表在《历史研究》第 3 期的《1931 至 1945 年间日本帝国主义移民我国东北的侵略活动》，系统地论述了日本移民政策的全貌，广受中外学术界关注。日本安藤彦太郎发表《战前的满洲经营论与日本移民》（《早稻田政治经济学杂志》第 171 号，1961 年），从经济学角度描述了日本的“满洲移民”。而此方面应重点关注山田豪一的论文《满洲的反满抗日运动与农业移民》（《历史评论》1962 年，上、中、下之一、之二），他将日本农业移民置于反“满”抗日的背景下进行考察，对其侵略性进行了反思。

移民政策方面，浅田乔二着墨较多，先后发表了《关东军的满洲农业移民计划（试验移民期）(1)、(2)、(3)》（《驹沢大学经济学论集》1973 年第 5 卷第 2、3 号和 1974 年第 6 卷第 1 号）和《拓务省的满洲农业移民计划（试验移民期）》（《驹沢大学经济学部研究纪要》1973 年第 32 号），将“满洲移民”放在日本帝国主义侵略东北的整个框架内，系统地分析了关东军、拓务省的各项移民政策发布的前前后后及实施情况。高乐才《日本“百万户移民”国策评析》（《历史研究》1999 年第 3 期）提出，1936 年日本政府制订的《二十年百万户移民计划》，利用移民协助关东军维持治安，镇压东北抗日武装，疯狂掠夺中国资源，不仅给中国人民带来了沉重的灾难，也给日本人造成了极大的苦痛。

移民机构的设置方面，君岛和彦《满洲农业移民有关机构的成立过程及活动情况——以满洲拓殖会社和满洲拓殖公社为中心》（“满史会”《日本帝国主义下的满洲移民》龙溪书舍 1976 年版）考察了日本各个移民时期的特设机构，尤其对满洲拓殖公社的成立及业务情况等进行了深入的研究。高乐才《“满洲拓植公社”在日本移民侵略中的地位和作用》（《东北师大学报（哲学社会科学版）》1998 年第 6 期）认为，“满拓”承担着日本移民用地的掠夺、经营、管理、分配、资金贷付、助成设施等任务，总揽日本移民用地的一切权力，是日本帝国主义侵华的得力助手和“别动队”。

青少年义勇军方面，中日双方均有涉及。北海道大学白取道博有四篇专题论文，其中《“满蒙开拓青少年义勇军”の变容（1938—1941 年）：“乡土部队编成”导入の意义》（《北海道大学教育学部纪要》1990 年第 54 号）对“乡土部队”青少年移民新募集法进行了集中研究。邓鹏《日本“满蒙开拓青少年义勇队”始末》（《学习与探索》1985 年第 1 期），孙继武、潘佩孟《日本“满蒙开拓青少年义勇军”计划的实施与崩溃》（《社会科学战线》1995 年第 4 期）），高乐才《日本侵华期间的青少年移民政策刍议》（《世界历史》2008 年第 4 期）等成果颇受关注。另外，上笠一郎、樱本富雄、田中宽等人也有成果。

朝鲜移民方面，依田憙家《满洲的朝鲜移民》（《日本帝国主义下的满洲移民》，1976 年），认为朝鲜移民是日本帝国主义殖民政策的一部分。孙春日《“满洲国”时期朝鲜开拓民研究》（2003）对朝鲜移民政策的形成过程及实施，作了详细论述，并与日本移民进行了比较。孙氏在之后《中国朝鲜族移民史》（2009）中对东北境内的朝鲜族移民作了系统考察，该研究在占有史料方面较为突出。

在日本移民的农业经营方面，浅田乔二《满洲农业移民的富农化、地主化状况》（《驹沢大学经济学论集》第 8 卷第 3 号）共四部分，分别对农业移民的入殖过程、经营状况、富农化及地主化进行了分析，结论是日本移民营农失败的根源就在于侵略本身。另外《满洲移民的农业经营状况》（《驹沢大学经济学论集》第 9 卷第 1 号）也需重点关注。

“大陆花嫁”的研究，近年已有所突破。小川津根子《大陆新娘》（中日学者共同研究《伪满洲国的真相》，2010 年，第 146—154 页）对日本女性移民的悲剧作了概括性的反思。石艳春《日本“满洲移民”中的女性》（《社会科学辑刊》2010 年第 2 期）将女子勤劳奉仕队与“大陆新娘”等同考察。另外还有王青的硕士论文《日本侵华期间“大陆新娘”政策研究（1931—1945）》（首都师范大学 2011 年硕士论文）。

日本移民系统性批判方面，近年有左学德《日本向中国东北移民史》（1998），高乐才《日本“满洲移民”研究》（2000），孙继武、郑敏编《日本向中国东北移民的调查与研究》（2002），王胜今《伪满时期中国东北地区移民研究》（2005），石艳春《日本“满洲移民”社会生活研究》

(2011) 等著述。其中，高乐才的著述运用多种文献，对日本帝国主义移民政策的演进、移民机构的设置及对中国“原住民”造成的伤害作了多方面的考察，在国内外影响较大。

总而言之，关于日本对东北移民的成果近年不断问世。日本的研究成果林林总总，数目众多，特点是关注面广且资料性强，从移民政策的形成、移民机构的设置、青少年义勇军移民到朝鲜移民、农业移民的经营和分村移民等，都有涉猎，但真正反思性的真知灼见并不多。近二十年我国在资料的占有上有所突破，在研究的系统性及反思上较为突出，而且还将移民侵略整体置于经济、社会等环境下，使学术研究的现实性得以体现。

本课题现存的问题及不足之处在于，加藤完治的殖民教育思想及实践，东宫铁男的移民推动作用，到目前为止，仅有拙文《东宫铁男与关东军“北满”移民政策探析》（《辽宁师范大学学报（社会科学版）》2013 年第 1 期），未见其他专题论述。“满洲建设勤劳奉仕队”是一种独立的移民侵略形式，也仅有拙文《伪满洲国的“勤劳奉仕”》（原题应为《日本侵华期间“满洲建设勤劳奉仕队”政策刍议》，《外国问题研究》2012 年第 4 期）。中国关内移民、朝鲜移民、日本移民在东北社会形成中的功能及系统性研究仍略显不足。

六　研究所用的材料及研究方法

本书以马克思主义唯物史观为指导，以档案史料为主，采取文献分析的方法进行研究。所利用的材料主要包括以下几类。

档案史料类。其一，吉林省图书馆伪满洲国史料编委会编纂的《伪满洲国史料》丛书，分政治军事、经济社会、文化教育、史志四编，汇集了伪满洲国自身以及相关资料，起止时间从 1927 年至 1945 年，全书共三十三册。文献来源包括日本和伪满当局的出版物、档案资料以及民国时期出版的揭露日本帝国主义侵华罪行、伪满洲国真相的部分文献资料，其中有十八种为馆藏孤本，是研究伪满洲国问题的重要史料。

其二，辽宁省档案馆编《满铁调查报告》（2005—2014），已出版至第七辑，每辑二十五卷，内有日本对我国关内及东北的各类调查报告，内容涉及交通、工业、农业、商业等，对区域经济研究具有一定的参考价值。黑龙江省档案馆编《东北日本移民档案（黑龙江卷）》（全 10 册），收集了400余件日本移民档案材料，记录了1932年至1945年间日本帝国主义移民侵略的具体情况。内容涉及湿地、“未利用地”的掠取，所谓“内国开拓民”、日本渔农移民、宗教移民、商工移民的状况及移民政策、法规等。吉林省档案馆编《东北日本移民档案（吉林卷）》（全5册）记录了伪满期间日本移民的土地掠取及其对移民政策的态度、生活状况，还涉及不堪忍受日本移民的压迫，并沦为其雇农、佃农的中国人的反抗和斗争等问题。这两套档案集中反映了日伪推行的移民侵略政策是以壮大日本在“北满”的实力为目的的，对研究日本帝国主义移民侵略有着重要的意义。

其三，辽宁省档案馆编《满铁密档》分《满铁与移民》综合卷（全8册）、分卷一（全6册）、分卷二（全6册），分别收录了东亚劝业会社、大连农事会社、满洲拓殖公（会）社等移民机构的档案，内容涉及这些机构的设立、规程、股份资金、会议、计划，以及移民经营状况、移民土地的利用等。对考察日本移民机构及日本对中国东北移民侵略都有重要的参考价值。

其四，中华书局陆续出版的《日本帝国主义侵华档案资料选编》，内容涉及“九·一八”事变、伪满傀儡政权、伪满警宪统治、东北“大讨伐”、东北历次大惨案、东北经济掠夺等，某些档案在国内是首次翻译发表。

其五，孙邦主编《伪满洲国史料丛书》，全书共10卷，选用了1200多篇文稿，共550多万字。这套书以口碑史料为主，对档案史料是有益的补充。

连续出版物类。伪国务院总务厅公开发行的《政府公报》，登载、公布各种公文及各官公署的文件等。该刊物起于1932年4月1日，止于1945年8月4日，除节假日外，每日一号，共3678号，另有“号外”367号，总计4045号。吉林省档案馆存《伪满洲国国务院总务厅档案资料》，《政府公报》就是其中一部分，现经整理成缩微胶片，方便读者查阅利用。辽沈书社于1990年影印出版了该套资料120册（少部分页缺失）。2009年，在李茂杰主持下，各相关机构经过两年多的努力，由线装书局再次影印出版了《伪满洲国政府公报全编》，做到了“一号不缺，一页不少”。

“满铁”经营的《盛京时报》，1906年在沈阳创办，为中文报刊，在大阪、哈尔滨有分社。该报以中国国内时事和评论为主，其中大量报道了东三省的商贸、金融、交通、教育等方面的信息，日本移民方面的报道也不少。

《东方杂志》创刊于1904年3月（清光绪三十年），至1948年12月终刊，是我国近现代期刊史上很重要的一份综合性刊物。该刊以时事政治为主，其中大量报道中国及世界各国军事、外交政策、教育方针、经济发展、宗教等。该杂志对伪满洲国建立前后。日本帝国主义加紧进行伪满政治控制、经济掠夺及文化愚弄，包括移民侵略等方面，均作了学术性分析。

日文类史料。1990年至1992年，日本不二出版社出版了船桥治编《满洲移民关系资料集成》（全40卷），记载了日本向中国东北移民的过程，包括各种重大会议纪要等内容。1993年至1994年，该机构又相继出版了白取道博编《满蒙开拓青少年义勇军关系资料》（全7卷），北博昭编《满洲建设勤劳奉仕队关系资料》及《兴亚学生勤劳报国队关系资料》等，这些资料集记载了满蒙青少年开拓团及日本“满洲建设勤劳奉仕”政策的出台及实施情况。

2000年，日本不二出版社出版了《拓け满蒙》《新满洲》《开拓》的资料集，作为《满洲移民移民资料集成》（全23卷）的第二期。《拓け满蒙》是日本“满洲移住协会”的机关杂志，之后改名为《新满洲》和《开拓》。“满洲移住协会”成立于1935年，主要对“开拓民”宣传、募集、斡旋及移民事业的推动、后援、调查、介绍、训练筹备等工作。它们均是研究日本“满洲”移民的基本资料。

本书在占有上述资料的基础上，利用已有成果，综合采用历史地理、人口学、统计学、社会学等方法，通过考证、归纳、分析等手段，对日本“北满”移民及其关联问题进行综合性研究，剖析并揭露日本移民侵略的毒害性。

七　本书的基本架构

本书共七部分内容。第一部分对“满洲”名称的出现、使用等问题进行考辨，并对其衍生概念“北满”“南满”进行界定。在清太宗看来，“满洲”与“满珠”并无本质区别，但从中原文化角度看，差异迥然，因而使用“满洲”。作为部落名的“满洲”，应源于辽金之际。作为地名，乃至国名，则是近代帝国主义侵略的产物。其衍生词“北满”“南满”源于俄人，成于日人，后居然为国内学术界、舆论界所接受。

日本独占东北后，视“北满”为其“北部边疆”。“北满边疆移民”所适用的理论为“历史结构性移民理论”。此移民理论以日本的殖民体系为框架，采用社会学研究方法，认为结构性移民有三大维度：长距离迁徙且有永久定居行为、群体性而非个体性、结构性的改变移入地的社会结构。三个维度都较高，适用“结构性移民理论”的可能性就高。日本“北满”移民用此理论解释较为合理。

第二部分，盘点俄日移民历史、清政府及民国政府的“移民实边”政策，并对日本农业移民人数进行了考辨。

第三部分，东宫铁男和加藤完治。东宫铁男代表关东军，加藤完治代表日本国内民间势力。他们共同协助决策层推动了移民侵略。1932 年 6 月，东宫铁男向关东军司令部提出“吉林屯垦基干队编成意见书”，建议在吉林东部十县，以日本退伍军人为基础，组建吉林“屯垦军”，从而拉开了日本移民侵略的帷幕。

加藤完治在切实推动移民侵略之前，先后在山形县自治讲习所、茨城县国民高等教育学校进行殖民教育达二十年，并创设了“五部编成教育”模式，以教唆青少年移民侵略他国为己任。1935 年设置的内原训练所是“五部编成教育”中之第五部“短期训练”的延伸和扩大。此二人与移民侵略的实际推动者关东军互为表里，都是“北满”移民侵略的主要推手。

第四部分，移民用地的掠取及“原住民”问题。从 1915 年起，日本已在东北掠取土地，“九・一八”后这种掠取国策化，为了掩人耳目，还宣称只对“未耕地”或“未利用地”进行收买，但在实际掠取中，采取熟地荒地“一揽子收买”计划。战后统计，日伪共掠取东北土地 3900 多万垧。

为缓和民族矛盾，日伪实行“内国开拓民”政策，迫使失地农户进行距离不等的迁徙运动，实质是开垦荒地、掠取粮食。从实施的规模和过程看，“内国开拓民”类似于“集团部落”。从拥有土地的性质看，“内国开拓民”实质是伪满国家的佃户。虽对“内国开拓民”进行资助，但多数被“土地经理人”攫取。

第五部分，主要考察日本移民的营农状况。日本宣称，他们的移民为东北农业带来了新技术、新农具、新制度，使“北满”农业步入近代化。但在考察中发现，日本移民的营农效果，即便拥有大量的优质资源，长时间也很难实现收支平衡，还产生了厌农情绪。伪满后期，为了提高粮食的掠取质量，在移民团中推行机械化作业，但因资金、技术等原因，最终又回归畜力耕作。实行的“北满改良农法”，也因日本战败而不了了之。

第六部分，“满洲建设勤劳奉仕队”研究。“满洲建设勤劳奉仕队”政策本是作为移民侵略的补充，但由于后期农业移民行将崩溃，此项政策遂演变为一项独立的移民侵略政策。从组织形式看，可分“长期勤劳奉仕队”和“短期勤劳奉仕队”。“长期勤劳奉仕队”包括“报国农场”、特设农场、米谷增产班等。此类人数较多，与一般农业移民无异。女子队属“长期勤劳奉仕队”，但原则上是作为青年男子移民的配偶出现的。“短期勤劳奉仕队”时间较短，主要以学生为主，如医疗特技队、畜产指导队等。1942 年后，“短期勤劳奉仕队”基本停止供出，伪满“勤劳奉公”运动则取而代之。“长期勤劳奉仕队”制度则坚定地向农业定居方面发展。

第七部分，近代“北满社会”实际是“北满移民”的深化。“北满移民”则是东北亚国家实力消长的产物。俄国移民、关内移民、朝鲜移民和日本移民是“北满主要移民体”。根据移民的持续性、规模、影响及国际政治、军事等因素，“北满移民”存在“主流移民”和“非主流移民”，据此大体可分为三阶段。1860—1897 年，移民的初始阶段。所谓的“移民”单指我国的关内移民，无“主流”与“非主流”之分，即便是关内移民，也是在“封”与“禁”中缓慢进行。1897—1930 年俄国移民略有优势，1931—1945 年日本移民则异军突起，但其规模、时间及影响都是阶段性的。关内移民由于特有的规模、时间等优势，虽时有反复，但主导了“北满”农业、县市及社会秩序的构建。

第一章

“满洲”称谓考辨及所涉移民理论之考察

一 “满洲”名称出现时间考辨

天聪九年（1635）十月十三日，皇太极颁发谕旨：“我国之名，原有满洲、哈达、乌喇、叶赫、辉发等，每有无知之人称之为‘诸申’。‘诸申’之谓者，乃席北超墨尔根族人也，与我何干？嗣后凡人皆须称我国原‘满洲’之名。”[①] 这段文献传递出的信息，第一，皇太极将本族族称由“诸申”（珠申）恢复为原先的“满洲”Manju；第二，“满洲”之名，与哈达、乌喇、叶赫、辉发一样，曾只是女真的一个部族名；第三，关于“满洲”原部族号，《清太宗实录》谓“统绪绵远，相传奕世”，此说法虽有粉饰之嫌，但古已有之，却是事实，并非后金年间突然创造。

那么，“满洲”究竟出现于何时？如何而来？皇太极为什么要复用之？这些疑问，学术界研究多年，仍疑点重重。本书认为，要考察“满洲”名称，首先，须勾勒出其出现的大体时间段，这至关重要。其次，关于来源，还要区分哪些是自称，哪些是他称，然后再辅以音韵学及词源学进行考证。另外，还应考虑皇太极时期的历史背景及其宏图大志。最后，无论是“珠申”“满洲”，还是哈达、叶赫、乌喇，都是朱理真 Jurchit（女真）部落的名称。

作为汉语的“满洲”，出现的时间倒是很早。东晋初年，明帝司马绍

---

① 《天聪九年档》，关嘉录、佟永功等译，天津古籍出版社 1987 年版，第 128 页。《清太宗实录》卷 25，第 29 页上也有相关记载，但修饰的成分较多。天聪七年、八年、九年档的内容乾隆年间的《满文老档》未收录，1935 年 9 月发现了上述史料。1969 年台湾《旧满洲档》收录之。

“将刘遐、苏峻济自满洲”[①]。基本可认为《魏书》所说“满洲”确为江南地名无疑，与本书之论无关。

作为部落名的“满洲”却是近世的事了。从时间上看，《满洲实录》《旧满洲档》是记载满族历史较为原始的史料，但也基本起于万历中后期。其次是《皇清开国方略》《满洲源流考》《八旗通志》《八旗满洲氏族通谱》，基本也都承袭了《清太祖高皇帝实录》。《太祖实录》编写长达120年，前后修改数次，如作为史料使用，要多方比较方可。

《清太祖高皇帝实录》载“布库里雍顺居长白山东，俄漠惠之野俄朵里城，国号曰‘满洲’Manju，是为满洲开基之始也”[②]。即布库里雍顺是“满洲”的始祖。《清史稿·太祖本纪》都督蒙特穆为其肇祖原皇帝。清太祖之裔也常称蒙特穆（猛哥帖木儿）为其肇祖。《说文》“肇”，始也。肇始同一，一个民族不能有两个始祖。那么，如何认识“布库里雍顺”“猛哥帖木儿”或“蒙特穆”？

关于布库里雍顺，《太祖高皇帝实录》与《满洲实录》记载基本相同。《清太祖武皇帝实录》则称“布库里英雄”。首先须明确，“布库里”是个山名。《天聪九年档》五月初六，天聪汗新招服中有穆克西科者说，他父祖世代生活于布库里（Bukūri）山下，他们没有档案，一些事全靠口耳相传。[③]“布库里”作为山名，古已有之，在长白山东南。这就不难理解《清太祖武皇帝实录》将“布库里雍顺”又称作“布库里英雄”。孟森甚至认为，“布库里英雄”是布库里山的英雄，未必指某特定的人。[④]即无论是“布库里雍顺”，还是“布库里英雄”，很可能只是个传说中的人物，如同华夏民族“黄帝”“炎帝”一样。那么，如简单将其否定，则略显武断。神话人物往往是一个民族的精神寄托，本身虽有一定的可塑性，但其塑造过程却并非无迹可寻。

至于猛哥帖木儿、蒙特穆，则是同一人的不同称谓，是个历史人物。猛哥帖木儿曾袭为元万户。朝鲜典籍《龙飞御天歌》载，“斡朵里豆漫夹温猛哥帖木儿、火儿阿豆漫古论阿哈出、托温豆漫高卜儿阏”。“豆漫”

① 《魏书》卷九六《僭晋司马叡传附子绍传》，中华书局1976年版，第2097页。

② 《清太祖高皇帝实录》卷一，第2页。

③ 《天聪九年档》，第55页。

④ 孟森：《清始祖布库里英雄考》，《明清史论著集刊续编》，中华书局1986年版，第70页。

即女真语“万户”。猛哥帖木儿是斡朵里万户。1406年（永乐四年）3月，明授“吾都里万户童哥帖木儿入朝，授其为建州卫都指挥使”[①]。明宣德年间，又相继官拜都督佥事（正二品）、右都督（从一品）。虽康熙后，满清贵族很忌讳言其先辈曾为明之藩属，但也不得不承认，此确为其事业进步的基石。蒙特穆在明与朝鲜李朝之间纵横捭阖，最大限度维护了部族利益。对其后裔来说，其地位、功业尊贵且显耀，是首当其冲的尊耀祖先。

王锺翰认为，布库里雍顺 Bokūri Yongšon 与猛哥帖木儿 Mongge Temur 实为一人。[②] 笔者认为，一个神话人物和一个历史人物是不能相提并论的。布库里雍顺基本可以认为是一个神话传说的集合体，是发达后 Manju 贵族的一个精神寄托，是延伸意义上的祖先。蒙特穆是元末明初东北亚历史舞台上的一颗政治明星，则是有史可寻的。

综上所述，布库里雍顺与蒙特穆（猛哥帖木儿）之关系基本明了。那么，作为“满洲”部族之始祖的布库里雍顺究竟是何时代人呢？

1612年，努尔哈赤曾怒斥乌喇部贝勒布占泰反复无常，对满洲不忠。“我爱新觉罗由上天降生，事事顺天命循天理，数世以来远近钦服，纵不被辱于人，汝即不知百世以前事，岂十世以来亦不知耶？”[③] 努尔哈赤所说的“十世以来”振振有词，显然是有史可寻，绝非子虚乌有。魏源认为，努尔哈赤生于明嘉靖三十八年，由此溯其肇祖，应在明正统、景泰之间[④]，这显然有误。蒙特穆的事迹主要发生在明初，活动的区域是朝鲜北部及松花江中上游。《明实录》、朝鲜《李朝实录》《龙飞御天歌》可相互印证。《说文》云“三十年为一世”。虽此说法略有些机械，但仍不失为一依据。由此上推，三百年前的满清之十世祖蒙特穆生在元朝晚期，这才有一个蒙古化的名字“猛哥帖木儿” Mongge Temur。所以，王锺翰认为，蒙特穆当活跃在元末明初之际。这个说法是可信的。而神话色彩颇浓的布库里雍顺，出现的时间更靠前。

---

① 朝鲜《李朝太宗实录》卷一一，第10页上。

② 王锺翰：《满族先世的发祥地问题》，《王锺翰清史论集》（第一册），中华书局2004年版，第31页。

③ 《皇清开国方略》卷四，太祖高皇帝壬子年至乙卯年条，文渊阁《四库全书》本，第3页。

④ （清）魏源：《圣武记》，中华书局1984年版，第2页。

蒙古灭金后，在女真各部分别设五万户府，桃温、胡里改、斡朵怜、脱斡怜和孛苦江。[①]《元史·百官志》云“诸路万户府……其官皆世袭，有功则升之”。元末明初时，仅存三万户府，分别是斡朵里、火儿阿、托温。[②]朝鲜称之“斡朵里”，即《元史》之斡朵怜，也即《满洲实录》之俄朵里。孟森认为，火儿阿即《元史》之胡里改，朝鲜又称之兀良哈。托温、桃温同。上述三万户后即为满洲三大部。这说明无论蒙元，还是明初，满洲之核心部落斡朵里始终存在，且其酋还世袭万户。《元史·兵志》女真兵为乡兵，不用去他地戍边，也就不会被贬官、降职。所以，万户身份基本不会变更。蒙元从窝阔台在位第六年即公元1234年灭金进入东北，到明洪武四年即1371年退出，共统治了137年。再，努尔哈赤时其宗室平均寿命55岁，皇太极时53岁。[③]后金宗室寿命若以54岁计，布库里雍顺后子孙暴戾，部族遂叛，中间断档两代。蒙特穆活跃于明初，以此为基点向前推算，算上布库里雍顺共三代，共150余年。因此，“满洲”始祖当在辽金时期是有可能的。

如果布库里雍顺生活于金元时期，那么，“满洲”作为部族名亦当出现在此期间。市村瓒次郎到奉天崇谟阁，发现天聪朝朝鲜来书皆称皇太极为“金国汗”而无“满洲”之称谓，认为清朝始有满洲名号是在崇德年间。[④]稻叶岩吉甚至认为，“满洲”二字系伪造，压根就不存在，提出“满洲”二字始于乾隆朝编纂崇德实录之日。因为前遗录及文书，实无此说。且太祖自立称汗，以“满住”二字代之，[⑤]也未有“满洲”二字之踪迹。孟森则直接认为，“满洲”源于“满住”。显然上述研究者对满洲贵族发迹史缺乏完整、清晰的了解。

首先，不可低估清皇室对其先辈历史的了解。清太祖曾以十世先辈之威德，怒斥乌喇贝勒。天聪七年（1633），后金与朝鲜因瓦尔喀归属发生争执。太宗当即强硬地表示，朝鲜对此若有疑虑，双方可派人了解“满

① （朝鲜）权踶：《飞龙御天歌》卷七第五十二章，韩国首尔大学奎章阁藏，第21—22页。

② 《元史》卷九一《百官志七》，中华书局1976年版，第1400页。

③ 江桥：《清朝前期宗室人口状况的初步统计与分析》，《人口研究》1986年第2期。

④ ［日］市村瓒次郎：《清朝国号考》，《东洋协会调查部学术报告》第1辑。

⑤ ［日］稻叶君山：《清朝全史》（上卷一），上海社会科学院出版社2006年版，第68—69页。

洲”之世系，并令朝鲜多看看辽金元史。[①] 由皇太极强硬且自信的言语观之，他对“满洲”先辈之历史、功业是很了解的。其次，要区别女真语之 Manju 与汉译之“满洲”。综上所述，清太宗宣布要复用“满洲”这一个古称，是基于历史认识的基础上，并非伪造。Manju 出现的时间最早应在金元之际，汉译之“满洲”则是在天命、天聪年间了。

二 部族名“满洲”考辨

其一，关于“满洲”一词之来源[②]，最早进行解读的当推钦定《满洲源流考》和清《通志》。“‘满洲’本作‘满珠’，二字皆平读。我朝光启东土，每岁西藏献丹书，皆称‘曼珠师利’大皇帝。翻译名义曰‘曼珠’，华言妙吉祥也。又作‘曼殊室利’大教王。《大教王经》云：‘释迦牟尼师毘卢遮那如来。而大圣曼殊室利为毘卢遮那本师。’殊珠音同，室师一音也。今汉字作‘满洲’，盖因洲字义近地名，假借用之，遂相沿耳，实则部族，而非地名，固章章可考也。”[③] 清《通志》说法与《满洲源流考》基本类似。基本是前者承袭后者，[④] 这点毋须过多说明。二书提出汉译之“满洲”与“满珠”，本身无甚区别，本书不持异议。“满洲”和“满珠”本身即汉译之表达，同源于女真语之 Manju。皇太极年间，从政治及对外宣传角度，采用了“满洲”这一具有象征意义的表述。

① 《太宗文皇帝实录》卷一五，天聪七年九月癸卯条，第 13—14 页。

② 关于“满洲”名称的研究，近百年来备受关注，成果卓著。其中，市村瓒次郎《清朝国号考》，《东洋协会调查部学术报告》第 1 辑；冯家升《满洲名称之种种推测》，《东方杂志》第 30 卷第 17 号，1933 年 9 月；黄彰健《满洲国国号考》，《“中央研究院”历史语言研究所集刊》1967 年第 37 辑下，第 459—473 页；孟森《满洲名义考》，《明清史论著集刊续编》，中华书局 1986 年版，第 1—3 页；王昊、张甫白《“满洲”名称考释》，《史学集刊》1996 年第 3 期；滕绍箴《“满洲”名称考述》，《民族研究》1996 年第 4 期；王锺翰《谈谈满洲名称问题》，《王锺翰清史论集》（第一册），中华书局 2004 年版，第 11—16 页；刘厚生《关于满族族称的再思考》，《东北史地》2007 年第 2 期；张璇如《关于“满洲”族称的几个问题》，《北方民族》2007 年第 4 期。另外，章太炎、萧一山、金毓黻、吴晗等也有研究。学术界总共提出了不下二十余种说法，基本可分为族名说、佛教说、首领说及地名说。

③ （清）阿桂等：《钦定满洲源流考》卷一《部族·满洲》，文渊阁《四库全书》，第 499 册，第 3 页。

④ （清）嵇璜、刘墉等：《皇朝通志》卷一，《氏族略·国姓》，商务印书馆万有文库 1935 年版。

其二，关于“满洲”“满珠”源于喇嘛教之“曼殊师利”这个观点，则存在异议。此说流传甚广，影响深远。魏源《圣武记》、吴振棫《养吉斋余录》等都对此说予以肯定。章太炎出于“驱除鞑虏，恢复中华”之目的，认为“曼殊师利”译言“妙吉祥”，“建夷（建州女真）不知文义，西藏所称之意，竟以‘曼殊’为其部落之名”①。稻叶君山在“满洲”一词为清太宗伪造基础上，更将“曼殊师利”改为“文殊师利”。内藤湖南、阿倍健夫等人也有类似论述。令人疑惑的是，清太宗言之凿凿地宣布要复用已有之部落名“满洲”，而乾隆朝却又声称它源自“曼殊师利”。此为何故？

我国北方民族信奉佛教，源远流长。某些民族政权的首领，为了获取更多的部众资源，往往极力附会。这是可以理解的。辽圣宗就自称“文殊奴”。“文殊”表尊大。辽圣宗文武皇帝“讳绪隆，小字文殊奴”。有史料可证明皇太极曾奉行积极的佛教政策，如善待并保护僧人，但对满人出家及私建寺庙却有严格的限制。没有史料说明其曾沉迷于佛事。乾隆帝则不同，对佛事之沉迷近乎于佞。曾用十八年为满人编译大藏经 696 部 2466 卷，并在北京建 12 座寺院，还多次扮演文殊菩萨。乾隆四十二年（1777），阿桂等奉敕纂《满洲源流考》，正值皇帝痴迷的高峰期。据台北王俊中研究，将满洲之起源附会到“曼殊师利”，显然是修撰者“揣测上意”②。“曼殊”之意“妙吉祥”。“妙”，拥有无上的智慧；“吉祥”，具众福德因缘之意。“妙吉祥”很符合乾隆皇帝“十全老人”的心理。

其次，“西藏之达赖喇嘛，赍册书至于奉天，竟称太宗为‘曼殊师利’（Manjusri）皇帝也”③。稻叶氏认为，“满洲”源于清太宗时“曼殊师利”。《满洲源流考》则认为是乾隆朝。双方为何有如此大的差异？其一，在史料缺乏的情况下，往往以孤证从各自意愿出发，进行某种关联性的推测。其二，西藏称清帝为“曼殊师利”大皇帝，一方面说明清帝对

① 章太炎：《与弟子吴承仕论满洲旧事书》（续第七书），《华国月刊》第 2 期第 3 册，第 3 页。

② 王俊中：《“满洲”与“文殊”的渊源及西藏政教思想中的领袖与佛菩萨》，《“中央研究院”近代史研究所集刊》1997 年总第 28 期，第 106 页。

③ ［日］稻叶君山著，杨成能译：《满洲发达史》，东亚印刷株式会社，第 201—202 页。另参见稻叶氏《清朝全史》（中华书局 1931 年第 15 版）上卷第一册第十八章“太宗改国号”中“满洲国号系太宗之伪造”，认为“满洲即文殊”。第 60—61 页。

佛教羁縻之策效果显著，但这仅是喇嘛教单方面的行为。据《一史馆藏蒙文老档》载，清太宗时，蒙藏领袖多称皇太极为“大吉大祥宽温仁汗”，皇太极回书也自称“大清宽温仁汗”，并未见“文殊”之称号，没有史料能说明“曼殊师利”或“文殊师利”曾直接影响了清太宗恢复“满洲”旧名。综合以上分析，作为部族名汉译之满洲，显然与清太宗关系密切，至于说源于乾隆时之“曼殊师利”则是研究者片面解读，刻意推测。

那么，“满洲”之称谓如何而来呢？上文已言及，女真语 Manju 出现的时间在辽金前后。满洲本源于女真，女真又源于肃慎，这点国内学术界争议不大。那么满洲一词与女真、肃慎又有何关系呢？

“女真”名称始见于唐昭宗天复、天佑年间。天复三年（903）春“伐女直，下之，获其户三百”。天祐三年（906）“十一月，遣偏师讨奚、霫诸部及东北女直之未附者，悉破降之”[①]。后女真贵族又不断侵扰并掠取了燕云十六州。女真名称即由燕晋民众传之于中原。这点韩儒林已有说明。《三朝北盟会编·政宣上帙》卷三谓，女真古肃慎国也，本名“朱理真”，番语讹为“女真”。《金志·初兴本末》记载，金国本名“朱里真”，番话讹为“女真”或曰“虑真”，肃慎氏遗种。《元曲选·丙集上·虎头牌》记载，女真称“竹理真”。综合三则史料，其一，“朱理真”“朱里真”“竹理真”是一回事，均为本称、自称，女真则是他称。其二，朱理真，古肃慎国，二者有一定渊源。肃慎是最早见诸于史籍的东北古族。《钦定满洲源流考》援引宋刘恕，称金之姓为朱里真，北音读“肃”为“须”，须朱同韵，里真二字，合呼之音近慎。盖即肃慎转音。即肃慎、女真本名皆朱理真。对此，学术界讨论多年，已达成共识。

那么，为什么会将“朱理真”汉译为“女真”呢？高本汉（B. Karlgren）认为，娘母“女”“尼”古代发音是典型的 j 化。[②]“女”古音切韵 njiwo。法国汉学家格罗塞（R. Grorsset）、特维里牙（M. G. Deveria）、沙畹（E. D. chavannes）等均读女真为 Joutchen。帕克（R. H. Parker）、夏特（F. Hirth）又将其读为 Ju-chih。“女”古音声母与蒙古音 Ju 及其汉译音

① 《辽史》卷一《太祖纪上》，中华书局 1974 年版，第 2 页。

② ［瑞典］高本汉：《中国音韵学研究》，赵元任、罗常培等译，商务印书馆 1948 年版，第 77 页。

“朱”实际是一回事。

其一，博明《西斋偶得》，女真由“朱理真”迭改，音乃“朱里扯特”Jürchit。《元朝秘史续集》卷一“主儿扯敦”旁注“女真的”Jürchit-un。《登坛必究》卷二十二《译言·人物门》，“女直”作“主儿赤”。大抵自元初以来，蒙人用 Jürchit 专称女真人。[①] 明《华夷译语》女真作“朱先”Juchen。《永宁寺碑》女真作“住舍”或“朱先”。《满洲源流》国初旧称“珠申”。《满文老档》作 Jusen。波斯拉施特《史集》称女真为 Jūrjeh。蒙古语、满语“女真”发音皆起于 Ju。满语“满珠”“满洲”均作 Manju。相信这一系列都不是巧合。因此，肃慎、女真、满洲从满语音韵学看，都源于“朱理真”Jurchit。

其二，乾隆帝在《钦定满洲源流考》序中言，“我朝肇兴时，旧称‘满珠’，所属曰‘珠申’，后改为‘满珠’”。乾隆帝在此强调“满珠”是“旧称”，即满语之 Manju。此即为传说布库里雍顺在斡朵里城，号为满洲 Manju。从满语词源学看，“满珠”“满洲”是一回事。但从汉文化角度看，区别可就大了。清太祖、清太宗在东北一隅时，已采用中原王朝式的天命、天聪、崇德年号。在沈阳即位后，设文馆，译汉文经典，记注政事。此标志着女真开始行夷夏之变，以中原方式处理政治事务，目的是与明分庭抗礼。所以，在“满珠”“满洲”之间，显然“满洲”更符合中原的阴阳五行说，也符合清太宗个人意志。满字取满住之满，洲字取建州之州，州边加水成洲。满、洲、清皆取水义，谓灭朱明之火。[②]

综合以上所考，满珠 Manju 古已有之，但很长一段时间通用“珠申”或“诸申”Juchen、Jurchit，即汉译之女真。清太宗为了显示其鸿鹄之志，着重于对外宣传，恢复了 Manju 之旧称，在“满洲”“满珠”之间，显然前者更适合。

还有观点认为“满洲”为“勿吉”“靺鞨”之音转。“靺鞨”与“勿吉”本无甚区别。《北史·勿吉传》“勿吉国，一曰靺鞨”。“靺鞨”本作“靺羯”，自“勿吉”音转。“勿吉”满语为“窝集”，意密林深处的狩猎者。再，《北史》卷九十四所载勿吉七部，与《隋书·靺鞨传》《旧唐

① 韩儒林：《女真译名考》，《穹庐集——元史及西北民族史研究》，上海人民出版社 1982 年版，第 473 页。

② 范文澜：《中国通史简编》（下册），河北教育出版社 2002 年版，第 542 页。

书·靺鞨传》所载靺鞨七部无甚区别，说明隋唐士人原本就认为“勿吉”“靺鞨”是一回事。勿吉是不可能自称为“林中之人”，很显然“勿吉”“靺鞨”都是中原人对他们的称谓，是他称，也就不可能是“满洲”族称的来源。

满洲初仅以斡朵里为核心，实力有限。时哈达部之王忠控制东夷，为女真诸部之长。《三朝辽事实录》卷一《总略·南北关》载“嘉隆年间，有王忠者，部众强盛，凡海西、建州、毛怜 182 卫、20 所、56 站，皆听约束”①。女真各部遂相继归附，并以称哈达部为荣。后其侄王台时，逐渐衰弱。万历年间建州逐渐强盛，在太祖太宗时代，一统东北各部。女真各部又纷纷自诩为满洲部。依附强者，甚至变相自诩为强者，在北方游牧民族中颇为常见。在蒙古草原部落争雄中，塔塔尔 tātār 强盛，各部众尽管种类和部族各不相同，但也纷纷自称塔塔尔人，并以此为荣。成吉思汗的蒙古 mongghol 部强大时，各部又吹嘘自己是蒙古人。② 尽管以前他们并不承认这个名称，因为古代蒙古人只不过是北方草原部落中一个不起眼的部落。在这个问题上，女真部落与草原部落发展脉络几乎如出一辙。满洲部族名，如同满洲人一样，最后也一统草原各部，并入主中原。

三 “北满”与“南满”

“北满”“南满”作为地名，与“满洲”名称相始终。如上所述，该名称很长一段时间只是族名，但随着满清统治的衰微，其指代也在发生着变化。最早将“满洲”作为地名的是俄人。1897 年俄国财政部编《满洲地志》提出以“倾斜面”区分“满洲”地理。“北满”在地理上属西伯利亚之一部，大部分倾斜黑龙江、鄂霍次克海；“南满”属中国，其河系倾斜辽东、朝鲜。“南满”占全满六分之一，“北满”占六分之五。显然，俄人对“满洲”政治的图谋要远远大于对地理走势的关注。但这个开端主导了西方舆论，居然还成为通用概念，我国学术界竟也顺延使用。“满洲”作为地名而代替辽东、盛京、东三省之称，金毓黼认为，“实肇端于有满洲铁路”，并引 1898 年《中俄续订东省铁路公司合同》之第一款为

① （明）王在晋：《三朝辽事实录》，明刻本。

② ［波斯］拉施特：《史集》第 1 卷第 1 分册，第 166 页。

证，“东省铁路达至旅顺口大连湾海口，取名东省铁路南满洲铁路”[①]。此主张可取。至此，“满洲”首先是部族称谓，其次是地名，再次是国名。

但使“满洲”作为地名，成为表述常态的则是日本人。在获取辽东半岛后，日本东洋史学家纷纷研究“满蒙史”。白鸟库吉曾写信给时任“满铁”总裁后藤新平，“从两方面来论述对满洲韩国地区进行彻底研究之必要：其一是从学术观点出发进行研究；其二从经营满韩的实际需要出发进行研究”[②]。虽说日本有治东洋史的传统，但此时却为日本帝国主义殖民政策摇旗呐喊，纷纷以“满洲”为研究的主体。“满铁”设立了“满洲地理历史调查室”，重点研究满洲历史地理，曾刊行《满洲历史地理》论丛两卷，东京大学接管该部后，出版《满鲜地理历史研究报告》十四册，另外，还有内藤湖南、稻叶君山等人。在日本学者眼里，“满洲”俨然已成为一个地理概念，是一个实在的地名。由此可见，“满洲”作为地名，始于俄人，成于日人。

1905 年 8 月，日俄在美国朴茨茅斯（Portsmouth）订立和约，该和约第六条规定，“俄国政府允将由长春宽城子至旅顺口之铁道及一切支路，并在该地方铁道内所附属之一切权利、财产，以及在该处铁道内煤矿，或为铁道利益起见所经营之一切煤矿不受补偿，且以清国政府允许者，均移让于日本政府”[③]。以北纬 43°88′为基准将我国东北分为南北两部。以南属日，称“南满”。以北归俄，称“北满”。俄国在政治上主张的“满洲倾斜面区分”，此时竟也成为现实。

1907 年 7 月，日俄在圣彼得堡签订密约，在附款中对南北“满洲”之界分的细节又作了议定，“从俄韩边界西北端划一直线至珲春，从珲春划一直线到毕尔腾湖（镜泊湖）之极北端，再划一直线至秀水甸子，由此沿松花江至嫩江口北，再沿嫩江上溯至嫩江与姚尔河交流之点”[④]。分界线大约是以珲春西北，至镜泊湖，更西至松花江与嫩江汇合处，沿松花江至姚尔河，基本可达索岳尔济山附近。从今天行政区域来看，“北满”包括黑龙江全部、吉林中北部和内蒙之东部，面积 402.1 万平方里。“南

① 金毓黼：《东北通史》，《社会科学战线》杂志社 1980 年翻印，第 13 页。

② ［日］草柳大藏：《满铁调查部内幕》，黑龙江人民出版社 1982 年版，第 52 页。

③ 刘瑞霖编：《东三省交涉辑要》，台湾文海出版社 1967 年版，第 108 页。

④ 王芸生编著：《六十年来中国与日本》（第 5 卷），生活・读书・新知三联书店 1981 年版，第 69 页。

满”包括辽宁大部和吉林南部。

“九·一八”事变后，日本独占东北，制造了伪满洲国。“满洲”又演变成国名，存在了14年。

综合以上考察，“满珠”Manju作为部落名，应源于金元之际，与满族传说中的布库里雍顺基本同步。布库里雍顺是神话人物，蒙特穆是历史人物，二者区分明确。很长时间里建州女真自称“珠申（诸申）”Juchen。珠申实际即朱理真Jurchit另一女真语发音。但汉译“满洲”，却是天命、天聪年间的事了。清太宗时，为了政治宣传，弃用“珠申”而复用Manju。从中原文化角度出发，他选用了“满洲”，弃用了“满珠”。但从女真人角度看，二者并无本质区别。作为地名的“满洲”，则是近代帝国主义侵略的产物。后来居然为国内学术界所接受，且分为所谓的“南满”“北满”。

四 “北满”：日本帝国主义的“北部边疆”

1890年，日本军国主义鼻祖山县有朋在《外交政略论》奏疏中提出，日本固有领土疆域是“主权线”，与邻国接触的关联区域是“利益线”。[①]这种“主权利益线”并非简单的外交策略，而是一项实在的领土攫取计划，即以“主权线”为基础，不断延伸“利益线”。经过中日甲午战争、日俄战争，日本先后吞并台湾、朝鲜半岛、库页岛南部、辽东半岛，使得“利益线”不断向“主权线”转化。1932年制造的伪满洲国即如此。

伪满洲国建立后，虽设有伪国务院，但实际权力掌握在伪总务厅手中。“总务厅中心主义”是伪满政治制度的最大特征。该机构掌握着伪满的人事、财政、物资，握有优于国务院各部的权限。伪总务长官一职先后由驹井德三、阪谷希一、远藤柳作、长冈隆一郎、大达茂雄、星野直树、武部六藏等人担任。1932年4月12日，马占山《宣布日伪内幕决心继续抗日》通电中揭露，总务厅掌管一切实政，凡有政令，不经该厅签字盖章，不能执行。各省亦设总务厅、警务厅，均由日人充任，他人不得过

① 《第1回議會眾議院に于にる總理大臣・山県有朋の演說》，歷史教科書教材研究會編：《歷史史料体系》第3卷，第557页。转引自岩本勲《日本帝國主義の戦爭と侵略の論理（1）》，2008年6月，第41页。

问。关于日人入籍问题，熙洽曾有审慎之提议，但被严词拒绝，日本认为东北是其用铁血换来的，只要愿意，均应获得新国家国籍。伪满洲国从一开始就是由日人直接统治的，根本就不需要汉奸傀儡。

同时，为了强化日本人的政治影响力，抑制老牌汉奸的权力，日本多次进行伪省制改革，多次细化。“九·一八”事变后实行的是原民国四省制。1934 年 10 月实行 14 省制。1941 年又实施了 19 省制。那些老牌汉奸臧式毅、熙洽逐步被边缘化。冈部牧夫认为，通过这种体制的变动，形成了依照日本帝国主义要求的战时下的强权地方统治。[①]

1937 年，伪满进行行政改革，各部大臣配日人次长，从此开始了“次长制”，次长实际成为伪国务院的实际内阁成员，握有实权，各部汉奸大臣无不俯首听命。伪总务厅长主持的“火曜会”，每周二定期召开，各部次长参加，伪满一切重大决策皆出于此，是名副其实的立法机构。省一级伪政权也推行“次长制”。并将此制度扩展到县旗一级的基层机构，日人官吏一元化统治基本成型。伪满政府遂成为日本帝国主义的地方机构。

伪满后期，日本创设“大东亚省”，将拓务省、对满事务局、兴亚院和外务省的东亚局、南洋局并入该省，这意味着与“满洲”不再具有外交关系。信夫清三郎对此评论道，这标志着“对亚洲政策的一元化”[②] 进一步升级。即日本与“满洲”的关系变成了日本政府内部的事务了。伪满洲国表面虽是个独立政权，实际只充当了日本帝国主义的“北部边疆”。

须注意的是，“边疆”不仅仅只是一条界线。拉铁摩尔（Owen Lattimore，1900—1989）对“边疆”与“边界”进行界定，地图上所划的地理和历史边界只代表一些地带——边疆的边缘。长城本身就是中国历代王朝努力保持的一个界线。但边疆却始终处于“流动”状态。历史上世界“各国疆域始终处在各种专制、强权下，不断演绎着分化、割让、分裂、重组的历史景象，根本无法形成相对稳定的疆界和疆域研究，只有对疆界变化的历史记录”[③]。日本帝国主义试图将其边疆“流动”到

① ［日］冈部牧夫：《“满洲国”的统治》，中国东北沦陷十四年史编委会，日本殖民地文化研究会编：《伪满洲国的真相》，社会科学文献出版社 2010 年版，第 51 页。

② ［日］信夫清三郎编：《日本外交史》，天津社会科学院日本研究所译，商务印书馆 1980 年版，第 684—685 页。

③ 吴楚克：《中国边疆政治学》，中央民族大学出版社 2005 年版，第 19 页。

“北满”。

边疆是核心领土的“边缘”部分，近代以来又区分出了地理边疆和利益边疆。地理边疆是政治力所能控制的地带，是“未治”的切实领土，如历史上长城以北、山海关以东的广大地带就被拉铁摩尔称为中国“内陆的边疆”。中国古代治边思想秉承“内诸夏而外夷狄”，重“核心区域”而轻边疆，奉行“君子不治夷狄”，即“守在四夷”的防御思想，较积极的政策就是“屯垦”和“移民实边”。

“利益边疆”是以领土边疆为基础向外延伸，或又称为战略边疆。山县有朋提出的“主权线”实际就是“领土边疆”；“利益线”则代表了“利益边疆”。关于日本领土边疆，再套用拉铁摩尔提出的“内边疆”（Inner Fontier）和“外边疆”（Outer Fontier）概念，其本土是“内边疆”，台湾、朝鲜半岛、库页岛南部是“外边疆”。“满洲”试图逐渐由“利益边疆”转变为“领土边疆”。1960年美国肯尼迪政府提出“新边疆”（New Frontier）。1980年里根政府又提出“高边疆”（High Frontier）理论，将美国的“利益边疆”推进到外太空。20世纪90年代，西方大国对利益边疆的追求越来越狂热。

试图将“利益边疆”转化为“地理边疆”，须重点考虑二者的融合度。拉铁摩尔“社会共同体”理论认为，历史上的边疆有两类，一类是具有共同特性的两个社会共同体之间的边疆，一类是具有不同性质的两类社会共同体之间的边疆。同一特性的两个社会共同体合并时，双方的文化、信仰、思想、教育背景相似，合并所需要的改变不大。但两个社会共同体具有不同特质时，如文化基础、经济发展、社会走向及制度层面差异较大，弱势一方如被简单地征服，征服者要消磨这种差异，移民同化就必为其所选。

历史上，东北是中华文化的重要组成部分，属同一社会性质，这点无须过多说明。南部属中原王朝版图，北部则与中央王朝保持紧密联系。日本人不是“北满”固有民族，他们的出现只是近代的事。二者间的差异较大，无论从地缘政治，还是文化传承。日本帝国主义要实行两个社会共同体的合并，势必采取移民同化政策。

关于移民同化问题，日本学术界在20世纪二三十年代就进行了深入的探讨。山本美约乃（1874—1841）《殖民政策研究》（1920）、泉哲（1873—1943）《殖民地统治策》（1921）、细川嘉六（1888—1962）《殖民政策评判》（1927）、矢内原忠雄（1893—1961）《殖民及殖民政策》（1926）和《殖民政策の新基调》（1927）等著述程度不同地考察了日本殖民地的统治政策，有的持批判态度，有的显然是在出谋划策。

其中，矢内原忠雄的殖民理论较具特色。关于殖民地问题，他提出了"实质的殖民"和"形式的殖民"论。"实质的殖民"是指在殖民地的移民群拥有持续的社会经济活动。"形式的殖民"是殖民国和殖民地间在政治上存在权力的从属关系。在殖民政策上，提出从属主义、同化主义和自主主义。[①] 从属主义主要特指对殖民地进行经济掠取。同化主义是从经济、社会、教育及文化上对殖民地进行强行同化。自主主义指代自治殖民地。根据矢内原忠雄的研究，日本在台湾、朝鲜及"满洲"实施的是"实质的殖民"与"形式的殖民"相结合的政策，最终目的是"同化主义"。综上所述，日本试图将"北满"转化为其"地理边疆"，两者间的差异只有移民同化来解决。

五 "北满边疆移民"与历史结构性移民理论

葛剑雄将中国历史上的移民概括为两类：一类是统治者运用官方权力和财力引导、组织或强制推行；一类是下层民众为维持生存，追求温饱自发进行的。简而言之，就是上层计划性移民和下层自发性移民。计划性移民一般有军事性移民、政府战略性移民等。自发性移民主要表现为生存而被迫迁徙，因与本书关系不大，这里暂不讨论。计划性移民典型的案例就是边疆移民。战国时赵国为开拓北部疆域，移民河套、阴山一带，燕国向辽东、朝鲜半岛北部移民。汉置朔方、五原郡，并移民十余万口，后又向关西及朔方南移民七十万口。714—717 年，日本的大和政权为占有虾夷地盘，有计划地在陆奥地建立出羽栅（即军事基地），移民上千户。明治维新后，为了实行"移国于大陆"的迷梦，创建大陆"新日本"，1932 年在"北满"试行"军事移民"，1937 年遂有计划地实行"百万户国策"移民。

边疆移民计划性较强，目的是拓展疆域，固化领土。中国从秦统一六

① ［日］矢内原忠雄：《殖民及殖民政策》（1926），《矢内原忠雄全集》第 3 卷，第 101、197 页。

国至清乾隆二十四年（1759）形成拥有一千多万平方公里的空前统一的国家，离不开移民的作用。汉族人口通过移民过程扩散到原来的非汉族地区，同时将新移殖区的原有非汉族居民融合到汉族中去。[①]这里所谓的“非汉族地区”或“新移殖区”就是历时性的边疆区域，移民基本也属于边疆移民性质。

本书将“边疆移民”定义为：在政治及军事控制的体系内，通过移民将核心区域的人口资源有计划地配置到边疆，使之起到控制、拱卫及同化的目的。其实质是国家军事战略意图的延续，是领土扩张的重要组成部分。就移入地而言，皆为人烟稀少、远离主流社会、生存环境恶劣之地。《盐铁论》曾描述：“是以圣王怀四方独苦，兴师推却胡、越，远寇安灾，散中国肥饶之余，以调边境，边境强则中国安，中国安则晏然无事。”[②]边疆地区生存艰辛，个人安全很难保障，但边疆区域损益对国家至关重要，所以经营边疆不可或缺，移民是处理边疆问题较稳妥且有效的策略。《盐铁论》的观点体现了汉帝国处理边疆的基本政策。另外，由于移入地不具备移民所需必要生存条件，一般都是有计划的强力推行。边疆移民的经营方式多采用军屯（军队屯田和军户屯田）为主，民屯为辅。日本“北满移民”初期也采取军屯与民屯混合形式，“百万户移民”时民屯逐渐成为主流，但经济效益很难体现。

边疆移民适用何种解释体系，或采用何种理论，颇令人头疼。首先，当代移民理论解释的出发点、落脚点皆为经济因素，不大适合传统政权强制性移民。1885—1889年，美国社会学家E. G. 莱文斯坦（Ernest George Ravenstein）在《移民的规律》（*The Laws of Migration*）一书中提出的“推拉理论”备受关注。“推力”是指可能因战争、动乱、天灾、生态环境恶化等具有普遍性的因素而离开了原住地。“拉力”则是因移入地肯定缺少原住地普遍性的因素，“桃花源地”即是这种“拉力”的真实写照。与其将“推拉理论”当作一种理论，不如将其看作一种思维方式。之后，这种“推拉理论”被赋予了现代性，演变为新古典移民理论和新经济移民理论。上述二理论试图从移出地与移入地间的收入差异寻求移民普遍的动因，前者以拉里·萨斯塔（Larry Sjaastad）、迈克尔·托达洛（Michael

① 葛剑雄：《中国移民史》（第一卷），福建人民出版社1997年版，第84、86页。

② 王利器校注：《盐铁论校注·地广第十六》，中华书局1992年版，第207页。

Todaro）为代表，后者以奥迪·斯塔克（Oded Stark）、爱德华·泰勒（J. Edward Taylor）为代表。相对于新古典移民理论，新经济移民理论更多的是从劳动力需求阐释“拉力”的作用，近代冀鲁人民“闯关东”有此意义。

20世纪70年代，伊曼努尔·沃勒斯坦（Immanuel Wallerstein）提出世界体系理论，认为现代世界体系由核心国家、周边国家、边缘国家三个同心圆组成。该理论派生出的移民系统理论颇具影响，认为核心国家对周边国家、边缘国家的压迫，可能导致了大量移民现象的出现。移民的流向主要体现在政治、经济关系而非地理因素。由于殖民、政治影响、贸易、投资和文化联系等原因，使得移民的输入国与输出国间形成了稳定的移民链。这就是为什么印度、孟加拉国人热衷于移民英国，塞内加尔、阿尔及利亚人则倾向移民法国。[①] 综上所述，“推拉理论”侧重于从“推力”角度即动因考虑移民行为的初衷。第一，新经济移民理论主要从国际经济贸易及劳动力需求的失衡解释现代移民现象。移民系统理论更多地阐释西方殖民主义主宰世界后，殖民地向宗主国的单向移民行为。显然均不适用于解释边疆移民行为。第二，边疆移民基本是强权政治的产物。强权政治往往靠高压或意志力推行，不大考虑经济规律、理论，这一点不需要过多言语证明。第三，由于史料所限，很难找到符合理论需要的数据作定量、定性分析，也就得不出合适的理论模式或理论框架。

根据山县有朋“主权利益线”理论及日本帝国主义一系列殖民动作，本书认为，日本“北满移民”是在复制古代王朝巩固边疆的边政政策，而且相对于古代王朝的“边疆移民”，其具有政治、军事、经济及文化多重功能。从短时段看，移民政策的政治、军事侵略意图明显，目的是完全控制所占区域。从长时段看，旨在彻底实现移民群体的经济生活，且还要形成以之为基础的边疆社会，社会内垂直流动逐渐取代空间内水平流动，从而体现“实质的殖民”。既然笔者将日本“北满移民”定性为“边疆移民”，而当前又没有相关的解释体系作支撑，如此就需建构适应这种观点的理论框架。

① 主要参见［西班牙］华金·阿朗戈（Joaquin Arango）《移民研究的评析》，《国际社会科学杂志》2001年第3期；李明欢《20世纪西方国际移民理论》，《厦门大学学报》（哲学社会科学版）2000年第4期。

那为何日本的“北满边疆移民”又可构建相关理论呢？毫无疑问，首先，日本移民行为是典型的强权政治，从整体上看，其压迫性、侵略性不言而喻。它的最终目的是在“北满”建立以日本人为主体的边疆社会，使其与本土社会生活一体化。其次，当前有部分研究倾向对资料进行一厢情愿的反复梳理，或将历史学作为追究事件前因后果的一种方法。针对日本移民侵略，在各自描述的体系中反复地揭露日本殖民侵略的性质。杨天宏在《系统性的缺失：中国近代史研究现状之忧》中提出，学术研究既要建构能够将多层面的历史事实摆放在合理位置的逻辑框架，又提供能够自圆其说的解释体系，这对提升学术研究的“段位”至关重要。对此，笔者沿用年鉴学派“结构—功能主义”的分析框架，采用系统性、整体性分析，将日本“北满移民”所适用的理论界定为“历史结构性移民理论”。

首先须清楚何为“结构”？年鉴学派巨擘布罗代尔在《历史学和社会科学：长时段》提出：“结构自然是一种集合、一座建筑物，但更重要的是，它是在一段长时期里由时间任意支配并连续传递的现实。”[1] 简而言之，结构强调解释对象的延续性、系统性及整体性，同时还是一种分析的框架或模型，旨在归纳解释对象的主要功能或意义。“结构性移民”是在规定的框架或模式下，采取结构紧凑的群体迁徙方式，建构“实质性的拉力”社会，践行“实质的殖民”理论。在日本帝国主义移民过程中，关东军、拓务省策划、组织，满洲移住协会宣传、造势，满拓公社管理并提供营农资金，伪满政府着力配合，使拉力和推力处于某种关联，从而构成了一张有效的移民关系网。此处所说的“框架或模式”是在政治高压及军事威慑下，移出地与移入地之间构成一种“自上而下”的、循环促进的关系。移民决策者不须向移入地作过多的解释，移入地旨在接受并促进移民迅速且顺利的施行。

日本移民行为具有“长时段”性，也具有“结构”性。在经过1932—1936年的“武装移民”试验后，推出了20年百万户移民计划，并以国家意志强制推行。这主要体现在政府及关联机构的组织性、协调性，并且计划性远大于自发性。

---

① ［法］费尔南·布罗代尔：《论历史》，刘北成、周立红译，北京大学出版社2008年版，第34页。

“结构性移民”有三个要素和三大维度。三个要素是群体性、有计划的长距离迁徙、永久定居行为。群体性强调移民的规模性，单个或小规模的迁徙构不成结构，也无法在迁徙地形成规模，更无法冲击移入地的人口结构、社会结构，所以，群体性迁徙是结构性移民先决条件。其次是长距离迁移。至于多少为长距离，则须视情况而定，如同一民族或同一国度在县内或区内进行迁徙，只能称之为“人口流动”，属同一地域人口重组行为。在群体性、长距离支配下，关键就是移民的计划性。此计划性包含两层含义。其一，移民决策的计划性、战略性，它不是移民单个的行为，是集团性或政府导演的统一行为。其二，移民的推进高度组织性、计划性，甚至具有强制性。日本对“北满”移民侵略不但归入该国的七大国策，也是伪满三大“国策”之一，具有高度规划性和统一性。从组织及实施过程看，关东军是移民侵略的实际策划者。拓务省、东亚劝业会社、满洲拓殖株式会（公）社、开拓总局等既是移民行为的组织者，也是移民的经营者，另外还有满洲移住协会、开拓女塾等为数众多的辅助机构。永久定居则有多层含义，这种永久定居具有逐步性。经济上生存权是首要的，这是移民永久定居的基础。政治从属权方面，移民及移住地须处于社会的主流。最终彻底改变移入地的人口结构、民族结构、社会结构，并影响其社会走势，确保永久定居持续性。

三大维度是长距离迁徙且有永久定居行为、群体性而非个体性、结构性的改变移入地社会结构。三个维度较低，就是“人口流动”“自由移民”或“生存型移民”。三个维度较高，结构性移民自然处于高位。从三大维度看，日本移民是群体性行为，具有民族迁徙的特点。日本民族的部分人口从原居住区迁入东北汉民族的居住地，其迁徙的方式和造成的影响不能等同于一般移民行为，并且旨在改变东北地区的人口、民族及社会结构。日伪称之为“开拓三法”的《开拓团法》《开拓协同组合法》《开拓农场法》纷纷提出日本移民是“以永住之目的移住”，其所掠取的土地是“世袭的家产”，并防止所掠土地流向中国农户。土地是国家存在、人口繁衍、民族形成、社会发展的基础。土地所有形式发生颠覆性变化，国家性质、人口结构等必将随之改变。

“结构性移民理论”使用推力、拉力、移民链、原住民等概念，运用“结构性解释”，即在相互关联的假设、概念和关系之间进行系统性分析。将整个日本帝国主义的移民侵略行为视为一个结构，其政治、经济、军事、文化因素综合性地决定着其结构的发展及消亡，在马克思重经济基础作用和韦伯重精神意志作用的解释系统寻求某种平衡。20 世纪 20 年代，矢内原忠雄从经济基础角度提出，生活水平较高的日本农业移民生产的农产品无法与东北农户进行竞争，即使进行资本和技术资助，也断难实行，[①] 从而不支持日本"北满移民"。矢内原忠雄显然低估了日本帝国主义移民侵略的精神意志及动员能力，而且在崇尚暴力、霸道政治盛行的年代，侵占、独占、征服远胜于学院经济学单纯的说教。毫不夸张地说，日本移民在农业经营方面，几乎是个外行，所获粮食满足自身都困难，何谈与人竞争，但殖民主义者根本不顾现实，而且不实际地施行了更大规模的移民。因此，本书认为，日本"北满移民"更多是靠精神意志推行，经济不起主导作用。

结构性移民理论试图既避免单纯的目的论式解释，[②] 又可对类似事件、现象作预测性解读，形成自己的解释体系。进而言之，根据历史事件形成的解释体系应具有一定的生命力，不能是一种"死"的理论。"二战"后，基于经济方面的考虑，第三世界持续向发达经济体自发性移民，而且一度数量还很大，引起了移入国的警觉，认为此举很可能改变其人口结构、民族结构，甚至影响国家的支配权。用结构性移民理论解读或分析，当前这些移民行为不具有"结构性移民"性质，他们确系长距离迁徙并谋求永久定居，但不具有计划性、群体性，也就无法改变所在国的社会走势及发展方向，这种迁徙很大程度上是一种社会现象，而非政治行为，主要是其三大维度均处于低位。

以此继续解释汉唐边疆移民政策。西汉初年，匈奴屡屡犯边，朝廷采用军士轮流戍边，但收效甚微。晁错就向汉文帝提出"募民徙塞下"[③] 的建议并被采纳。此建议包含三层含义。第一，在边疆战略要地筑"高城深堑"，备移民长期定居。内临河川处设城邑，修道路，每聚落近千户，

---

① ［日］矢内原忠雄：《满洲问题》，《矢内原忠雄全集》第 2 卷，东京岩波书店 1963 年版，第 113 页。

② 目的论式的历史理论（teleological theories of history），即根据历史的结果读解历史过程的理论，经常出现在历史解释之中。关于马克思主义的历史发展观究竟是单线的还是多线的等诸多问题的争论，其实已经涉及能否将马克思主义的历史理论释为目的论这一问题。参见侯树栋《西方马克思主义史学的新动向》，《史学理论研究》2012 年第 3 期。

③ 《汉书·晁错传》，中华书局 1964 年版，第 2286—2289 页。

还提出为移民修建房屋、预备农具。第二，为了实现“先至者安乐而不思故乡，则贫民相募而劝往矣”的愿景，提出善待青壮年，抚恤“所徙之老弱”，不仅为移民修筑一厅二室的房屋，还要“置器物”以便于生产生活，“置医巫”以便祭祀和治病。目的是使移民“乐不思蜀”，在边疆长久的扎根生活。第三，晁错计划在边疆推行“伍里连邑制”，尝试建立类似内地的社会治理秩序。“五家为伍，伍有长，十长一里，里有假士，四里一连，连有假五百，十连一邑，邑有假候。”认为这样对内有利于社会的稳定，对敌可快速反应，即“寓兵于农”，兵农结合。有学者对晁错“伍里连邑制”的可信性提出质疑，认为汉承秦制，在西北边疆推行的应是“秦原有的郡县乡里什伍制”[①]。暂且不论是“伍里连邑制”，还是“乡里什伍制”，其目的都是要建立稳定的边疆秩序。用长时段视之，晁错建议的积极性甚大，但收效甚微。

武帝时继续大规模移民汉匈边疆，到公元 2 年（元始二年），武威、张掖、酒泉、敦煌、金城、朔方及五原基本由移民构成，北地、河西、上郡约一半是移民。内地移民及其后裔在上述各郡至少有 150 万。[②] 结合汉初人口状况，这些人数已很可观了，他们多为定居人口。这种边疆政策的积极意义是，巩固了疆域，促进了民族融合，有利于边疆区域经济的发展，逐步实现了边疆内地化；不利的方面是，须付出重大的人力、物力和财力，而且不稳定因素较多，移民链需要精心维护。

用历史结构移民理论的三大要素审视，中原居民移住西北边疆，属长距离迁徙，每城邑“不下千户”，对于边疆千里无人烟而言，移民的规模性也是较大的。由政府负责筑城、组织移民、提供生产生活所需器具，享有“编户齐民”的权利，计划性也很强。最终要在匈奴游牧区定居生活，不仅改变该地域人口结构、民族结构、经济生活结构，还要改变它的社会走向。三大维度也处于高位。

以此审视之前和之后的边疆移民。秦统一六国后，曾派蒙恬取匈奴“河南地”，始皇三十三年和三十六年两次徙民该地。秦移民边城主要是为了军事防卫和作战，即“筑亭障以逐戎人”，所以秦徙移罪人实边是为

---

① 刘光华：《论“徙民实边”不是屯田》，《兰州大学学报》（社会科学版）1987 年第 1 期，第 53 页。

② 葛剑雄：《中国移民史（先秦至魏晋南北朝卷）》，福建人民出版社 1997 年版，第 154 页。

了充实军队的不足，没有晁错所建议的军防与农耕相结合的意义。相较于秦汉边疆与内地同等治理的模式，唐朝边疆与内地治理方式则迥异。

众所周知，唐在边疆实行羁縻府州制，内地道州县制。“唐兴，初未暇于四夷，自太宗平突厥，西北诸蕃及蛮夷稍稍内属，即其部落列置州县，其大者为都督府，以其首领为都督、刺史，皆得世袭。虽贡赋版籍，多不上户部，然声教所暨，皆边州都督、都护所领。”① 宏观地讲，唐朝综合国力强大，与边疆联系密切，民族政策开明，周边民族向心力较强。太宗朝全面推行羁縻府州制，既保留了边疆的地域经济和社会风貌，又节约了治理成本。但这种“分而治之”“以夷制夷”的政策，造成了民族内部的分裂和隔阂，客观承认土酋统治的合法性，从制度上维护了落后的社会基础，使之长期停滞不前，形成各自封闭的状态，阻碍了社会进步。②也致使边疆与中原长期处于两个社会体系中，不但造成边疆人口稀少，还使北部边疆长期处于“流动”之中，关键是增加了后世的治理成本和管控风险。当然，本书并不是站在同一立场上肯定或否定某个历史决策，也不是将日本帝国主义的“北满移民”与西汉、唐朝的边疆政策等同视之，只是将两者归于移民语境下加以解释而已，并认为日本“北满移民”规模性、组织性及强度超过中国历史上任何一次边疆移民。

总而言之，日本将“北满”，乃至整个“满洲”，作为其“北部边疆”。为了合并两个社会共同体，采取移民侵略同化策略。对于日本“北满移民”，本书采用“历史结构移民理论”进行解释。这种解释体系与当前盛行的移民理论区别明显。历史结构移民理论侧重于解释古代王朝的边疆政策，并对移民的社会功能作某种推论。

① 《新唐书》卷四三《地理志七下》，中华书局 1975 年版，第 1119 页。

② 彭建英：《中国古代羁縻政策的演变》，中国社会科学出版社 2004 年版，第 92—93 页。

第二章

“北满”地理及移民历史

“北满”地理极具特点，河流纵横，森林密布，土地肥沃，山系绵延数千公里。光绪中叶，其地人烟稀少，开发滞后。在俄修筑东省铁路的刺激下，中国移民实边力度有所加强，但较俄日移民，仍是弱势群体。

一　山川、河流与土壤

（一）内兴安岭

“兴安岭”之字面意义，有二说。一说为“东金山”之意，又金阿林，满语“阿林”为山，对应西方之阿尔泰山，Altai 蒙语之“金山”，故称为东金山，后逐渐由满语之“金阿林”转为“兴安岭”。另一说兴安岭源自蒙语 Han ola，即“汗山”，满语作 Khan q'ing，意与蒙语同，转译为汉语“兴安岭”（Hsing-an-ling）。[①] 又称内兴安岭，对应黑龙江北岸的外兴安岭。

内兴安岭属阴山山系，由大兴安岭山脉、伊勒呼里山脉、小兴安岭三部分组成。其主脉由西南而东北，又转而东南，其外与额尔古纳河黑龙江一山一水，曲折平行，成半环式，是地理上的一大奇观。它西依呼伦贝尔大草原，南达肥沃、富庶的松嫩平原，北与俄罗斯隔江相望，林莽苍苍。兴安岭“林木丰富，古称‘窝集’”（即满语“大森林”之意）。

大兴安岭又称“西兴安岭”，从喀拉山起，东北抵辽河源头，北为苏克斜鲁山，经索岳尔济山，以东为洮儿河源头，西是哈尔哈河的源头，北边为巴颜喀拉山脉。巴颜喀拉山自雅克山北，连峰叠嶂，绵延六七百里，

① 李长传：《满洲地理研究》，《新亚细亚》第二卷第二号，1931 年 5 月，第 61 页。

山高林密，纵贯“北满”西部，统称为大兴安岭。大兴安岭森林南起洮儿河流域、索岳尔济山，北到黑龙江沿岸，覆盖着大兴安岭的主脉和支脉，东面以阿勒贡河为限，是一座长达1000公里的大森林。据“满铁”调查，森林面积为1400万公顷。

小兴安岭又称“东兴安岭”，自伊勒呼里山之东端库穆尔山，转折东南，蜿蜒于黑龙江与嫩江之间，北流之水注入黑龙江，南流之水入松花江，西流之水汇于嫩江，为三河之分水岭。布伦山南有呑弥窝集，东边的佛思亨山，富于金矿。此山脉长千余里，为“北满”东部屏障。森林主要分布在诺敏河和汤旺河之间，森林面积估计有1000万公顷，林相之美，胜过大兴安岭林区。一直到清朝末年，无人采伐，林木蔽日。民国初年，中东铁路在该地设岔林河林场，进行采伐。

完达山脉是“北满”另一大山脉，属长白山系北部支脉，东接小兴安岭余脉，将瑚尔哈河与兴凯湖分开，穆棱河发源其东，蜿蜒东北走向，横卧在诺罗河与松花江之间，最低处是松花江与乌苏里江的汇合处。“其北端倾斜之势甚缓，覆以槲树林，南端森林尤多，枕黑龙江水岸，东端为赫哲部所居。”①

关于兴安岭的林业资源，俄人修筑东省铁路，曾大肆采伐。1904年，又迫使清政府签署《铁路伐木合同》，规定成吉思汗至牙克石，呼兰、诺敏二河至源头，方圆百里内，可随意砍伐林木，且自由运输。1912年，该路局主管霍尔瓦特与李鸿谟增订俄人伐木副合同，规定大兴安岭以南，绰尔河以西等地方圆1550里的林木，俄人可自行砍伐。“计当时俄人此项采伐收入，虽无正确计算，每年当在一亿以上。”② 直到1930年，民国政府才组织采伐公司抵制俄人。

日人采伐虽晚于俄人，但强度丝毫不逊于后者。所不同的是，他们多采用中日合办的形式。1889年12月，日本诞生第一家近代化造纸厂王子制纸会社后，该国造纸业突飞猛进，到1937年产能已达80万吨，跻身世界造纸大国行列。但所需原料的一半以上靠海外供应，中国东北就是日本海外林木的重要供应地。截至1930年年底，日人打着中日合办的幌子，

① 徐曦编纂：《东三省纪略》，商务印书馆1915年版，第103页。

② 白眉初：《中华民国省区全志》第二卷，第34页。转引自《黑龙江沿革史讲稿》，第364页。

成立各类伐木公司有180余个，所采伐的林木除部分在本地加工外，其余均输往日本作造纸原料。其中安东64家、吉林48家、长春24家、哈尔滨18家，资金总额2839万日元。[①] 日人利用这些少量的投资及当地低廉的劳动力，掠取上亿立方米的林木。在输往日本的林木中，经过再加工，其附加值一般年份4000万日元，最高可达到1亿元。[②]

伪满洲国时期，日人在兴安岭的采伐更加肆无忌惮。先在呼兰河和诺敏河流域采伐。1937—1943年，陆续修建滨北（哈尔滨—北安）、绥佳（绥化—佳木斯）、汤林（汤原—林口）铁路，又砍伐沿线林木。据统计，“九·一八”事变前，东北森林面积约为3646万公顷，其蓄积约为42亿立方米，到1942年森林面积为3047万公顷，蓄积为37亿立方米，13年间森林面积减少18%，蓄积减少14.3%。[③] 很显然，这些损失是日人的掠取造成的。

（二）黑龙江与松花江

黑龙江，古称黑水。一般认为，黑水就是黑龙江，但经考证发现，“黑水”并不一定都指黑龙江，很多情况只是泛称。[④] 黑水最早出现在《山海经》，“西望幽都之山，欲水出焉”。东晋郭璞注，“欲水”即“黑水”。但《山海经》还有几处出现了黑水，并不一定就指黑龙江。据《梦溪笔谈》《黑龙江外记》《松漠纪闻》等文献，北方水多呈黑色，中国史籍中黑水、黑河的称谓较多，对水色发黑的江河，就北方而言，不单指黑龙江。黑龙江所指也并非单指某条河或江。古时民间也称乌苏里江、穆棱河为“黑水”。

---

① 裴锡颐：《东北林产与日本》，《新亚细亚》第三卷第三号，1931年12月，第45页。

② 日本工业化学会“满洲”支部编：《东三省物产资源与化学工业》（上），商务印书馆1936年版，第60页。

③ 赵树森：《黑龙江省森林的变迁》，《黑龙江林业》1982年第11期。

④ 这方面的研究成果有：何茂正等《关于黑龙江的名称》（《吉林师范大学学报》1978年第3期），傅朗云等《龙的神话与黑龙江的名称》（《学习与探索》1979年第4期），李健才《白山黑水考》（《黑河学刊》1985年第4期），杨中华《黑龙江、混同江和鸭子河考》（《中国边疆史地研究》1989年第5期），［俄］沙弗库若夫《“黑水”地理位置和“黑龙江女真”族属考》（《黑河学刊》1992年第1期），王禹浪等《黑龙江流域古代历史与文化概述》（《黑龙江民族丛刊》2000年第4期），杨富学《“黑龙江”名出阿尔泰语考》（《语言与翻译》2000年第3期），吴树国《辽代“黑龙江”考释》（《中国边疆史地研究》2010年第3期）。

“黑水”确指东北河流最早见《两唐书·室韦传》。“北有大山，山外曰大室韦，濒于室建河……水东合那河、忽汗河，又东贯黑水靺鞨，故靺鞨跨水有南北部，而东注于海。”[①]《旧唐书·室韦传》将“室建河”作“望建河”，《唐会要》则合称“室望建河”。《黑龙江志稿》谓望建即莽监对音，北人谓黑为青，故望建。所以，唐称黑水为“室建河”“室望建河”。

宋《太平寰宇记》载，“大车室韦部落，傍室建河居。其河源出突厥东北，东流与那河、忽汗河合，又东经南黑水靺鞨之北，北黑水靺鞨之南，东流于海”。又，《北史·乌洛侯》载，“其国西北有完水，东北合流于难水”，东流于海。《蕃中记》云，完水即乌丸水也。[②] 此处《北史》与《太平寰宇记》所说“东北流”应为“东南流”。另，《太平寰宇记》将“完水”与“室建河”并列摘录，显然是对《北史》与《新唐书》所载不甚了了，只是简单摘录罢了，因此“完水”“乌丸水”“室建河”应为同一河流。且以上诸书所载皆言“东流于海”，而在我国东北部的大川中只有黑水注于海，因此，所摘“完水”“室建河”“乌丸水”确为今黑龙江无疑。

“黑龙江”名称最早在《辽史·圣宗本纪》“泛舟黑龙江”中记载。金毓黻《东北要览》（1944 年）认为，黑龙江名称起于唐代，但似缺乏依据，始于辽代却有据可循。辽金时黑龙江与今黑龙江区别很大。李健才据唐黑水靺鞨活动区域及黑水都督府所领区域在今黑龙江下游一带，认为辽金时代女真人黑龙江指今第一、二松花江和黑龙江下游。[③] 与今黑龙江概念趋同的，是经过金元时期过渡，到明清时才基本固定。吴树国《辽代“黑龙江”考释》据《元史》卷三十四“水达达路”所辖范围及《元一统志》相关记载，“元代所称的黑龙江与今天的黑龙江概念趋同，并与松花江区分”。明清顺延使用。

---

① 《新唐书》卷二一九《北狄传·室韦传》，中华书局 1975 年版，第 6177 页。

② （宋）乐史撰：《太平寰宇记》，王文楚等点校，中华书局 2007 年版，第 3815—3817 页。

③ 李健才：《白山黑水考》，《黑河学刊》1985 年第 4 期，第 3 页。另，俄国学者沙弗库若夫（1992）认为，黑水应是黑龙江支流乌苏里江。杨中华（1989）认为辽代黑龙江是嫩江。王禹浪（2000、2003）认为辽代黑龙江是今天的松花江。吴树国（2010）认为辽代黑龙江是指辽庆州境内的黑河，即今天内蒙古的查干木伦河。所引文章见前注。

关于“黑龙江”名称起源，与中华传统文化中的“龙”关系并不大，基本是东北民族语言的音译。契丹人谓水为龙，契丹语“黑”汉字是“赫鲁”。“赫鲁”与“黑龙”为不同的汉字译音。女真语读“黑”为“黑鲁温”，“黑鲁温”与契丹语“曷鲁尔”读音相近。蒙语称黑龙江为“哈拉穆伦”，“哈拉”意为“黑”，“穆伦”意为“江”。满语称黑龙江为“萨哈连乌拉”，“萨哈连”意为“黑”，“乌拉”意为“江”，达斡尔语称黑龙江为“哈拉穆尔”，意为“黑河”。这一点基本已为学术界所认可。

黑龙江发源于蒙古国北部肯特山，“凡二源，远源曰敖嫩河，曰果打河，合而为石勒格河，近源曰海拉尔河，及其折而北流，则曰额尔古纳河”①。石勒格河与额尔古纳河合流，即在漠河以西洛古河村汇合，水势极盛。全长近4500公里。

松花江是黑龙江最大支流，其中今第一松花江在汉、魏时代称弱水，北魏时代称难河，唐代称那河。《两唐书》中粟末水应是第二松花江，辽太宗（946）改称混同江。辽初第一松花江改称鸭子河，后期也称混同江，并将今第一、第二松花江看成一条河，统称混同江。元代，宋瓦江、混同江并称松花江。②《明一统志》名松花江，满语称松阿里乌拉（即天河之意）。发源地一为长白山天池头道江及二道江，在两江口相汇后称松花江。一为兴安岭伊勒呼里山脉南瓮河，向东南与二根河汇合后称嫩江。北流松花江在扶余三岔河附近与嫩江汇合，称东流松花江，在同江附近汇入黑龙江。

1858年《瑷珲条约》签订，黑龙江成为中俄界河。该河上游有漠河金矿，矿区面积有2300多亩，1918年与额尔古纳河支流上的奇乾河金矿合并。类似这样的金矿有10余个。③煤矿也丰富。松花江流域内矿藏资源丰富，汤原县下的松花江右岸鹤立煤矿，密山、穆棱两县的穆棱煤矿很早就被发现。1896年中俄条约规定，俄政府及其商民可随时开采黑龙江、吉林、长白山等处的矿产资源。

航运方面，黑龙江段漠河至兴凯湖以下的乌苏里江均可行船，航期四至六个月。松花江段哈尔滨以下可通航千吨以上江轮，航期六至七个月。但两河航权长期以来为俄日把持。1869年，俄人成立汽船公司航行于黑

① 万福麟监修，张伯英总纂：《黑龙江志稿》，黑龙江人民出版社1992年版，第92页。

② 参见李健才《松花江名称的演变》，《学习与探索》1982年第2期。

③ 华企云编：《满蒙问题》，大东书局1931年版，第41—43页。

龙江、乌苏里江。1898 年，又成立“河川汽船部”，组织“中东车船公司”，擅行于松花江中下游。后又多次闯入呼兰河、嫩江。1910 年，俄迫使清政府签署《松花江行船章程》，取得行船的合法权利。

俄人还通过经营中东铁路，独霸“北满”内河航运。该铁路管理局内设船舶部，打压、限制中资船运公司，最终取得垄断地位。1915 年，俄人在黑龙江、松花江、乌苏里江的船只，汽船 262 艘、货船 289 艘、汽艇 80 只，而中方汽船仅 80 艘。① 日俄战争后，日人开始暗自染指“北满”航运。十月革命后，日俄相勾结，共同抵制东北当局。黑龙江轮船公司就是二者勾结的“杰作”，资本金 1000 万元，日人承担 95%。“北满”内河航运由俄人独霸逐步转为日人垄断，而中国利权始终无法伸张。

（三）土壤

日伪时期的公主岭农事试验场，以年降水量 600mm 为标志，以东省铁路沿线为界线，将东北土壤分为东西两半，西半部称为石灰质土壤，东半部及北部称为铁铝质土壤。前者呈中性或碱性反应，盐基类物质有集聚的倾向。后者呈中性或微酸性反应，盐基类物质（钙、镁、钾、钠等）有流失的倾向。从气候条件看，铁铝质土壤在比较湿润的条件下形成，石灰质土壤在比较干旱的气候下形成。一般是湿润地带的土壤含腐殖质多，干旱地带的含钙、镁、钾、钠、磷等无机盐成分多。但东北地区土壤表现比较特殊，湿润地带的土壤不仅含腐殖质、氮素多，而且钾、磷含量也较多。

铁铝质土壤又包括森林土壤、草原土壤、水成土壤和暗棕壤等。森林土壤是在湿润的森林植被下形成的，包括灰化土与暗棕土。草原土壤是半湿润的草原草甸植被在长期被腐蚀下形成，包括黑土及黑钙土。水成土壤是草甸植被、沼泽植被在长期水湿过程中形成的，包括草甸土及沼泽土。

暗棕壤主要分布在大、小兴安岭坡地及东部山地。黑土主要分布在小兴安岭两侧，大兴安岭中北部的东坡，松嫩平原谷地、三江平原西部也有分布。黑土表层为深厚的腐殖质层，厚度可达 30—60 厘米，局地甚至可达 1 米以上。土壤机械组成呈粒状或团粒结构，疏松多孔，通气度高，持

① 辛培林：《中华民国时期黑龙江地区沿革》，《黑龙江沿革史讲稿》，黑龙江档案馆 1981 年影印本，第 364 页。

水量大。一般来说，黑土含氮最多，是无肥料也能耕种的肥沃区域。黑钙土在草原多雨的条件下形成，多以钙积层的形式形成。腐殖质厚度达10—40厘米，呈暗灰或黑灰色，粒状结构、疏松，肥力低于黑土。

东北黑土及黑钙土分布最广的是松嫩平原，面积约18万平方千米，占东北平原面积一半以上，其中耕地5.6万平方千米，与乌克兰大草原、美国密西西比河流域并称世界三大黑土地带。水成土壤主要分布在三江平原。完达山脉将其分为南北两部，山北是松花江、黑龙江和乌苏里江汇流冲积而成的沼泽化低地平原，面积4.25万平方千米。山南是乌苏里江及其支流与兴凯湖共同形成的沼泽化低地平原，面积8 800平方千米，沼泽土、草甸土居多，西部也有少量黑土分布。

黑土、黑钙土基本有以下特点：第一，有深厚的有机质，一般厚30—50厘米，少数可达1米以上，有机质含量一般为3%—6%，有的可达15%。第二，土壤结构较好，有机质中大部分为粒状及团块状结构，疏松多孔，具有保水保肥的优良性状。第三，土壤无钙积层，呈酸性反应，黑土剖面中有铁锰结核和白色二氧化硅粉末及灰色和黄色斑纹等新生体。第四，养分含量丰富，表层含氮0.15%—0.35%，含磷约0.2%，C/N一般为10%。第五，由于质地黏重，有机含量高，所以代换含量高。[①] 这主要由熟地所体现的，而荒地需要多年开垦后，其潜在的农业价值才能体现。这也是日本人为何打着“未利用地”的旗号，暗地里却在掠取熟地的主要原因。

日人认为，未垦熟的黑土、黑钙土，在降水集中的七、八月里，全窒素大于0.14%，即通气性不强，冷浆。置换石灰较弱，即钙化严重，石灰饱和度大于0.643，不利于腐殖质的分解。加水酸度在0.799—0.839，即土壤含水量大时，腐殖质滞水性强，土壤碱性过大，影响土壤微生物的获取，[②] 农作物也就很难生长。多年的熟地，土壤的含水量在逐步降低，通气性提高很多，自身的温度上升也很快，微生物的种类、数量及活动强度均有所增加，腐殖质分解加速，营养元素增多，土壤肥力自然就提高得很快。所以，东北黑土适合绝大多数农作物的生长，主要以玉米、大豆、

---

① 《中国农业土壤概论》编写委员会：《中国农业土壤概论》，农业出版社1982年版，第502—503页。

② ［日］永田武雄：《北满农耕地土壤调查成绩（第三报）》，《日本土壤肥料学杂志》第14卷第10号，1940年10月，第647页。

高粱、小麦和水稻为主，麻类、其他杂粮及油料作物等也适宜种植。

二　晚清移民与放荒

关于晚清及民国的东北移民运动，国内学术界早在20世纪初就有所关注。1909年6月16日、17日，《大公报》相继发表《移民实边策》，积极评议政府的移民行为。20世纪20年代《东方杂志》相继发表署名文章雨荪《移民屯垦》（第22卷第5号，1925年）、朱楔《满洲移民的历史和现状》（第25卷第12号，1928年）、张水淇《开垦边荒与国家之关系》（第23卷第9号，1926年）等，其中朱楔文章从“满洲”移民的历史、近年移民统计、移民职业及移民的收入四个方面对“满洲移民”进行系统的梳理、分析，广受关注。1931年《新亚细亚》刊发魏崇阳《清代满洲之封禁及其开发》（第3卷第2期），专论有清一代对东北的移民政策。吴希庸《近代东北移民史略》（《东北集刊》第2期，1941年）从人口学及经济学角度，对我国东北移民政策进行深入的理论分析，深受学术界关注。

20世纪80年代后，路遇《清代和民国山东移民东北史略》（上海社会科学院出版社1987年版），李德滨、石方《黑龙江移民概要》（黑龙江人民出版社1987年版），朱玉湘、刘培平《论“九·一八”事变后东北地区的关内移民》（《近代史研究》1992年第3期），马平安《近代东北移民研究》（齐鲁书社2009年版），高乐才《近代中国东北移民研究》（商务印书馆2010年版）等，上述论著在研究广度和深度上突破很大，其中白宏钟《移民与东北近代社会文明的建构（1860—1911）》（《中国社会历史评论》第七卷，2006年）认为，农业的近代化、近代工业的进步及城市的发展是构建社会文明的主要要素，但近代东北移民均不是主导力量，也不是主要的动力，其作用只是提供劳动力一方面，其观点发人深省。博士论文方面，张士尊《清代东北移民与社会变迁：1644—1911》（东北师范大学，2003年）、范立君《近代东北移民与社会变迁（1860—1931）》（浙江大学，2005年）试图从旗民二元体制的变迁、土地占有关系、文化结构、农耕技术、城市发展等方面考察关内移民对构建东北社会结构的贡献，他们的观点趋于正面。另外，台北“中央研究”院赵中孚也有相关专题文章。国外方面的研究具体可参见范立君《近代东北移民与社会变迁（1860—1931）》。

清入关后，对东北行封禁之策，严禁民人出关越垦。康熙朝，清廷仅有黑龙江城（即瑷珲）、墨尔根、伯都讷、齐齐哈尔及阿勒楚喀等几个军事据点，行旗丁官屯，民人几乎可忽略。南部较北部略好，但主要是流人，且多集中于宁古塔将军所在地船厂（永吉）。清人杨宾说，关内流人上千靡集于此，旗楼、戏馆，货物应有尽有。[①] 咸丰末年，俄力东渐，清廷始放荒移民固边。1906 年，东三省仿内地建制，全力招民垦荒，边疆移民稍有效果。

（一）初垦与户口

1860 年（咸丰十年），黑龙江将军特普钦奏，勘察呼兰属蒙古尔山等闲荒九段 120 余万垧，请仿《吉林夹信沟章程》出放闲荒，但须交押荒租钱，五年升科。“此为弛禁放荒之始，从前因防务而禁止招垦，今则因防务而亟筹招垦。即所谓移民实边之议也。”[②] 由于领荒旗人不甚积极，仅放荒 20 余万垧。同年，吉林将军景淳麟瑞奏《请开荒济用折》，吉林地方凉水泉南界，舒兰以北门子一带禁荒，约可垦地 10 万垧。省西围场边，约可垦地 8 万余垧。阿勒楚喀以东蜚克图站，约可垦荒 8 万余垧。双城堡胜存圈荒及恒产夹界边荒，可垦地 4 万余垧。[③] 共约 30 余万垧闲荒。领荒情况与黑龙江类似，旗人也不甚踊跃。1868 年（同治七年），黑龙江将军德英以新荒续放旗户不甚踊跃为由，要求暂停垦放。自后屡放屡停，弛禁不定。

值得注意的是，1878 年（光绪四年）清廷解除了汉族妇女移居关外之禁。允许妇女移民关外具有一定的积极意义。此前一直禁止妇女出关，主要防止汉民族以家族为单位在东部边疆形成集团优势，威胁满人根本。此令的解除，一则说明满清政府已逐渐放弃狭隘的“满洲至上论”，开始从国家层面议政行政。二则对“北满”主流社会的形成及稳定社会秩序有一定促进作用。

1881 年，吴大徵到吉林督办三姓、宁古塔、珲春等地防务及屯垦，确定珲春、三岔口、绥芬河、穆棱河和蜂蜜山一带重点招垦，并在垦区之间

① （清）杨宾：《柳边纪略》，商务印书馆 1936 年版，第 9 页。

② 萧一山：《清代通史》（下卷），中华书局 1986 年版，第 1682 页。

③ （清）昆冈、李鸿章等编纂：《钦定大清会典事例》卷 167，户部田赋开垦（二）咸丰十年条，1899 年光绪重修本。

开辟道路，广设驿站，分兵驻守。至此禁山围场制度全废，开始放荒招垦。

表 2—1　　1887 年黑龙江、1891 年吉林各地旗户、民户数列

<table>
<tr><th colspan="2" rowspan="2">户、口
州府县</th><th colspan="2">旗户</th><th colspan="2">民户</th><th colspan="2">旗户官屯</th></tr>
<tr><th>户口</th><th>丁口</th><th>户口</th><th>丁口</th><th>官庄数</th><th>壮丁</th></tr>
<tr><td colspan="2">齐齐哈尔</td><td>18413</td><td>115499</td><td></td><td></td><td rowspan="6">166</td><td>450</td></tr>
<tr><td colspan="2">墨尔根</td><td>1952</td><td>9354</td><td></td><td></td><td>150</td></tr>
<tr><td colspan="2">黑龙江</td><td>4326</td><td>29029</td><td></td><td></td><td>400</td></tr>
<tr><td rowspan="3">呼兰</td><td>呼兰厅</td><td>972</td><td>6425</td><td>10550</td><td></td><td>700</td></tr>
<tr><td>绥化厅</td><td>468</td><td>3793</td><td>9570</td><td></td><td></td></tr>
<tr><td>呼兰</td><td>4015</td><td>28250</td><td>10509</td><td></td><td></td></tr>
<tr><td colspan="2">呼伦贝尔</td><td>3930</td><td>31358</td><td></td><td></td><td></td><td></td></tr>
<tr><td colspan="2">布特哈（讷河）</td><td>4888</td><td>24488</td><td></td><td></td><td></td><td></td></tr>
<tr><td colspan="2">兴安</td><td>1031</td><td>4540</td><td></td><td></td><td></td><td></td></tr>
<tr><td colspan="2">吉林府（城）</td><td>15455</td><td>71600</td><td>39964</td><td>224534</td><td>50</td><td>346</td></tr>
<tr><td colspan="2">吉林城各边门及驿站</td><td>12898</td><td>72012</td><td></td><td></td><td></td><td></td></tr>
<tr><td colspan="2">伯都讷（城）</td><td></td><td>9572</td><td>14476</td><td>138868</td><td>6</td><td>60</td></tr>
<tr><td colspan="2">五常（堡）</td><td>1145</td><td>4189</td><td>11161</td><td>99940</td><td></td><td></td></tr>
<tr><td colspan="2">双城（堡）</td><td>560</td><td>5427</td><td>1381</td><td>26237</td><td></td><td></td></tr>
<tr><td colspan="2">宾州</td><td></td><td></td><td>5090</td><td>31648</td><td></td><td></td></tr>
<tr><td colspan="2">拉林城</td><td>3267</td><td>26705</td><td></td><td></td><td></td><td></td></tr>
<tr><td colspan="2">打牲乌拉</td><td>7173</td><td>29708</td><td></td><td></td><td></td><td></td></tr>
<tr><td colspan="2">宁古塔</td><td>6772</td><td>32883</td><td>1753</td><td>9523</td><td>13*</td><td>2824</td></tr>
<tr><td colspan="2">阿勒楚喀</td><td>1685</td><td>15680</td><td></td><td></td><td>6</td><td>60</td></tr>
<tr><td colspan="2">三姓城</td><td>1570</td><td>9606</td><td>416</td><td>5091</td><td>1015</td><td>6864</td></tr>
<tr><td colspan="2">珲春</td><td>1403</td><td>10043</td><td>4410</td><td>19940</td><td></td><td></td></tr>
<tr><td colspan="2">其他</td><td></td><td></td><td>300</td><td></td><td></td><td></td></tr>
<tr><td colspan="2">合计</td><td>91923</td><td>540161</td><td>109580</td><td>555781</td><td>1256</td><td>11854</td></tr>
</table>

* 1824 年（道光四年），宁古塔官庄 13 处，壮丁 130 名，但到 1891 年《吉林通志》记载官庄壮丁户 895，丁口 2824，至于官庄数未见提及。

资料来源：黑龙江各地旗户、民户数，参见（清）徐宗亮《黑龙江述略》，第 60—61 页；吉林各城府户口、丁口数，参见（清）长顺修、李桂林纂《吉林通志·食货志一户口》（卷二十八），吉林文史出版社 1986 年影印本，第 498—504 页。

据表2—1，该地旗丁（包括官屯）540161人，与民丁555781口大体相当。旗人在38个据点分布较为均匀，是主流群体。民户多集中在吉林府（城）、伯都讷（城）、五常（堡）、双城（堡）、宾州等少数开发较早的地带，人数占整个“北满”的93.8%，呼兰厅、绥化厅、呼兰民户较少，齐齐哈尔、墨尔根、呼伦贝尔、兴安、布特哈（讷河）、拉林城、打牲乌拉、阿勒楚喀等地基本没有民户，是纯粹的军事据点。需要说明的是，呼兰民垦是附属于京旗移垦的。光绪初，要求在京旗人戍边屯垦，但他们多不愿来此，后只剩下三户且多次乞求回京。以此为契机，呼兰诸地聚集了一些民户，开垦了一些土地，其中，呼兰城325857垧，呼兰厅224025垧，绥化厅207509垧，代垦京旗赋地16185垧。每垧纳大租京钱600文，每年可为朝廷提供俸禄46万余串。[①] 从实际效果看，民垦对朝廷财政贡献很大，而旗垦纯粹是财政的累赘。即便如此，清政府依然对全面放垦民人不甚积极，致使黑龙江全境未进行有效开垦。

造成这种垦殖不畅的主要原因，笔者认为其一，从宏观上看，清廷对移民屯垦仍处于犹豫中，即便是同意开禁，也零星地、逐块地、被动地放垦，移民私垦已久，无法驱逐，被迫承认私垦事实。而且这阶段清廷重点防范日本，对俄人警惕不高，未从根本上认识到“移民固边”是应对帝国主义威胁的有效策略。其二，从微观层面看，清政府优先考虑旗人，但旗人畏惧在边疆生活，致使放垦效果不佳。其三，放垦的主要目的还是为解决财政困难，所以对关内移民没有资金及切实可行的政策支持。综上以上分析，1860年至1897年是有限度的开禁，整体效果不佳。

（二）官荒全面垦放

1895年，黑龙江将军恩泽奏《请开垦闲荒折》称，江省东南一带，地广人稀，沃野千里，通肯、克音、汤旺河、观音山四处，是耕作之佳地。“今强邻逼处，军食空虚，揆度时宜，不得不以辟垦为筹边之策，黑龙江通肯河一段，著即开禁，与克音、汤旺河、观音山等处，准旗民人等

① （清）徐宗亮：《黑龙江述略》，李兴盛等点校，黑龙江人民出版社1985年版，第55—56页。

一律垦种。”[1] 但特简大臣廷茂来黑龙江还是以放荒旗户为主的，旗人不甚积极，才全面放荒民人。此次放荒历经六年，共放 750877.5645 垧，七成折扣 525614.2952 垧。

表 2—2 **通肯、克音、汤旺河、观音山四处荒地数目** 单位：垧

年度 \ 荒段	通肯段	克音段	柞树冈段	巴拜段
1898	224000			
1899	231584.8215			
1902	38252.58	5784.1	3371.515	
1903	12750.26	8953.54		
1904	208266.548	17563.2		351
合计	750877.5645			

1898—1899 年数据来源于《黑龙江志稿》，援引《恩泽萨保奏稿》。

1900—1901 年，发生了八国联军入侵中国，放荒一事暂时搁置。

1902—1904 年、1905 年，《程德全奏丈放通肯等荒数目折》，资料来源：《光绪朝黑龙江将军奏稿》，全国图书馆文献缩微复制中心 1993 年版，第 778 页。

1896 年，垦务查办大臣廷茂与将军恩泽共同制定了垦荒办法《开荒章程十一条》。[2] 该办法以仿古井田出放法，并成为以后放荒的基准。

该办法提出，先行绳逐段勘分地界。45 垧为一方，每四方作为一区，合九区划为一井，即地方六里为一井，每井为一牌。之后建立村屯聚落。每井荒田 32 方分给领荒户垦种，其中每区 180 垧作为垦户安屯建房之用，建房用地以领荒多寡为准，每领毛荒一方者，拨中区房基地 5 垧，不足一方者，房基地亦照此。

为了杜绝领荒者挑肥拣瘦，实施三筒掣签法。掣签之时，以 32 方荒地为一井，32 名领荒者组成一班，每班先由第一筒掣签分井，再由第二筒掣签分区，再以第三筒掣签分方。无论旗户、民户，都须交荒价，即押租钱。以前规则是：旗户领地一方，其中 15 垧可作为私产且不交荒价，只须交 31 垧的荒价；民户领地一方，扣除毛荒三成，交 31.5 垧的荒价。

---

① 《清德宗实录》（卷三四五），中华书局 1987 年影印本，第 881 页。

② （清）万福麟监修，张伯英总纂：《黑龙江志稿》，第 378—382 页。

光绪二十二年以后，旗丁、民户一律对待，每领荒田一方，房基地5垧也算在内，共合毛荒50垧，扣除沟、洼、濠、道三成，均以35垧交荒价。每垧收押租钱二吊一百文。领荒之后的升科年限基本为“五查六租”，即第五年清丈，第六年升科纳租。

鉴于先前放荒无规章可寻，旗民随意占据，垦户分散，未形成一定规模的村屯聚落，胡匪、马贼骚扰不断，影响移民实边效果。此次招垦，希望形成村落，每井一屯32户，编为三牌。每牌11户，或10户，公举牌长一名，专管稽查垦户勤惰、巡夜、缉捕等事。每户出丁一名，归甲长训练，无事务农，有事团练。再公举一名保正，负责屯里一切事务。一旦有外人侵扰，可随时防敌、御敌。这实际是关内惯用的保甲制度延用至此，虽是封建统治层惯用的伎俩，但对地广人稀、强邻觊觎的边疆地带，也并非一无是处。在一些土地肥沃、交通便利之地，此办法着实有效。

1899年，吉林三姓副都统设蜂蜜山招垦局。穆棱河流域官荒估计有500余万垧，乌苏里江全段荒地也有近百万垧。该区域黑土平均深近一米，林野土一米多，几乎都是可垦之地。近人徐曦估算，移垦户每户2名壮丁，授田10垧，可移民六七万户。[①] 1900年，垦业尽为俄兵所毁，农户多逃亡。1902年，吉林重新在穆棱河街设招垦局，并在呢吗口及蜂蜜山之凤绵镇设分局两所。据《东三省政略·边务·蜂蜜山篇》所载，1900年至1906年共放生荒202273.591垧，垦熟升科3770.88垧。穆棱河南放生荒7万余垧，河北放生荒8万余垧。

绥芬河一带设招垦局于三岔口。经营垦务为阜宁屯垦公司，屯垦范围东省铁路以北，领荒2500垧，招佃开垦。珲春一带珲城垦成熟地5620.16垧，南岗垦成熟地18939.93垧，东沟垦成熟地2073.96垧。1894年，收回朝鲜流民越垦地15400余垧。同时将垦户编甲升科。瑷珲一带垦21000余垧。[②] 放荒极多，但已垦者不及十之一二。

1902年，吉林设荒务总局及各分局专事招垦放荒。1906年，东三省总督徐世昌及黑龙江省巡抚程德全认为，只有大兴屯垦，招民垦荒，增设州县，才能稳定边疆。黑龙江设立垦务总局，旗民兼放。

---

① 徐曦编纂：《东三省纪略》，商务印书馆1915年版，第287页。

② （清）徐世昌等编纂，李澍田等点校：《东三省政略》，吉林文史出版社1989年版，第211页。

1905年，吉林实行旗地升科、民地清赋、荒地招垦。清查出旗地766502.64垧，与民地一样，升科纳租。1906年清赋民地，原地1443826.823垧，浮多202412.869垧，共1646239.692垧纳租升科。吉林放生荒41179.486垧，熟荒11227.95垧。[①] 生荒第五年清丈，第六年纳租，熟荒当年升科纳租。

黑龙江省三面环俄，放荒难度较大。且俄人私垦、放牧、伐木等违法之事层出不穷。1908年，东三省总督陈奏黑龙江省边荒垦务变通办法，并拟定《黑龙江省沿边招民垦荒章程》，在汉口、上海、天津、烟台、营口及长春各处设黑龙江边垦招待处，组织该处垦民奔赴黑龙江省各个垦区，并减免垦民赴江路费。到1917年，放荒4616282.8478垧，熟地165362.1153垧。

表2—3　　1904—1917年黑龙江放荒具体垧数及部分熟地清查情况　单位：垧

荒段名称	放荒起止时间	熟地	荒地
通肯克音柞树岗	1904—1906		182398.968
巴拜段毛荒	同上		812900.5925
通肯段零荒	1904—1907		12524.35
巴拜柞树岗零荒	同上		16045.2891
汤旺河	1905—1907	704.92	639803.9
甘井子	1905—1908	14196	331521.5
呼兰屯丁自垦地	1905—1907	59655.4853	
屯丁出卖民地	同上	44916.83	
讷谟尔河南北段*	同上		697863.914
省城附郭毛荒	1906—1910		112274.1882
白杨木河段	1906—1908		95132.15
大摺子山段	同上		64012.5
依克明安公段	同上		456754.88
墨尔根	1906—1910	17970.64	76225.064
绰勒河段	1905—1907		43000
兴安岭东	1908		20303

① 《东三省政略·财政·附吉林省垦务》，吉林文史出版社1989年版，第1249—1251页。

续表

荒段名称	放荒起止时间	熟地	荒地
瑷珲	1908—1917		47641.923
海伦段	1909—1911	18721.6	874044.33
萝北附近、鲁梧等	1910—1914		72879.429
恒升堡	1906—1909	9196.64	60956.87
合计		165362.1153	4616282.8478

*讷谟尔河包括1909—1912年撤佃毛荒31083.432垧。

资料来源：参见《东三省政略·附黑龙江垦务》，吉林文史出版社1989年版，第1253页。其中部分数据见黑龙江省巡抚程德全1907年12月18日奏《续放讷谟尔河北段余折》、1908年3月初9日奏《丈放汤旺河段荒地折》、1907年12月18日奏《丈放绰勒河段山荒片》、1908年3月26日奏《丈放白杨木河段荒地折》、1907年9月初6日奏《续放通肯等段余荒折》及1908年3月初9日奏《续放甘井子、西布特哈等段余荒折》。

表2—3所示，荒段均非边境地带，垦荒者的安全可以保证，交通也较为便利，领荒较为积极。但在一些边疆地带就不那么乐观了，当局试图以兵屯、兵屯促民屯、先设治后移民等应对。

1907年，东三省总督以额尔古纳河流域之呼伦贝尔为基本，拟定《设边卡伦章程》，其宗旨是“以防守边事为职务，以招民实边为主义。其办法则大概仿照屯田，兵农并务，逐渐以图扩充”①，即巡防、屯垦、交涉为其主要职责。呼伦贝尔沿边共设卡伦21处，上游设有满洲里边垦局，中间设吉拉林设治委员会，吉拉林以下由库克多博、珠尔干河两总卡伦，具体负责辖区各卡事务。每卡兵22名，均为朴实的农民，平时11名巡边，11名垦地，定期轮替。卡兵也可自行招揽垦户，以展移民实边之策。

卡兵每年每人垦地6垧，每卡10人计，须垦荒60垧。如有垦户要领荒，卡官及时禀报总卡官，即行勘放，每垧仅收中钱500文，携家带口更是鼓励。如每卡能将所拨之地尽行开垦，且历年有所增加，又能招垦户数在十人至数百人，会有丰厚的奖励。即便如此，兵士领荒及垦荒依然不佳。瑷珲地处国境要地，整段荒地较少，多为条荒、林荒及山荒。依据《瑷珲招垦章程》，领荒者一律不收荒价，但直到民国初也仅放荒

① 徐世昌等编纂：《东三省政略》，吉林文史出版社1989年版，第345页。

47642 垧。

1907 年，黑龙江省民政厅奏请在札赉特旗移《陆军第三镇退伍兵分拨江省屯田说帖》，实行兵屯促民垦之策。第一年计划拨 1000 名，第二年仍以 1000 名为额，见成效后，第三年拨 2000 人，第四年加拨 3000 人，第五年仍拨 3000 人。五年共计屯兵万人，垦荒万顷，并使用火犁耕地。1909 年，曾拨兵 212 名屯垦，并达到最初目的。但兵屯前期投入甚巨，所垦地也达不到预期效果，推广起来难度较大。经过多方探索后，认为民垦还是基础。《黑龙江省沿边招民垦荒章程》规定，招垦户在五千人以上领荒六万垧，或二千五百人以上领地三万垧，以异常、寻常劳绩奖励。创办垦殖公司者，招民两万人，领荒十万垧也给予不同程度奖励。垦民方面，除了减免赴江路费外，如遇青黄不接，可就近申请官立银行，或银号的贷款资助。

乌苏里江流域之蜂蜜山荒务局早在庚子前已设，招垦也不甚理想，为此，东三省总督决定，实行“先设治后放荒”，即“固边设治”之策。蜂蜜山东北饶力河之南设饶河县，其北宝清河之西设宝清州，其东南临兴凯湖设临湖县，将穆棱河改治穆棱县。此保民绥边之策，垦户自身生命、田产、房舍均受官府保护，民人领荒较积极。1907 年，放生荒 119445. 8 垧。1908 年，又续放田地 10080 垧，生荒 57267. 172 垧，熟荒 586. 91 垧。还放府县街基地，形成聚落村屯，达到真正的移民固边。但领荒不等于垦，穆棱河段 700 余里，仅有三四百垦户，其中风绵镇朝鲜垦户 40 家。另有近代性质的垦务公司出现，但对户口增加、移民实边并不具有实际意义。

晚清时期，“北满”放荒可谓是不遗余力，但垦荒效果并不尽如人意。边事艰辛，俄人时常滋扰，垦荒者须有极大耐心。另，垦户所耗费用也是惊人的。清末民初，对垦户所需费用做过调查。垦户如 6 人搭伙，垦殖效果较佳。一人扶犁，一人拿鞭，一人平垦块，一人布种，一人牵马木滚以轧之，一人做饭兼杂活。6 人领地 3 方，每方 13 两 5 钱，合计银 40. 5 两，洋 58 元。路费 150 元、衣帽 120 元、草房自搭 20 元、农具 38 元、犁具 38 元、马八匹 272 元、人食 250 元，马喂 70 元，合计洋 1325 元，每人摊 220 元。[①] 如此大的费用，普通垦户如何筹集。因此，户口、移民人数的增加始终是缓慢的，移民实边的效果也差强人意。

① 徐曦编纂：《东三省纪略》，商务印书馆 1915 年版，第 232—233 页。

表2—4　　1907年“北满”户数及人数

户口 府州县	民户		旗户		府州县	民户		旗户	
	户数	丁口	户数	丁口		户数	丁口	户数	丁口
吉林府	83917	567569	16363	146211	大来厅	2709	23232		
长春府	57423	469863			肇州厅*	5373	28433	2116	21066
伊通州	25504	196860	3872	25042	安达厅	127	916		
农安县	35537	287608			青冈县	4740	43118		
新城府	30546	246959	1788	10872	拜泉县	1603	12510		
双城厅	38562	341724	8231	84680	呼伦贝尔	3835	30260		
宾州厅	63343	453987	5185	31241	西布特哈	2236	10119		
五常厅	22711	162987	4394	25806	东布特哈	2672	12938		
榆树县	76447	494047			绥化府	25767	198603		
同宾	15540	78419			呼兰府*	29803	302694	1856	21263
宁安	13272	628591			海伦厅	32056	254244		
依兰府	6473	38689	1585	9556	巴彦州*	28459	196374	1280	6140
临江州	817	6531			余庆县	14742	105772		
方正	5870	40100			兰西县	27268	110176		
磐石县	299715	239800			木兰县	8923	60589		
长寿县	12540	78419			大通县	9884	48807		
绥芬厅	13272	62859	7688	36162	汤原县	557	3236		
滨江厅	2333	11780			黑龙江*	2236	10119	138	794
黑水厅	3667	20718	814	5873	合计	旗户56980		丁口436731	
墨尔根	1256	7565	1670	12025		民户1011735		丁口5887215	

＊康熙二十四年（1685），勘定吉林乌拉城至黑龙江城驿路1340里，按廷议共设十九站，南路官驻茂兴站。光绪三十二年隶肇州厅，时旗户2116，丁口21066。

＊光绪十七年，呼兰副都统委派镇边军右翼统领领兵于铁山包驻防。光绪三十三年，铁山包蓝旗户1856，丁口21263。

＊呼兰厅巴彦州辖下东兴镇为清传统旗地，虽光绪十九年（1893）准出放毛荒，但旗地仍然存在，光绪二十一年巴彦协领公署移治东兴镇，属旗营制，分镶红镶白2旗。旗户1280，丁口6140。

＊光绪三十二年，清政府在逊河设毕拉尔路鄂伦春协领公署，署理鄂伦春族事务，隶黑龙江（瑷珲）副都统辖区，旗户138，丁口794。

资料来源：徐世昌等编纂：《东三省政略·民政》（卷六），吉林文史出版社1989年版，第1055、1056、1077页；徐曦编纂：《东三省纪略·疆域纪略下》（卷二），商务印书馆1915年版，第62—78、80—91页。

光绪中后期的移民实边，较前有一定突破，主要措施有，第一，为了能顺利吸引移民，“北满”当局纷纷设立荒务总局或垦务总局，在关内主要城市设移民办事处，为移民提供便利，并废除旗民二元管理体制，实行旗民兼放政策。第二，因地制宜地制定放荒、垦荒政策。在整个荒段，1896 年颁布《开荒章程十一条》，试图规范建立村屯的秩序。在呼伦贝尔边荒及札赉特蒙旗，实行卡兵领荒、垦荒制度。在乌苏里江边段，实施“先设治后放荒”政策，加快放荒与垦殖力度。饶河、宝清、临湖、穆棱县等即如此。一般而论，在人口及开发达到一定规模和程度后，方实行设县治边，但考虑到当时国内外环境，东北当局断然实施了先设治后移民的做法值得肯定。

但另一方面，由于放荒力度和规模较大，一般农户无力领荒、买荒，致使“北满”大土地所有制、租佣制度畸形发展。大土地所有者一般居住在城镇，土地几乎全部实行租佃或雇佣耕作，使多数农户依附在土地上，短期内无法成为土地的主人。垦务公司虽有近代化的性质，但其掠夺式的种植，对“北满”地力也是一种摧残。

再从移民的效果看，经过全面的垦放，据表 2—4，“北满”人口增进了十余倍，总人口达到 630 多万。其一，民户增加到 1011735 户，人数又增加到 5887215 人，旗籍仅为 56980 户，旗人 436731 人。“北满”由移民放垦之初旗民各半，转变为关内移民占 93.1%，完全改变了该地的人口结构及社会结构。这表明，在国家存亡之际，“北满”边疆不再是满清贵族的私人花园，任何局部利益都要服从国家整体利益。其二，从表 2—4 所示数据看，38 个厅州县仅平均 28124 户，平均人口 16.6 万。其中，人口在 10 万以下的州县达 20 个，临江、安达、汤原更是不足千人，而“北满”的实际面积超过 50 万平方千米，人口密度仅在 10 人上下。移民垦殖的空间依然很大。

（三）蒙荒放垦

内蒙东部三盟包括卓索图盟、昭乌达盟和哲里木盟。清廷在雍正年间推行“借地养民”政策，较早地推动了卓索图盟和昭乌达盟南部的开发。哲里木盟除科尔沁左翼三旗及郭尔罗斯前旗在嘉庆年间由蒙旗王公私自招民垦荒外，其余科尔沁右翼三旗、郭尔罗斯后旗、杜尔伯特旗、札赉特旗的移民垦放要到光绪中后期了。从蒙荒放垦的性质看，可分蒙旗招垦和官局丈放两类。本节仅以哲里木盟放垦略作考察。

蒙旗招垦指的是蒙古王公自行招垦，主观目的是为了增加收入。嘉庆年间科尔沁左翼前旗共放垦约 77000 垧，嘉庆十七年（1812）科尔沁左翼后旗放垦 271210 垧，道光至咸丰初科尔沁左翼中旗共放垦 651406 垧，嘉庆初到光绪十九年（1893）郭尔罗斯前旗放垦 500372 垧。[①] 蒙旗王公共私自招垦 1499988 垧。此类放垦往往是自行定租、收租，朝廷概不过问，如有纠纷，往往是牺牲垦户利益，不利民族团结。更甚者，有蒙旗王公竟私自将蒙荒抵押俄人以偿债务。1907 年，郭尔罗斯扎萨克（类似清制都统）经三喇嘛将地租给俄商，以蒙荒抵债，造成了国际纠纷。类似的案例不少。1908 年 4 月，清廷设东三省蒙务局，其宗旨《东三省蒙务局办事纲要》"扶持蒙旗，隐社交涉，以兴利实边为宗旨"。总局设在洮南府。该局之责除与俄交涉外，主要还是移民固塞。

朝廷收回蒙旗王公放荒权力后，其招垦放荒由官局接收。官局丈放基本依据 1898 年黑龙江将军恩泽奏《商订札赉特旗蒙荒招垦十四条单》。[②] 恩泽在陈奏中说，札赉特荒地粗略估计有 100 余万垧，每垧荒价高通肯一倍，为四百吊二百文，蒙古、朝廷各得一半。蒙旗所得之半是弥补其牧厂被垦的损失。后出放蒙荒多以此为标准。

表 2—5　　1902—1907 年后官局丈放蒙荒及熟地情况　　单位：垧

旗名	地段	放荒时间	荒地	熟地
科尔沁右翼中旗	东南境	1907	81558.134	
科尔沁右翼前旗	洮儿河两岸	1903	394604.1716	42899.9966
	河之北	1906	89063.464	
科尔沁右翼后旗	洮儿河南	1904	222991.2	18467.5
札赉特旗		1902	470252.266	29696.66
杜尔伯特旗	沿江段	1907	44013.6	113.92
	铁路以西	1905	208417.9	1090.8

① 徐世昌等编纂：《东三省政略·蒙务下·筹蒙篇》，吉林文史出版社 1989 年版，第 455 页。

② 邢玉林主编：《光绪朝黑龙江将军奏稿》，全国图书馆文献缩微复制中心 1993 年版，第 626—628 页。

续表

旗名	地段	放荒时间	荒地	熟地
郭尔罗斯前旗	长岭子	1905	210200.62	
郭尔罗斯后旗	铁路以西	1905	22356.2	
	铁路两旁	1907	290005.72885	
	沿江段	1907	130179.0108	
依克明安公		1906	249153.459	
合计			2412795.75425	92268.8766

资料来源：《东三省政略·蒙务下·筹蒙篇》，第454—455页。

表2—6　　1907年蒙地户口、人口一览

府州厅县	户数	人数	安广县	1344	10397
昌图府	51857	407583	法库厅	41566	204795
怀德县	24766	153641	长春府	57423	469863
奉化县	43130	351008	农安县	35537	287708
康平县	21791	174194	长岭县*		
辽源州	8853	59139	大来厅	2709	23232
彰武县	9447	74993	肇州厅	5373	28433
洮南府	2885	16911	安达厅	127	916
靖安县*	1726	11804	合计	311419	2291528
开通县	2885	16911			

*1907年，清廷在郭尔罗斯前旗牧地农安县新安镇以北放荒30余万垧，徐世昌于长岭子地方设长岭县。人口未及时统计。

*靖安县、开通县户口及人口来源于《东三省政略·民政·奉天省附件》洮南府概述。

资料来源：《东三省政略·民政·奉天》第926—927页，《东三省政略·民政·黑龙江》第1077页。

1901年，清廷实行“新政”。蒙地“新政”的主要内容就是改变原有封禁政策，官局丈放蒙荒。实际上丈放蒙荒是借“移民实边”丈放所有蒙旗土地，收取押荒银，达到“辟地利，开利源”的目的。垦务官员不仅私定绳丈标准，而且侵吞丈放款项。所以，表面上看表2—5六年间丈放了2505064.6垧土地，数据亮丽，放荒的力度超过以往任何时候。但实际是地方实力派勾结垦放官员，通过清丈升科熟地、丈放毛荒、收取押荒银，对荒地进行多次转手，真正用作开垦的土地是有限的。科尔沁右翼前旗洮安荒段，经数十年垦放，垦熟者不及十分之二。[①] 科尔沁右翼中旗醴泉街基合673.2垧，经过八年出放，但建房落户者不过十分之一，该地仍是一片荒凉，致使国家边疆政策及整体战略无法实现。而且随意变更政府放荒政策，初期放荒采取的是沃硗不分，后采取先易后难，使肥沃之地被迅速认领，而大量硗薄之荒长期无人认领。郭尔罗斯前旗丈放长岭荒地300286垧，两年间仅放毛荒84741.95垧。1909年采用选垦办法，126688.42垧膏沃之荒迅速被报领，但所余88857.085垧硗薄之荒，放领益难。结果是，该放的荒地基本都出放了，但蒙地的人口并未出现期望的增长。

1878年奉化建治时户数已达16858户，人数160614人。[②] 1907年户数增至43130户，人数351008人。1891年，农安汉人16874户，人数142438人。1907年户数增至35537户，人数287708人。上述两县人口除去自然增长，三十年致力于边疆移民竟未井喷式的增长。昌图府所属科尔沁左翼三旗面积44.8万方里，表2—6所示共159844户1220558人，每平方里不及0.4户3人，且招民放垦较早。放垦较晚的其他各旗自不待言。洮南府所属科尔沁右翼三旗面积18.35万平方里，共50406户260818人，每方里仅1.4人。靖安县、安广县仅千余户万余人。

再，从哲里木盟的设治考察移民实边的进展。该地共设治了三府四厅一州八县，此设治一则将蒙王公之私产收归国有，由政府统一放垦。二则便于切实的“移民实边”，排除地方因素的干扰。科尔沁左翼三旗领昌图府、辽源州、怀德、奉化、康平、彰武一府一州四县。1802年（嘉庆七年）该旗私自招民开垦，1876年（光绪三年）升为昌图府，所属州县也相继建治。郭尔罗斯前旗，领长春府、农安县、长岭县。乾隆年间已有大量民人私垦。1800年该地设厅，时民人已私垦265648亩，3330户，1889年改厅升府。上述两旗设治基本因人多事杂而建治，设治理由有“招佃垦地，人民渐集”“招民垦荒，四方之民日益聚集”“招佃续垦，征收地税并监理民事”“土地肥沃，村落日多”“放荒以后，民蒙难处，政务殷

① 孙宝铨编：《洮南府乡土志》“去害”，1960年吉林省图书馆油印本。

② 钱文震修：《奉化县志·地理志》（卷3），台湾成文出版社影印1884年光绪本，第124—125页。

繁”，等等。[①] 简而言之，就是传统的“因民多事繁而设官”。所谓“放荒”实际是在民人私垦已成规模的前提下，朝廷只是顺便予以追认。其次，这种放荒与其他地域一样，也是零星的、被动的，对移民实边实质性推动不大。

科尔沁右翼三旗领洮南府、靖安、广安、开通县、法库厅三县一厅。1891 年（光绪十七年）蒙民私垦 10 万垧，1902 年官局丈放。1904 年设府。大赉厅属札赍特旗，1899 年放荒，1904 年设厅。肇州厅属郭尔罗斯后旗，1901 年放荒，1906 年设厅。安达厅属杜尔伯特旗，1904 年放荒，1906 年以地处要冲而设治。其一，科尔沁右翼三旗、札赍特旗、郭尔罗斯后旗、杜尔伯特旗放荒时间均在光绪后期，性质属“移民实边”。其二，从设治的过程看，厅县都是直接设治，中间没有过渡性的“设治局”，从放荒到设治基本五年内完成。一方面虽说明这种仓促性的设治，当局有缺乏经验之嫌，但另一方面也体现应对的急迫性。其三，大赉是以“新放蒙荒田原广野”而设，肇州厅以“是处边荒初垦”而设，均属于“先设治而后聚民实边”范畴。一般而论，“民多事繁而设官”是自然发展的过程，非外力推动；“先设治后聚民”外力压迫的非常措施，是对边疆危机的有效反应。

哲里木盟十旗面积 70.96 万平方里，其中放荒 27.3 万平方里，占全境面积的 38.5%，已垦熟 11.4 万平方里，占全境面积的 16%，占已放垦面积的 41.7%。除了郭尔罗斯前旗和科尔沁左翼前旗已完全转为农业区外，其余八旗皆为半农半牧区，结合帝国主义的挤压，移民实边仍须大力实施。

“北满”移民垦放政策，清亡后民国政府继续推行。1914 年，当局颁布《吉林全省放垦规则》《黑龙江省招垦规则》，对移民垦荒实施多项优惠。1917 年，颁布《吉林省勘放官荒试办章程》，重新定位移民垦放范围。1923 年，在内蒙东部设立垦务局，划分垦区，加大蒙地垦放。1925 年，在天津设置移民局，资助关内移民。1927 年，相继颁布《吉林省救济难民办法》《吉林省东北各县招垦章程》及《运送垦荒难民章程》，提出包括对路费、营农资金等进行资助。经过长期的筹备，民国二十年（1931）后，“北满”关内移民人数呈空前增长之势。

① 徐世昌等编纂：《东三省政略·蒙务下·筹蒙篇》，第 456—457 页。

南开大学调查千余户移民后认为，从时间上看，10%是清末前移居，民国年间占90%，其中1925年至1930年间又占50%以上。[①] 近人何廉认为，以1923年之余额为基数等于100，则1924年增加74%，1925年增加149%，1926年增加145%，1927年增加569%，1928年增加436%，1929年增加320%。[②] 据此数据，1927年后关内移民东省呈井喷之势，且由季节性移民逐渐变为永久定居。“移民实边”效果有了质的改变。又据，1932年顾维钧在国联说，1927—1929年三年中黑龙江地区的移民达112.2万人，占整个民国移居该省近一半。

但令人遗憾的是，此势头未持续多久，就为日本帝国主义的野蛮侵略所打断。“九・一八”后一段时间，日伪推行“武装移民”侵略计划，限制关内民众自由迁徙。全面侵略战争后，伪满实行所谓的“北边振兴计划”和“产业五年计划”，但内部劳动力严重不足，开始诱骗关内人民前往“满”苏边境。1939—1943年又出现关内移民“北满”的高潮，但与民国移民实边的性质不可等同。

三 俄国的移民侵略

清咸丰中期，俄国开始对“北满”进行屯垦和移民。这种侵略活动持续至十月革命前后，严重侵犯我领土主权。关于十月革命前俄国对“北满”移民，从俄国角度看，学术界大体将其分为军事移民阶段（1855—1882）、农业移民阶段（1882—1904）、城镇化阶段（1904—1917）。从中国角度看，以东省铁路的修建为分水岭，前期主要在黑龙江、乌苏里江左岸移民，主要是巩固侵略成果。后期是以此为基础，逐渐向东北腹地渗透。

（一）黑龙江、乌苏里江左岸移民侵略

俄初期奉行“军队到哪儿，移民据点就到哪儿”。目的是强制占领黑龙江左岸，然后迫中国就范。1857年，穆拉维约夫从外贝加尔哥萨克军中向黑龙江左岸移民450户，最后实现384户1086人，还携带马520匹，

---

① 让慈：《中国移民满洲之过去及现在》，《湖南大学期刊》1933年4月第8期，第103页。

② 何廉：《东三省之内地移民研究》，《经济统计（季刊）》1932年第6期，第232页。

母牛710头，羊1158只，猪110头，各种谷物若干。[①] 截至1857年年底，哥萨克在黑龙江上游共移民1850人，建立了17个永久性村屯。1860年，黑龙江左岸哥萨克村屯已达61个，男女人口11629人。据俄财政部出版的《阿穆尔河沿岸地区哥萨克移民》统计，1857年至1863年，黑龙江沿岸哥萨克移民13879人共3095户，加之2215名受惩戒士兵，总共16094人。1858年至1862年，在乌苏里江沿岸移民661户，共39个村屯。俄在黑龙江、乌苏里江沿岸的自由移民数量较少。1857年7人，1858年8人。1859年，俄政府决定资助500户国有农民向黑龙江迁移。该年度自由移民227人，1860年来黑龙江、乌苏里江的移民已达2395人。[②]

俄对黑龙江、乌苏里江沿岸的殖民是有计划的稳步推进。1856年，穆拉维约夫代表俄政府决定从外贝加尔向上述两区域移民，计划每年花费10万卢布，用五至六年时间，移民1.5万至2万人。[③] 截至1862年，哥萨克军事移民已达1.6万之多，这还不算各类自由移民。穆拉维约夫的计划是稳步推进。如保守估计，从1857年至1863年，俄在上述两区域的移民在两万至两万五之间。另外，也由于中国官员缺乏有效的反制措施。瑷珲官员称穆拉维约夫为“木喇福福”，与之交往明显有畏惧情绪。根据俄人记载，瑷珲副都统对俄国人在自己领土上发号施令，没有任何举动，也不阻止俄人在黑龙江沿岸定居。由于地方官员的行政不作为，致使穆拉维约夫决定以后不理会中国政府，只管移民。

这个时期俄国移民多以哥萨克为主，属政府强制性移民，欧洲方面的移民则较少。移居地多集中在黑龙江流域。1856年俄设立滨海州。1858年12月设立阿穆尔州。在人口如此稀少的区域连续设置了两个州级行政机构，有明显的政治意图。它显示了俄已完成对黑龙江左岸事实上的占领，而且在立稳脚跟开始图谋黑龙江右岸，最终将整个东北据为己有。

在军事移民后，滨海州和阿穆尔州地方当局希望能建立持续而稳固的移民链。因为靠人口自然增长短期内解决不了问题，而且还面临中国潜在

---

① ［俄］A. П. 瓦西里耶夫：《外贝加尔的哥萨克（史纲）》（第三卷），商务印书馆1978年版，第129—130页。

② ［苏］п. и. 卡巴诺夫：《黑龙江问题》，姜延祚译，黑龙江人民出版社1983年版，第257页。

③ ［俄］A. П. 瓦西里耶夫：《外贝加尔的哥萨克（史纲）》（第三卷），第111—112页。

的反击。对此俄政府似乎疑虑重重。主要是担心农户移往东方，造成欧洲腹地的劳动力短缺，直接损害了地主们的利益，这不符合贵族政治的需求，它也就那么不大张旗鼓地动员农户移民。1861 年，《阿穆尔州和滨海州移民法令》就是这个矛盾的产物。第一，允许每户移民可获不少于 100 俄亩的土地，但需支付 300 卢布进行购买，而且路费自理，这点普通移民是做不到的。第二，鼓励有家资者移民远东，说明此时俄政府希望从有产者角度出发，最大限度地保护他们的利益。但这个一厢情愿的迁徙计划似乎也不合常理，而且事实证明确实如此。1861 年至 1881 年二十年间，移居者共 16843 名。① 移民效果与预期差距较大。

1882 年，俄认为在远东实施侵略活动较易得手，便抛弃了先前那种瞻前顾后的想法，开始为移民远东提供便利。《关于向南乌苏里边区官费移民法令》② 就应运而出。第一，为了降低移民的开销决定采取海路移民，政府提供补助。规定自该法令公布第二年起三年内，每年从俄国欧洲部分各省经海路迁移 250 户移居者到南乌苏里。每户可得 100 卢布安家费、两匹马或两头牛及初播种子和农具等，不需偿还。第二，在海参崴设立专门的移民局负责移民的挑选、运送，以及在迁入地的安置负责。移居者曾拖欠未缴的税款和赎金，一律予以免除。政府还给予移居者在迁入地免除赋税、徭役、拨给份地、廉价购买土地等优惠。第三，为了吸引更多的人参加移民，从 1887 年起，该法令扩大了资助对象的范围，规定海路自费移居者也可得到部分优惠待遇，并可获得政府提供的安家贷款，分 33 年还清。第四，俄政府还规定，从 1881 年起政府资助越过西伯利亚去远东的移居者，并于 1889 年把这一规定变为永久法律。

由于俄政府采取多种手段鼓励其居民移居黑龙江、乌苏里江流域，所以，定居者人数增长飞快。1882—1901 年，远东地区共迁来 99773 人③。平均每年近 1 万人，较 1861 年移民法令有质的飞跃。自 1883 年俄通过海路移民南乌苏里区域以来，“在波谢特、兴凯和上乌苏里诸区的‘蛮子’

① ［苏］克鲁沙诺夫主编：《苏联远东史（17 世纪—1917 年 2 月）》，莫斯科科学出版社 1991 年版，第 232 页。

② ［俄］翁特尔别格：《滨海省 1856—1898》，黑龙江大学俄语研究室译，商务印书馆 1950 年版，第 69—70 页。

③ ［苏］克鲁沙诺夫主编：《苏联远东史（17 世纪—1917 年 2 月）》，第 233 页。

（即东北本地的汉族居民）人口明显地减少了，其中尤以波谢特区为最”[①]。1861年至1901年，经过四十年的移民扩张，不仅增加了“北满”俄国居民的数量，还顺便抑制了中国民众的增加，使俄人在黑龙江、乌苏里江流域一枝独大，战略性地破坏了中国对“北满”的控制。

（二）东省铁路的修筑与右岸的侵略

1896年，俄胁迫中国修筑东省铁路。同时，又在黑龙江右岸掠取土地、盗采盗伐煤炭森林资源，并积极进行移民侵略活动。还计划在未来几年间向铁路沿线移民60万，引起清政府高度警觉。

其中，《东省中俄合办铁路公司合同章程》之第六款规定，“凡该公司建造经理防护铁路所必需之地。又于铁路附近开采沙土、石块、石灰等项所需之地。若系官地，由中国政府给予，不纳地价。若系民地，按照市价，或一次缴清，或按年向地主纳租，由该公司自行筹款付给。凡该公司之地段，一概不纳地税”[②]。俄遂以此为基础，在其所经之地，随意占用耕地。为了遏制俄此等强盗行径，1907年吉林派道员杜学瀛、黑龙江省派宋小濂，与公司总办霍尔瓦特分别订立了《江省铁路占地合同十四条》和《吉省铁路占地合同十三条》，将地亩分熟地、荒地、水荒地三等。吉林东自小绥芬河交界站起，西至阿什河车站止，共计占地5.5万垧，江省自满洲里以西入中国境起至哈尔滨松花江北岸石党止，共计占地12.6万垧。[③] 吉黑购地合同共计掠夺217.1万亩。

黑龙江省铁路局总办周冕曾与俄擅订合同，对俄采伐森林区域，自行规定。陆路一段，自成吉思汗站至雅克山站铁路两旁，长六百里，宽六十里。水路两段，呼兰、纳敏两河各自水源为止，长三百余里，宽一百余里。枚林、浓浓两河各自水源止，长一百七十余里，宽七十里。界内山林统统归铁路公司砍伐，华人不得过问。这种自卖主权的行为使我国在外交上无比被动。1908年，经过我方多次交涉，俄才同意另订合同。规定吉林界内之石头河子、高岭子长八十五里，一面坡宽二十里。黑龙江省火燎

① ［俄］伊凡·纳达罗夫：《〈北乌苏里边区现状概要〉及其他》，上海人民出版社1975年版，第111—112页。

② 于能模、黄月波等编：《中外条约汇编》，商务印书馆1933年版，第352页。

③ 徐曦：《东三省纪略》，第387—393页。

沟、皮洛以各长约三十里，宽十里，枚林河口溯流而上，长五十里，右岸宽二十里，左岸宽十五里。在此界内俄人虽仍可砍伐树木，但砍伐的范围有所压缩。

关于私采沿线煤炭资源问题，1907 年杜学瀛、宋小濂在哈尔滨与东清铁路公司商办订议，俄人所享有之开矿地段，以铁路两旁各三十里为界。《吉黑东清铁路煤矿合同》之第六条，"俄每千斤铁路公司交纳（吉黑）省平银 0.12 两，每年分四季交清；又每窑交纳山课平银 17.64 两，一次性付清"①。

在移民问题上，俄人 1900—1903 年，农业移民达 54000 人。1908 年，《东三省总督徐世昌上外务部函》中提到，俄人殖民黑龙江北意图明显，1907 年从欧洲移民约八万人，来年可能加倍。1904—1914 年间，在远东边区大约安置了 25.2 万移居者。②

日俄战争后，俄人曾叫嚣"失之于日本，补之于东蒙"。东蒙之呼伦贝尔土质肥美，千里旷野，久为俄所觊觎。1905 年，自海拉尔至莫力勒克河一带，"俄人搭盖窝棚三百余处，蒙包五架，男女 1500 余口，开垦荒甸十二段，约耕熟地一万余垧"③。中国闹义和团期间，俄乘机占据"北满"，并越垦殖民。据徐曦《东三省纪略》卷五《边塞纪略·额尔古纳河右岸》载，距根河较近的曲水泡，沿岸皆漫岗，土质肥美，多为俄人越界垦殖。额尔古纳河南段，吉拉林河以南，土质优良，为天然殖民之地。俄在吉拉林河口及吉拉林沟，长 40 余里宽 20 余里，进行垦殖。在珠尔干河总卡伦及莫伦勒克卡伦所辖范围内，俄人窃垦随处可见。

1907 年，徐世昌督政东省，相继沿中俄边界设卡伦 40 处，并制定出俄人越界割草、畜牧及伐木等章程，有效遏制俄人的骚扰。但辛亥革命后，中国局势趋于动荡，俄人侵略行为死灰复燃。海拉尔的俄移民已达 300 余户，在长 300 余里、宽约 50 里的地段，大举耕种土地。

---

① 徐世昌等编纂：《东三省政略》，第 517 页。

② ［苏］Л. М. 戈留什金：《十九世纪下半叶至二十世纪初叶的西伯利亚移民运动与人口》（上），宋嗣喜译，《西伯利亚研究》1991 年第 3 期。

③ 东北档案馆：《黑龙江交涉署档案》第 438 号，引自内蒙古社会科学院历史研究所《蒙古族通史》，民族出版社 2001 年版，第 1119 页。

（三）宋小濂与《呼伦贝尔边务调查报告书》

俄在东北移民侵略行径，引起当时一些有识之士的忧虑。自从康熙二十八年（1689）定《尼布楚额尔古纳河界约》后，中国东北边防逐渐荒废。到光绪后期，居然对中俄边界具体状况不甚了解。被誉为“吉林三杰”之一的宋小濂①为此对东北边疆进行了近一年的实地考察，形成了《呼伦贝尔边务报告书》②。该《报告书》共三万余言，分国界、河流、山脉、地质、气候、物产、部落、卡伦、治所、交通、税务、兵防及俄屯等12部分，是研究近代中俄边疆关系不可多得的一手材料。徐世昌主持编纂的《东三省政略》，在《边务卷·呼伦贝尔篇》中将其全文收录。徐曦编写的《东三省纪略》，在山川、河流及额尔古纳河右岸垦务方面将其作为主要参考文献。万福麟监修的《黑龙江志稿》卷六十《艺文志·呼伦贝尔边务报告》存其目。李兴盛主编的《黑龙江地方古籍整理》在第一辑也收录了《呼伦贝尔边务调查报告书》。

1875年后，俄在江北“设屯置戍，沿江上下，声势联络”③。哥萨克村屯沿黑龙江和乌苏里江如恶性肿瘤般的蔓延不已。1888年，宋小濂由齐齐哈尔经墨尔根赴漠河，途中见俄国侧“自瑷珲至漠河，数十里有一屯，屯皆人烟腾密，闻上至俄都皆然，星罗棋布，户口日增”④。每屯或百余户，或数十户不等。夜宿至俄屯的宋小濂，发现“每至一家，无不儿女满室”。与彼方的经营有方相比，我国一侧人烟稀少，令他忧虑不已。

1907年10月，宋小濂被任为暂护呼伦贝尔副都统。为加强边疆防务，他踏查了1500余里国境线，提出了“防维之要，首在边务，而筹边必先实边，实边必资屯垦”的主张，屯垦即移民。“移民实边”须成为防

---

① 宋小濂（1860—1926年），字友梅，晚号止园，祖籍直隶宝坻，后“占籍为吉林人”，官至黑龙江省都督。为官其间与俄执着争斗，凸显东北疆吏为国为民、爱国保疆之精神。时人将其与成多禄、徐鼐霖并誉为“吉林三杰”。著述有《晚学斋诗集》《边声》《东道集》《北徼纪游》《呼伦贝尔边务调查报告书》《巡阅东省铁路纪略》《抚东政略》等。

② 该报告书详见《东三省政略》，第353—378页。

③ （清）徐宗亮：《黑龙江述略》，李兴盛等点校，黑龙江人民出版社1985年版，第19页。

④ 宋小濂：《北徼纪游》，黑龙江人民出版社1984年版，第29页。

俄抗俄之国策。

该《报告书》“国界”一节所用篇幅最长。在回顾呼伦贝尔地区土著部落与中原王朝交往的历史之后，又对中俄两国的“天然界线”及“人为界线”进行详细勘察。1689年，两国以额尔古纳河为界河，河之南岸属中国，河之北岸属俄罗斯国，“此即天然界线之属于呼伦贝尔东北部者也”。但经宋小濂实地考察之后，发现额尔古纳河有东西岸，而无南北岸，最后他认为“或以将近黑龙江处河水微曲而东，故曰南北岸”。1727年，两国又议定《恰克图界约东西“鄂博”[①]案》，布尔古特依山南巴彦梁起至东边额尔古纳河源阿巴哈依图山分为界，共立“鄂博”48处。后所订立之《阿巴哈依图约》共立“鄂博”62处。所立之“鄂博”即为“人为界线”。但到光绪年间，旧有“鄂博”已无从查证，有的是俄人擅立之木标，上订“双头鸟”铁牌，作为两国国界。

宋小濂在《报告书》中提供了一则重要资料，即《界内俄屯之大小疏密及兵村、民村生产风俗》。该节记录到，沿边俄界大小村屯45个，除一个是民村，其余皆为哥萨克兵屯，118户至275户的大屯有13个，其余皆不足百户，总共2660余户，18400人，分布在1442里的国境线上。在宋小濂看来，哥萨克兵屯与清八旗制类似。男子20岁入兵籍，60岁出兵籍，无事居家为民，有事则入营为兵。无事时，哥萨克出行须有票，将所要去的地方及要办之事写在票内，如无事出百里之外则视为逃兵。兵籍不用纳赋，且政府还有补助。此节虽字数不多，但却是最早的俄“武装屯田”记录。

光绪中，我国在边境每七八十里至百里设有一卡伦。宋小濂考察期间，即以此为坐标，将对岸之俄屯与我侧之卡伦作了一番对照，结果是俄国侧村屯错落有致，而我侧卡伦虽立，却是百里人烟可数。俄依靠哥萨克兵屯，彻底地将广义上的“北满”给俄罗斯化了，进而又在中东铁路沿线进行移民、掠取土地活动。我国对此虽有反制措施，但效果却难令人满意。在《报告书》中，俄人越界割草、越界牧畜、越界砍木采石等屡屡发生，清政府居然无所作为。

---

① “鄂博”是蒙文的音译，就是由人工堆成的“石头堆”、“土堆”或“木块堆”。多筑于山顶丘陵之上，一般呈圆形，顶端插有柳条等，形似“烽火台”。“鄂博”就成为茫茫草原的行政区划、游牧分界的路标和界标。雍正五年（1727），中俄谈判界约，宣布“鄂博”作为两国的界标。

四 关于日本移民之数量考辨

关于日本移民在东北有多少，有22万说，27万说，33万说等。各种说法，依据不一，莫衷一是。本节分三个时期对日本在东北的移民进行梳理。

1905年至1931年为“试点移民期”，确切的农业移民近千人。1906年，大连及满铁附属地日本侨民16000余人，1930年，215000多人，农业移民不足千人。[①] 日俄战争后，在东北的日本人多数是侨居者，主要从事商业及与商业相关的行业，并不是严格意义上的移民。

1913年，“关东州”都督福岛安正计划组建“日本移民模范村”。1915年，被寄予厚望的“爱川村”移民共19户，虽然中间还补充了12户，但到1937年只有7户65人坚持下去了。1914年，“满铁”附属地退役兵移民开始实施，到1917年有34户，但到1927年仅存17户。1929年，“大连农事株式会社”计划五年内向辽东半岛移民500户，但截至1931年，仅移民74户。据英人琼斯（F. O. Jones）认为，1931年前，“在东北落户的日本农户1400户，人数4500人”[②]。这个说法不太严密，还应包括从事农业及相关人员。因此，日人在东北从事农业者超不过千人的推断是可信的。

1932年至1936年是“试验移民”“武装移民”阶段，前后总计移殖6092人。此阶段进行了五次共九个武装移民团的试验。第一次1131人，第二次1188人，第三次300户614人，第四次500户分成两个移民团共982人，第五次1000户分成四个移民团，共2177人。此时期移民的数量有明文记载，基本不存在争议。

1936年5月11日，关东军制定《暂行甲种移民实施要领案》，对移民的招募、训练、入殖、经营等都有具体安排，招募的移民都要求身体强健、意志坚定，且优先从退伍军人及其家属中选拔，特别是在“满”服役期满的士兵。以琦玉县为例，该县先是制定移民奖励计划，将全县分30个地区，连续举办“满洲农业移民奖励市町干部养成讲习会”，并在

---

① ［日］“满史会”编：《满洲开发四十年史》（上册），第45—46页。

② ［英］琼斯：《1931年以后的中国东北》，商务印书馆1959年版，第85页。

150个市町召开座谈会，在71个町举办电影放映会，大力鼓动“北满移民”。还向各市町村散发了《关于国策满洲移民告全县青壮年书》，“贯彻国策，参加满洲移民，成为占有北满沃土10町步之地主，享受安定生活”。“全县的青壮年诸君啊，早一日为重大使命所鼓舞，积极参加满洲移民吧!”“不是要在北满的乐土上建设琦玉村吗?!”整个地区近乎疯狂地鼓吹移民“北满”。

1937年起进入“百万户移民”阶段，20年共分四期，每期5年。1937—1941年是第一期，计划移民10万户。以后每期在此基础上增加10万户，到1956年完成100万户500万人移民侵略计划。实际只进行了两期。第一期从1937年到1941年，计划10万户，其中集团开拓民7万户，集合开拓团3万户，青年义勇队移民3万人。据古海忠之笔供，第一期实际成绩，移殖到东北的日本移民4.36万户，10.7万人，青少年移民2.1万人。第二期移民目标比前一期要更大，因为第一期完成率较低，第二期就希望把未完成的任务一起补上。计划移民22万户；青少年移民13万人。第二期青少年移民从1942年开始，实际上在1943年后就基本瘫痪了。成年移民1942年是6551人，1943年是9608人。[①] 总数16159人，基本还是由青少年移民转来的。此与古海忠之笔供基本吻合。

战后日本大藏省统计，截至1945年8月，日本满洲移民102239户，220968人。[②] 在东北死亡46000人，扣留苏联的34000人，去向不明36000人，返回日本110000人。另据古海忠之1954年6月29日笔供，移民总数约8.8万户，21万人，青年移民1.8万，共计约22.8万人。日本官方机构的统计与古海忠之笔供相差无几，且后者多系个人回顾，出入在所难免。所以，1932—1945年，日本侵入东北的移民22万人基本可信。此数据是官方依据农业移民的移出与返回作的统计，“满洲建设勤劳奉仕队”和1937年后为其控制的朝鲜族移民，并未纳入统计范畴。

“满洲建设勤劳奉仕队”是仅次于“满蒙开拓青少年义勇军”的移民

① ［日］“满史会”编：《满洲开发四十年史》（下册），第537页。

② ［日］大藏省管理局：《关于日本人的海外活动的历史调查·满洲篇》（第二分册），第182页；浅田乔二：《满洲农业移民的富农化、地主化状况》，驹译大学经济学会《经济学论集》第8卷第3号，1976年，第39页。另据日本外务省统计，战败时满洲移民有102239户，220968人。山田豪一等日本学者多引用此组数据。

侵略形式，也是一项重要的青少年移民形式，组建于1939年，分为“长期勤劳奉仕队”和“短期勤劳奉仕队”。长期勤劳奉仕队具有移民性质。日本帝国主义七年间（1939—1945）共输入勤奉队员69097人，其中从事农业生产的队员51563人，所占比例78.35%。

朝鲜民族移居东北历史要早于日本人。综合表2—7，“九·一八”前鲜农户数150868户，人数694601户。移民五年以上者54.97万人，所占比例79.14%，新近移民不及三成。吉林朝鲜移民111837户，505393人，所占比例72.8%。这部分朝鲜移民为自由移民，不隶属于日本帝国主义。所以不应列入统计范围。

表2—7　“九·一八”前后朝鲜移民户数及口数

户、口／县数	居住达五年以上者		居住不足五年者	
	户数	口数	户数	口数
奉天五十八县	30200	138397	3710	26550
吉林四十二县	87197	393842	24640	111551
黑龙江五十一县	3599	17461	1521	7220
合计	120996	549700	29871	145321

资料来源：大失达计：《满洲农业移植民对策案梗概》，1933年3月20日，第113—118页。

“九·一八”事变后，关东军为能尽快稳定东北局势，对朝鲜移民的基本方针是“不阻止、不奖励的放任政策”。但朝鲜农民移居的热情丝毫不减。据东洋协会调查，1934年6月朝鲜移民已增加到717210人，与1933年相比，增加了两万多。而《朝鲜农民移住满洲问题》的报告认为，每年都有相当的数量增加，增加多少，未明确说明。但保守估计，每年至少有2万人。

日本百万户移民出台后，关东军和朝鲜总督府开始积极推行朝鲜移民政策。1936年，满鲜拓殖会社成立，开始有计划地向东北移殖朝鲜人。朝鲜总督府计划用15年时间分批输送朝鲜人移民15万户75万人。[①] 1938

① ［日］船桥治编：《满洲移民关系资料集成》（第12卷），不二出版社1992年版，第249页。

年7月，日伪出台《鲜农处理要纲》，将朝鲜人也分为集团、集合、分散移民。1939年12月，《满洲开拓基本要纲》规定，在中国东北的朝鲜人移民的待遇与日本人一样。

表2—8　　1939—1942年朝鲜移民户数

年份	1939	1940	1941	1942
集团移民	——	3290	615	1152
集合移民	5015	1318	141	13302
分散移民	2393	1842	1969	16298
合计	7408	6450	2725	30752

资料来源：《满洲开发四十年史》（下），中译本，第536页。

据表2—8所示，集团移民四年间5057户，所占比例仅10.7%，集合移民19776户，所占比例41.8%，分散移民22502户，所占比例47.5%。集团移民数量极少，而集合、分散移民数量近九成。这与日本移民正好相反，集团移民占八九成，集合、分散移民数量则较少。为什么会有这样的差异？集团移民是需要提供资助的，每户2200元。集合移民资助相对较少。分散移民只须持朝鲜总督府颁发的移居证，就可自由进入中国东北，基本没有资助。此期间每年进入东北的分散移民近万人。[①]坦率地说，日本帝国主义是不可能将资金用于朝鲜人，法西斯式的民族差异政策在此暴露无遗。1939年至1942年四年间共移民47335户，朝鲜人家庭规模一般较大，如以户五人计，四年间至少有23万朝鲜人移居中国东北。

第二期朝鲜移民计划每年移民1万户，集团移民和集合移民各5000户。太平洋战争爆发后，为了满足对粮食等战略资源的需求，关东军开始鼓励朝鲜移民。但朝鲜境内大量青壮年被大量强征为劳工，朝鲜开拓民与日本移民一样，变得有名无实。截至1943年4月，其中集团移民4113户21041人，集合移民11694户63541人。[②]

① 伪满洲国通讯社编：《满洲开拓年鉴》，1941年，第280—282页。

② 孙春日：《中国朝鲜族移民史》，中华书局2009年版，第578页。

综合以上考察，日本农业移民22万人，从事农业生产的勤劳奉仕队员5万多人，1937—1945年朝鲜移民51448户300216人。综合三组数据，日本帝国主义控制下的各类移民在57万多人。

第三章

加藤完治与东宫铁男

加藤完治是近代日本农本主义的主要代表人物，与大川周明、権藤成卿被称为“昭和三杰”。由于长期从事殖民教育活动，又被尊称为“大陆日本教育之父”。他终生从事农业殖民教育，并摸索出一套“五部编成教育模式”。“九·一八”事变后，更是踌躇满志，大谈“鸭绿江突破的满蒙殖民论”，认为“满蒙”是日本饥渴的农业最好的出路，是日本农村更生千载难逢的机会，积极推动“满洲移民”计划，其殖民教育遂转入践行方面，又因此被称为“满洲开拓之父”。

东宫铁男是关东军少壮派军官，策划并实施了皇姑屯事件。1932 年 6 月，向关东军司令部提出“吉林屯垦基干队编成意见书”。该意见书提出，在吉东地区 10 个县，以日本在乡军人为基干，组建吉林“屯垦军”，代替关东军维持治安，并在对苏战备方面起预备队作用。东宫铁男的意见书最终促成“特别农业移民”[①] 这一侵略形式的实施。1934 年 9 月又将 14 名日本青少年移民送入三江区域的饶河，开启了“满蒙开拓青少年义勇军”这一新的移民形式。因此，东宫铁男也被侵略者津津乐道地称为“满洲开拓之父”[②]。

东宫铁男重点从军事上考虑移民问题，具体计划是将效忠日本的伪满军队转化为屯垦军，进行农业生产，同时还组织朝鲜人移民“北满”，但他们都须在日本武装移民的节制下。加藤完治与东宫铁男的移民计划差别

---

① 此与“试验移民”“武装移民”是等同的，采用这个说法主要目的是与“普通移民”即“农业移民”相对照，凸显出东宫铁男在日本“百万户移民”侵略中的作用。

② 参见藤泽忠雄《满洲开拓年鉴》，1940 年，第 107 页。另外，还有称其为“满洲移民之父”“满洲移民的化身”，等等。引自浅田乔二论文，『關東軍の滿洲農業移民計画（試驗移民期）二』，『駒沢大学经济学論集』第 5 卷第 3 号，1973 年 12 月，第 74 頁。

较大，在关东军的撮合下，两个移民案实现合流，并迅速推行了“北满移民”侵略计划。

一　加藤完治的殖民教育

近代日本，在全力西化的同时，极力复苏本土的皇国主义。所谓“皇国”理论，源于古神道，而古神道实质源于古代农业劳动者的某些衍生行为。那些抱有复古情感的农本主义者，将农业与古神道、忠君敬神思想相结合，进而推行农本教育。明治维新后，古神道很快转化为国家神道，国家神道最终成为日本法西斯的精神支柱，农本主义教育随之演变为农业殖民教育。在这一过程中，加藤完治的作用不容低估。

加藤完治（Katō Kanji），1884 年（明治十七年）生，东京本所乡瓦町人。1902 年 9 月，入东京第四高等学校工科学习，同时研习武道。19 世纪中后期，日本一步步迈向列强俱乐部，加紧武力侵略邻国，先后打败中国、俄国，攫取了大量利益。明治元老们制定的穷兵黩武的政策，使各级学校“尚武之风”颇盛。加藤完治也不例外，跟随该校老剑士香川善次郎学习剑道，认为剑道可最大化锻炼体腹，还可升华心灵培养人格，更重要的是将其运用到以后的殖民教育中。

1908 年 9 月，加藤完治由东京大学工科转入农科，结识了那须皓、石黑忠笃、小平権一、桥本伝左卫门等人。我们常说的“加藤移民侵略集团”或“加藤俱乐部”此时已有苗头。课余时间，他们常结伴去日本东北、北海道农场、农事试验场旅行、实习、考察。翌年，组织了“尚农会”，目的要提振日本农村的疲敝。加藤完治和那须皓是该会的核心分子。毕业后两人供职于日本内务省，其间还结伴去赤城登山，大雨中迷路，几乎丧命，彷徨生死之间，备感“衣食”的重要。后决意从事农村教育。

1913 年 4 月，加藤完治赴安城农林学校任农业教师。在任教期间，聆听东京大学神学家筧克彦的演讲，产生共鸣，后又熟读其《古神道大义》，随即转信神道教。筧克彦提出了独特的“表现汎神论”。天之御中主神为世界根本之神，是生命之本源。无数神，即八百神，是唯一神天之御中主神之表现者。汎神与唯一神是本质与形式的关系。筧克彦还借助黑格尔哲学“普遍我”的概念，解释汎神是唯一神之“普遍我”，进一步证明古神道的合理性。汎神、"普遍我"是唯一神在人间万物差别化显现。土地、农作物、农业同样是唯一神的显现。天皇是唯一神的代言人。农民是"表现汎神"在农业方面的践行者。"农民魂"是唯一神存在和显现基础。农民魂与天皇制的结合，是加藤完治农本主义思想的主要特点。开拓魂、农民魂与天皇制相联系，就使农本主义实质性地蜕变为法西斯扩张主义。"皇国主义农民观""皇国农民教育观"是其从事殖民教育的思想基础。

加藤完治的殖民教育基本可分为三个时期。1915 年 11 月 23 日至 1925 年 12 月 29 日，山形县自治讲习所任职期间是殖民教育的"预演阶段"。这个阶段注重对学员"农民魂"的培养，同时兼为农村培养吏员。1926 年 5 月 19 日至 1935 年 4 月 3 日，茨城县国民高等教育学校任职，是移民教育的"发展阶段"。"九·一八"事变后，教育的目的随即由提振日本农村转为推动"满洲移民"侵略。1935 年至 1945 年，针对侵略的需要，设置了内原训练所，并成为"满洲移民"的教育基地和总输送源。

（一）山形县自治讲习所的"农民魂"教育

日本在甲午战争和日俄战争中取胜后，举国振奋，普遍认为这是现代民主制打败了专制制度，随即又掀起学习西方地方自治的风潮。1909 年，日本内务次官一木喜德郎认为，一国兴衰的本源是地方行政制度是否有效，地方自治是否切实可行，此为以后日本国运发达的基础。当时，学术界流传一部丹麦地方自治运动的著作《国民高等教育与农民文明》。该书日文翻译那须皓认为，丹麦国土仅及日本十分之一，人口 250 万，是日本的二十分之一，在 1807—1814 年、1864 年两次对外战争中割城让地，损失惨重。但经过农民高等学校的教育和地方改良运动后，提高了国民素质，形成有特色的农业产业，逐渐成为欧洲乃至世界少有成功的国家。究其原因，那须皓认为，农民高等学校的教育和地方改良运动是主因，所以，日本地方改良与国民高等教育须结合起来，定会让日本迅速发达。在这方面，山形县地方课长兼官房主事藤井武率先进行了实践。

1915 年 7 月，藤井武提议成立山形县自治讲习所，为该县议会所通过。《山形县立自治讲习所设置议》[①] 提到了办学的目的，在实施宪政的背景下，在农村推行自治运动，使农民生活、教育及农村产业组合有较大发展，并为町村培养吏员。从这个“设置案”看，主要是学习西方的地方自治，提振农村经济而开办的，基本与殖民教育不相干。14 日，藤井武邀请加藤完治担任该讲习所所长。11 月 23 日，加藤完治前来赴任。12 月 26 日，开门招生。

但关于办学的根本方向，两人存在分歧。藤井武基本是个民本主义者，主张以“地方改良”、“自治开发”为主改良农村，进而推动日本农业的进步。但加藤完治深受古神道影响，是个农本主义者。他认为，如果自治讲习所专以自治或公民教育为核心的话，那么日本“农村三百代”形成的朝作晚归的劳动主义如何体现，天皇的意志如何体现。简而言之，两人的分歧实质是如何处理西式教育与传统教育的关系，即是采取纯西式教育，还是以西式教育为表，传统教育为里？

需要指出的是，20 世纪初期的地方改良运动是自由民权运动在底层社会的延续，藤井武无疑是自由民权的信徒。他在《山形县立自治讲习所设置案》“其五实例”中，单列丹麦国民高等教育案例，认为国民教育是实行地方自治的先决条件，是实行宪政的必由之路。还提出，国民教育可提升公民的道德涵养，启发自治思想，对于形成地方自治体十分必要，这是他创办自治讲习所的要领所在。1916 年 11 月发行的杂志《斯民》还出了专题文章《地方中心人物养成之魁山形县自治讲习所》，认为自治讲习所开启了日本当前的急务“地方的改良”和“自治开发”，意义重大。

加藤完治长期沉迷于古神道，对此缺乏了解，最后只好让步。但在实际运行中，该讲习所很快就打上了加藤完治的色彩。此学校是学员体验大和魂，锻炼陶冶的真正道场。加藤完治要把“自治讲习所”办成具有日本特色的“农民道场”。为此，他提出要确立以农民魂为主的“大和民族的理想信仰”和“实修（实践）的形式”。认为“大和民族的理想信仰”对于开启日本精神十分重要。严格地讲，这个理想信仰始于古神道，终于国家神道。古神道特指江户时代的国学神道。《古事记》和《日本书纪》被奉为“神典”。江户末年，各藩已试图恢复由古神道支撑的天皇制。明

① 《藤井武全集》（第九卷），岩波书店 1971 年版，第 274—279 页。

治维新后，古神道发展为国家神道，即尊奉神道为国教支持的天皇制。《古事记》和《日本书纪》的神话被奉为正统的政治神话，神圣不容置疑。1889年（明治二十二年）2月14日，日本宪法在第三条提出“天皇神圣不可侵犯”，并确定了国家神道与天皇直接联系的公法上的地位。1890年10月30日，日本军国主义政府颁发了《教育敕语》，把它当作学校教育的根基，同时还发挥了国家神道实际教典的作用。[①] 加藤完治将“信仰理想”与国家神道、天皇制相绑定，培育敬神忠君的皇国农民。即以天皇为中心的全体国民须一体同心，各自分担，锻炼陶冶日本农民魂，为建设世界文明而努力。[②] 同时，还要以农民魂、开拓魂为基础，殖民亚洲，乃至世界。

“实修（实践）的形式”有禊、参拜、武道、读书及修业。“禊”就是春秋两季进行水浴，洗涤身心。在敬神尊王的旗号下，学员每天早晚遥拜伊势神宫，以塑造“农民魂”，这就是“以神社参拜为中心的精神教育”。以后的茨城县国民高等学校、内原训练所及“满洲开拓团”都采用这种形式。武道教学，加藤完治采用的是榊原道场山田次郎吉的“直心影流法”。剑道的奥妙与荒地的开垦、深耕是相通的。无念无想，剑气一致，与深耕法锻炼农民魂也是一致的。每天早晨和中午练习剑道各一次，时间是一个至一个半小时。这些都属加藤完治精神主义教育法的主要形式。

比较藤井武创建自治讲习所的初衷与加藤完治实施过程，发现两人的办学思路存在错位。藤井武的地方自治思想源于丹麦国民高等学校教育。国民高等学校教育要助推日本地方改良运动，被视为是自由民权运动的继续。但加藤完治在实施过程中却更多地赋予了古神道、国家神道等敬神忠君的因素，是对地方改良运动变相反动。当然，这很符合日本的民族性格，既仰慕西方的进步与发达，又对传统恋恋不忘，始终在“刀”与“菊”之间、现代与保守之间徘徊。这也是后进国家在发展过程中无法避免的一个现象。

从讲习科目的设置看，该讲习所共设置12个科目，其中乡土史及乡土地理、地方制度及自治行政制度是让农民了解地方农业的基本状况，为

① ［日］村上重良：《国家神道》，商务印书馆1990年版，第107、111页。

② ［日］加藤完治：《日本农村教育》，东洋图书会社1934年版，第259页。

地方自治储备知识；农政学及林政学、农业改良及农家副业是讲习所的主要科目，是学员谋生的手段；町村役场事务整理、外国贸易状况是学员提升生活水平的额外方式。这些科目基本都围绕着“地方改良运动”，以培养近代意义的公民及推行地方自治为目的，与殖民教育关系也不大。

再从学员的流向看，加藤完治在山形县讲习所任职10年间，结业学员309人，[①]其中，从事自家经营229人，所占比重74.1%，町村吏员和和地方官吏41人，所占比重14.9%，从事殖民活动仅13人，所占比重4.2%。藤井武办讲习所的目的，第一为地方培养行政人员，第二为町村培养官吏（即地方有力者），第三为提高农民的素质。从上述人员流向看，基本符合最初设计。从事朝鲜移民仅13人，不是主要流向。

综观加藤完治任职山形县自治讲习所，表面上以提升农村整体经营、推动地方自治为目标，实则操作中渗透了古神道的思想，着重培养学员的“农民魂”。虽在山形县期间，未有实质性进展，但为以后创办国民高等教育学校、内原训练所提供了实践经验和理论储备。明治维新后，日本军国主义基本绑架了民意，知识界普遍认为，国家要发达，对外必须进行武力扩张，对内农村更生运动。加藤完治倾向于农村问题殖民化，认为日本农村问题必须通过殖民扩张来解决。

（二）茨城县国民高等学校的“五部编成教育模式”

明治维新后，日本不仅学习西欧的文明开化，更仰慕其殖民扩张。加之其本土人众地狭，农地不足，殖民扩张思想更是极度膨胀。20世纪前后，“膨胀”一词是舆论界、思想界使用率较高的词汇。高山樗牛提出日本国民是“膨胀的国民”。但“膨胀”一词使用频率最高的莫过于德富苏峰（1863—1957），他对“膨胀的国民”一词钟爱有加，在著述中多有使用。另外，还有“国民形象膨胀”“商权膨胀”“精神膨胀”，等等。“膨胀的国民”（expansive nations）的国家可生存，“非膨胀的国民”（non-expansive nations）亡国。日本必须从中二选一。“膨胀的国家”必须拥有殖民地，获取殖民地的利益。[②]近代殖民主义源于欧美，其特点是以武力

① ［日］宇野豪：《日本国民高等学校运动の创始者》，《広岛修大论集》（人文编），第39卷第2号，1999年，第252—253页。

② ［日］新渡户稻造：《植民政策讲义及论文集》，《新渡户全集》第4卷，第23页。

推行商贸，即商贸为主，领土次之。日本殖民主义则独具特色，利用武力攫取领土，再用移民巩固之，其次才是商业。1895 年，据有中国台湾。1905 年，据有辽东半岛和库页岛（日称桦太）南部。1910 年，吞并朝鲜。1931 年，据有中国东三省。对上述地域不同程度地进行移民巩固。

关于殖民地的统治问题，殖民政策学者矢内原忠雄（1893—1961）提出了“形式的殖民说”和“实质的殖民论”。“形式的殖民说”是指殖民主义者强制支配殖民地，延长殖民者的统治权。“实质的殖民论”是指向殖民地实现移民后，人口的移动与政治权力的相互延长，即移住群的社会经济活动能有效运行。[①] 矢内原忠雄认为光靠军事、政治只能获得“形式”上的统治权。实质性的殖民要靠移民实现。人口移动是政治权力的延伸，如果移住者能够形成聚落，参与移住地内社会经济活动，为殖民之上策。细川嘉六对矢内原忠雄这个殖民理论进行了温和的批评，认为他是资本家利益代表。[②] 矢内原忠雄理论的核心思想是，军事占领是殖民的前提，移民体现了殖民的内涵，参与移住地的社会经济生活依靠“同化主义”。此为殖民的实质。

按照矢内原忠雄的解释，同化主义是对原住者社会的法制、言语、习惯和宗教进行干涉和破坏，军事支配与同化政策相伴，同化政策是文化的表现，军事政策是武力的表现。[③] 据此断定，殖民侵略链最核心的环节是移民同化。

令殖民主义者聊以自慰的是，日本农村有充足的移民资源。据人口调查和官厅统计，1925 年其本土有户数 1125.2 万，人数 5973.7 万。其中，农业户数 554.9 万，人数 2694 万，所占比例为 49.3%，加上其他农业附属从业者，所占比例可达 52.5%。另，拥有 8 亩以下的过小经营者共 195.2 万户，所占比例 35%。[④] 其中佃租农 26%，自耕兼佃租农 42%。如果将这些过小经营者或佃租农中三分之一移殖出去，其一可解决日本人众

① ［日］矢内原忠雄：《殖民及殖民政策》，《矢内原忠雄全集》第 3 卷，1926 年，第 101、197 页。

② ［日］细川嘉六：《现代殖民运动における阶级厉害の对立》，第 166 页。

③ ［日］矢内原忠雄：《军事的与同化的日仏殖民政策比较の一论》，《矢内原忠雄全集》第 4 卷，第 290 页。

④ ［日］那须皓：《日本农业的特质》，《东方杂志》第 28 卷第 9 号，第 29—30 页。

地狭、农家二三男的出路问题；其二还可延伸日本国土，实现“大陆帝国”的迷梦。

1924年，加藤完治对朝鲜、“满蒙”进行了为期三个多月的考察，认为这些地方是解决日本农村问题的关键地域，是日本青年殖民的大场所。但当前无法突破鸭绿江，“满蒙移民”不宜实行，朝鲜的群山和平原可供日本移民。①

经过长期的殖民实践活动，加藤完治殖民侵略的基本思路是：要解决农村问题，首先，要解决户均耕地面积狭小、佃租农比例过高的问题，但本土基本已无耕地可垦，最终途径就是向他国要领土，进行移民；其次，移民是解决日本农村问题的关键，而殖民教育则是确保移民侵略成功的前提。

为了强化农村青年的殖民意识，并借机提高农村的物质开发和精神面貌。1925年，农林省农务局局长石黑忠笃发起成立日本国民高等学校协会，并决定在茨城县率先创立国民高等学校，以期引起连锁反应。1926年5月20日，邀请加藤完治担任该校校长。关于办学的方针，依然延续山形县的套路，理想信仰居首，知识及其他训练次之。②《日本国民高等学校学则》第一、二条显示，该学校采用五部编成教育模式。

表3—1 日本国民高等学校五部编成教育明细表

	教育类型	教育者年龄	教育时间	目的及流向
第一部	长男教育	18岁以上农户长男	一年	自家经营
第二部	次三男教育	20岁以上二三子等	一年	开拓殖民
第三部	少年教育	未满18岁子弟	两年	农业基本技能训练
第四部	女子教育	15岁以上	2个月	将来农村主妇必要的家政及农业技能训练
第五部	短期教育			对其他青年进行皇国精神训练

资料来源：《日本农会报》（杂志）第十六卷第15号，1926年12月发行，第107页

① ［日］桥本伝左卫门：《满洲农业移民の沿革》，《满洲农业移民十讲》，地人书馆1938年版，第5页。

② ［日］小平權一：《石黑忠笃》，时事通讯社1962年版，第45页。

五部编成教育模式的课程设置，分基本、特色和实践三类。基本课程有农村经营、地理历史、农学纲要、武道和体操等，这些课程除了短期教育外，其余都要修习。其中武道是研习剑道，与山形县基本一致。体操主要体现皇国运动。特色课程各个部分差异较大。次三男教育是为移民侵略储备人力，所以着重于殖民教育。少年教育学制是两年，基础课程较多。女子教育是为未来储备合格的农村主妇，设置有家政课程，比如看护教育小孩、裁缝洗涤等。前三类教育还在农场实习和视察旅行，其中视察旅行是在学生毕业前后，重点是去朝鲜、“满蒙”进行殖民考察，目的是激发他们的殖民欲望。

另外，该协会还下辖山形县立国民高等学校、山阴国民高等学校（鸟取县）、瑞穗精舍（长野县）、神风义塾（三重县）、大分县立玖珠农学校、西海农学校（长崎县）、长野县青年讲习所、那加国民高等学校、三岛郡农事讲习所（大阪府三岛郡）、香川县立农事讲习所、上野原农学校（栃木县）、台东农业补习学校（台湾台东）、花莲港农业补习学校（台湾花莲港）等。[①] 上述13所学校教育编成、招生规模、影响力及组织性均无法与国民高等学校相较，但教育的目的、所开课程、殖民色彩却是一样的。

但无论石黑忠笃、加藤完治等如何努力，先组织了朝鲜移民协会，后又创办日本国民高等学校，接着又实行五部编成的教育模式，殖民教育的效果总是不尽如人意。据加藤完治自己统计，1927—1932年共有462名学生结业。[②] 长男教育六年间共有253名，所占比例54.8%。次三男135名，所占比例29.2%。女子教育1928年始实现招生，五年间募集53名，所占比例11.5%。少年教育从1929年才零星招到个把人，四年间募集31名，所占比例仅6.71%。短期殖民教育未能施行。

从结业流向看，多数从事自家经营，移民者微乎其微。其中自家经营399人，所占比例86.4%。从事移民者27人，所占比例仅5.84%。在这27名移民中，18人去了朝鲜，其余分别移殖到我国东北和台湾。加藤完

① ［日］富民协会：《日本农业年鉴》，1931年，第283—286页；日本国民高等学校协会印发，《农村に于ける塾风教育》，1934年，第7页。

② ［日］加藤完治：《日本农村教育》，第201页。

治花费了16年的时间进行殖民教育和移民侵略，结果却如此令人尴尬。分析其原因，除了教唆青年向他国移民本身不得人心外，主要还是未获得决策者实质性的支持。

主要表现在，1924年，那须皓、小平权一、桥本伝左卫门虽成立了朝鲜移民协会，负责专门组织赴朝鲜和我国东北的移民，但这只是个非官方组织，无法及时提供移民所最需要的土地和资金。1907年12月成立的东洋拓殖会社在这方面却更胜一筹，既可提供土地、营农资金，还可确保移民拥有土地所有权。1930年以前，东拓在朝鲜的日本人地主就有870户，和朝鲜本地的地主相差无几，拥有土地面积216704町步。① 每户拥有耕地至少在30町步，少数可达1000町步以上。相比之下，光喊口号的朝鲜移民协会无法与拥有实力的东洋拓殖会社竞争。

另一方面，作为侵略朝鲜的"国策机构"，东拓这套移民侵略体系已运行多年，比较成熟。它招募的移民基本都是成年人，加藤完治的学员多为20岁左右的青年，缺乏营农的经验，也缺乏成为一个农业移民的热情。另外，他的殖民学校多注重理论和所谓"精神信仰"的皇国教育，在实际操作方面则略显稚嫩。要使他们迅速转变成具有实践经验的移民，不论是学员自身，还是殖民教育者，对此都缺乏信心。

加藤完治正在为移民教育的前景焦躁不安时，关东军发动了侵略中国东北的"九·一八"事变。这个十足的殖民主义者欣喜若狂，认为"突破鸭绿江"即将实现。加藤完治随即游说了陆相荒木贞夫、大藏相高桥是清等政要，一再强调向我国东北移民的必要性。与此同时，石黑忠笃、那须皓、桥本伝左卫门、宗光彦等人也四处活动。1932年4月，此人又跑到了沈阳，游说关东军司令官本庄繁，并与作战部主任参谋石原莞尔进行了接洽，最终决定在原北大营开设日本国民高等学校分校。后又设置了公主岭农事实习所，对移民东北的日本人实行速成训练。在加藤完治一手策划下，日本人移民教育和训练场均预备完毕。

（三）内原训练所的"开拓魂"训练

在加藤完治与"满洲国"军政部顾问东宫铁男等人的运作下，1932

① ［日］浅田乔二：《1930年代植民地（朝鲜）地主制の存在形态》，《驹沢大学经济学论集》，第21卷第3号，1990年2月，第7页。

年10月，第一批“试验移民”抵达“北满”佳木斯，后又相继送了四批，人数近万。与此同时，日本国民高等学校启动了五部编成模式中的第五部“短期训练”，对这些预备役军人进行了短期培训，伪满北大营国民高等学校分校进行配合。即便如此，他们在侵入“北满”后，现状仍令殖民侵略的策划者备感棘手。

移民在进入东北后，受到我东北抗日武装顽强打击，加上气候不适，即便是退伍军人也备感折磨。无论他们的“精神信仰”如何坚定，此时都被无情的现实击得粉碎。其中，弥荣村很多移民得了“屯垦病”，战死、病死的人数也很多，团员们觉得前途渺茫，纷纷要求退团回国，并认为这是团部管理者的漠不关心造成的，移民团内部矛盾加剧，最后竟发生了团员武装袭击管理者的事件，试验移民几近崩溃。虽然加藤完治与东宫铁男紧急出面，暂时稳定住了局势，但这些械斗事件、退团事件仍令他们心揪不已，不得不寻找根本性替代方案。

1932年12月，加藤完治和东宫铁男共同起草了《第一次武装移民精神动摇状况以及关于第二次以后人选的期望书》，希望以后将重心放在青少年移民身上，并积极制定“满蒙开拓青少年义勇军”方案。① 即殖民主义者实际早在移民侵略初期，已准备利用纯真的青少年了，另一方面也说明武装移民的试验效果并不令人满意。1934年，13名日本少年被送往中苏边境的饶河，青少年试验移民就此开始。由于“饶河少年队”肩负着“满洲”移民侵略的未来，所以采取了亲情与军事双重管理法，效果良好。加藤完治等人似乎又看到了曙光。

关于日本青少年移民问题，日本方面起步较早，成果较多。上笹一郎《满蒙开拓青少年义勇军》（中央公论社，1973年）和樱本富雄《满蒙开拓青少年义勇军》（青木书店，1987年）可谓是两部上乘的研究专著，运用日本政府公布的资料，对青年移民政策进行系统考察，并对“屯垦病的蔓延”进行了分析。另，白取道博对青年移民用功最多，且多从微观层面进行梳理。其四篇专文《“满蒙开拓青少年义勇军”の创设过程》（《北海道大学教育学部纪要》第44号，1985年）、《“满州”移民政策と“满蒙开拓青少年义勇军”》（《北海道大学教育学部纪要》第47号，1986年）、《“满蒙开拓青少年义勇军”の变容（1938—1941年）：“乡土部队

① 日本满洲开拓史复刊委员会编：《满洲开拓史》，全国拓友协议会1980年版，第108页。

编成”导入の意义》（《北海道大学教育学部纪要》第 54 号，1990 年）、《“满蒙开拓青少年义勇军”の政策的位置（1941—1945 年）》（《横滨大学学报》第 31 号，1991 年），运用各类资料，制作了大量的图表，系统地对青少年移民募集过程中出现的问题、入内原训练所后的训练状况进行了细致入微的分析，并对青少年训练所的架构和政策作了考察。难能可贵的是，他对造成这个悲剧的根源作了初步反思。同时，还对《满蒙开拓青少年义勇军关系资料第 1 卷—第 7 卷》（不二出版社，1993 年）进行了解题，并对一些资料进行辨识。田中宽《“满蒙开拓青少年义勇军”の生成と终焉》（《大东文化大学纪要》第 42 号，2004 年）和内木靖《满蒙开拓青少年义勇军—その生活の实态》（《爱知县立大学国际文化研究科论集》第 11 号，2010 年）着重对义勇军在“北满”的食宿、战时生存状况以及与中国民众的关系进行描述。总之，日本方面的研究是资料丰富，涉及面宽泛，但多从事件本身出发，对“满蒙”青少年移民抱有惋惜、同情的心态，且着重展示他们的命运多舛，但对造成此悲剧的扩张主义的民族集体行为往往却轻描淡写或语焉不详，从长时段角度看，这对肃清军国主义残余是不利的。

中国方面有孙继武、潘佩孟《日本“满蒙开拓青少年义勇军”计划的实施与崩溃》（《社会科学战线》1995 年第 4 期），房建昌《日本满蒙开拓团及满蒙开拓青少年义勇军在内蒙古东部活动考略》（《中国农史》1998 年第 3 期），高乐才《日本“满蒙”青少年移民训练所及其功用》（《日本学论坛》2007 年第 1 期）和《日本侵华期间的青少年移民政策刍议》（《世界历史》2008 年第 4 期），王友兴《日本“满蒙开拓青少年义勇军”移民政策的确立和实施》（《黑龙江教育学院学报》2002 年第 2 期），卢海燕《浅论日本对中国东北的青少年移民问题》（《辽宁教育学院学报》2002 年第 5 期）等，我国此方面研究虽起步较晚，研究的深度、广度还有待加强，在资料的发掘方面也还需提高，但在肃清军国主义残余思想方面却是值得肯定的。

为了扩大青少年的训练规模，1935 年 4 月日本国民高等学校从茨城县西茨城郡宍户町迁到该县东茨城郡下妻村内原，占地面积扩大到 138 公顷，这就是内原训练所。加藤完治就此开始了实质性的青少年殖民教育。1937 年 6 月，加藤完治又组织了第三次饶河少年队，并在内原训练所进行为期一个月的训练，之后将 100 人送往嫩江伊拉河。有人认为伊拉河少年队是正式的“开拓训练生”，是对“满蒙开拓青少年义勇军”的预演，同时还为“满蒙开拓青少年义勇军”的设置提供了侵略经验，此可谓具有多重意义。

1938年3月1日，加藤完治就任内原训练所所长。该年度3月上旬已有6500名训练生。按规定，青少年在移民入侵前，需要在内原训练所接受二至三个月的殖民教育。移民至伪满洲国后，还需接受3年系统的殖民教育。

该训练所设有总务部、训练部和警备指令部。各部下设分部。训练生每60人组成1个小队，5个小队300人组成1个中队，5个中队构成1个大队。1万训练生编成6个大队。据统计，1938年入所的青少年达24365人，输送中国东北21999人。1939年入所9508人，输送8887人。1940年入所9618人，输送8922人。1941年入所13335人，输送12622人。1942年入所12631人，输送11795人。1943年入所11510人，输送10658人。1944年入所11640人，输送7799人。1945年还输送3848人。[①] 截至日本战败投降，内原训练所训练生共96455人，其中成功输送86530人。1938年11月“满洲移住协会”机关刊物《拓け满蒙》在宣传中声称，内原训练所是“皇国少年的大道场”。

需要注意的是，1938年入所参加训练和输送的青少年都在2万人以上，但1939年和1940年两年人数突然降至1万人以下，仅完成计划率的29.6%和29.7%，1941年后又有所回升。究其原因，在殖民主义者的谎言被戳穿后，青少年不再积极地参加应募。但“关东军认为，应募不成功的主要原因，是募集过于盲目，不集中，且缺乏针对性的宣传和鼓动”。建议“以高等小学校毕业生为主，同一地域出身者（郡、道府县）募集”的形式，组成乡土部队，应募化减少就可排除。1941年后，虽没有恢复到1938年的规模，但基本维持在一万二三千人的水平。关东军认为这是可以接受的。

在训练方法上，加藤完治不仅延续山形县讲习所和日本国民高等学校的精神训练法，还进一步突出所谓“开拓魂”的培训。“开拓魂”就是要养成具有大陆的侵略精神，甘愿忍受一切困苦，克服气候、风土对身体的侵蚀，培养个体的抵抗力，同时还要养成遵守命令，精诚团结，有抵御一

① 日本满洲开拓史复刊委员会编：《满洲开拓史》，第316页。

切外来打击的能力。[1] 实际上，“开拓魂”就是对中国东北进行肆无忌惮的殖民掠夺。

从训练科目的设置看，该训练所是日本国民高等学校的延续，符合加藤完治一贯的风格。

表3—2　　内原训练所课程设置

	课程设置
学科	皇国运动、满洲殖民问题、现地事情、满洲农学大意、日本语、国史、地理生理卫生、军事讲话、习字、课外讲话
实科	武道直心影流式剑道、柔道和角力 体操日本体操、基本体操、马术等 农事开垦、土木建筑、农产加工、畜产、锻工、缝纫等

资料来源：白取道博解题：《满蒙开拓青少年义勇军关系资料》第二卷，不二出版社1993年版，第5—6页。

据表3—2，内原训练所科目分基础训练、所外训练和特技训练三种。基础训练有学习、武道、体育等。武道和农道都是实践和精神同步修养，不可偏废。所外训练有农业作业、开垦作业等。特技训练选拔出若干人，进行马术训练、木工训练、制碳作业训练、锻工训练等。

值得注意的是，内原训练所的殖民训练很具针对性。如将“农村经营”针对性地改为“满洲殖民问题”，“农学纲要”改为“满洲农学大意”。由于“北满”地理气候与日本差异较大，所以将原先针对各郡县的“地理历史”改为“地理生理卫生”，以增加青少年移民侵略的适应力。因此，内原训练所基本科目是为殖民“满蒙”而设立的。

实践科目也更具有侵略性。在山形县讲习所和日本国民高等学校期间，加藤完治认为自己“突破鸭绿江”的愿望很难实现，所以将主要精力放在培养日本青年“三百代以来”的“农民魂”。他当时认为“农民魂”就是“大和魂”。因此，采用直心影流式的剑道训练学员，本身

① ［日］白取道博解题：《满蒙开拓青少年义勇军关系资料》第二卷，不二出版社1993年版，第5页。

并不侧重于格斗或防身，更主要的目的是从内心深处训练青少年身心合一、心无杂念的信念，真切领会以深耕为特点的“农民魂”。但内原训练所时期，情况发生了变化，日本要在中国东北推行“实质殖民论”，创建“新日本”。“大和魂”遂演变为赤裸裸的具有攻击性的所谓“开拓魂”。因此，他不再单纯地强调精神、意念，引入柔道、角力就是为了格斗、为了攻击，对内镇压我国民众的反抗，对外防范苏联。

从加藤完治当初对殖民教育的设计看，日本国民高等学校的五部编成是比较理想的殖民教育模式。五部编成中的短期教育在内原训练所最终得以充分体现。由于移民侵略的需要，长男和次三男教育也简化为短期教育。“七七事变”后，青少年成为移民的主力军。“现地”青少年训练就成为重中之重。少女教育则以“开拓女塾”的形式出现。“现地训练”包括基本训练、实务训练和特殊训练。实务训练又分为甲种实务训练所、乙种实务训练所、丙种实务训练所。截至 1941 年 3 月，中国东北的基本移民训练所 7 个，甲种训练所 35 个，乙种训练所 18 个，满铁训练所 31 个，丙种训练所 3 个。① 各类青年移民训练所合计 94 个。训练的种类、形式可谓是多种多样，令人目不暇接，但训练科目的设置、训练理念与内原训练所大同小异。训练科目也分基础训练、实践训练和特技训练三大类。基础学科有公民、自然科学、农学和中文等。实践课目有农耕、养畜、农事及其加工、土木建筑、武道、军事教练和特技训练。内原训练所拉开了殖民训练的帷幕，属“形式殖民”教育。“现地训练”则更具现实性，具有“实质性的殖民”教育，是内原训练模式在伪满的延续。所以，就加藤完治的殖民教育而言，内原训练、“现地训练”只是地域不同的两个时期而已。同时，加藤完治还将古神道所提倡的“三百代农民魂”与国家神道所钟爱的“开拓魂”合而为一，丰富了“大和魂”的内容，也加重了日本法西斯对邻国的破坏。

（四）农本教育者加藤完治

日本学术界一般将殖民教育思想归结于农本主义，将加藤完治与大川

① ［日］白取道博：《“满洲”移民政策と“满蒙开拓青少年义勇军”》，《北海道大学教育学纪要》第 47 号，1986 年 2 月，第 129 页。

周明、権藤成卿并称为“昭和三杰”。[①] 森步美比在《橘孝三郎与加藤完治》（《日本历史》第489号，1989年）中认为，加藤完治以古神道为基础进行农业教育，是民间右翼思想的杰出代表。加藤完治将“满蒙”殖民教育和殖民实践运用于国民教育层面，这又为他赢得日本国民教育“奠基人”的称号。黑田正则干脆称其为“日本殖民教育之父”（《大陆日本教育の父加藤完治与内原训练所》，明治图书1943年版）。还有认为加藤完治对提高日本农村青年的素质及社会责任，贡献很大。[②] 但是，却很少反思正是这种带有扩张性的殖民教育，使得数以万计的青少年命丧黄泉。

加藤完治认为，“农业就是化育圣世的天地，但须各自分担，为衣食住的生产挤出汗水，为日本的弥荣（日益繁荣）献上自己的日本农民魂”[③]。农业是天地之精，是日本“弥荣”的基础。农本主义的理论基础是古神道和国家神道，是日本久远的“农民魂”和新近产生的所谓“开拓魂”杂合的产物。同时，还强烈主张殖民教育、殖民实践要与天皇制结合。因此，日本的农本主义与中国重农思想区别很大。我国重农思想趋向于营造社会秩序的稳定。日本近代农本主义则是法西斯思想产生的源泉。

権藤成卿（1868—1937）和橘孝三郎（1893—1974）是农本主义的另外两个代表人物。他们的思想基础大体也与加藤完治相似。権藤成卿认为，“我国之农村乃国之基础，成俗之根源”，而资本主义破坏了日本国力源泉的农村，是最可痛恨的事。[④] 另一位农本主义的代表人物橘孝三郎，宣传大地主义、兄弟主义、勤劳主义和爱乡主义。大地主义认为，人是永远离不开土地的，必须以土地即以农业为家。兄弟主义即如兄弟般的生产生活。勤劳主义即不知疲倦的劳动生产。爱乡主义主要体现在爱乡会

---

① ［日］三浦実生：《昭和三杰：大川周明、加藤完治、権藤成卿》，《农林春秋》第2卷第3号，1952年。

② ［日］冈田耕作：《加藤完治の农民教育思想》（《思想の科学》第18号，1960年）、筑波常治《加藤完治与满蒙开拓》（《中央公论》80（6），1965年）、纲沢满昭《加藤完治の农业教育思想》（《大众教育学院学报》4（2），1972年）等都持此观点。

③ 日本农业研究所编印：《石黑忠笃传》，1969年，第12页。

④ 近代日本思想史研究会，那庚辰译：《近代日本思想史》，商务印书馆1992年版，第100页。

上，要像爱自己的生命一样爱家乡。这些主张本来无可厚非，但最终却演变成法西斯扩张主义，着实令人唏嘘。

必须明确的是，日本近代农本主义是伴随着资本主义的发展而产生的。该国初期的资本主义发展是以牺牲农村、剥削农民实现的。资本主义渗入农村，寄生性的地主阶层不断获利，而人数众多的贫农、小农却债务缠身，很难依靠农业维持生计。但又无法摆脱家族式的小规模经营，只好把子女送到工厂作工。这种掠夺农业发展资本主义的做法，引起农民的强烈不满。主要表现就是“租佃纠纷”不断增加。1921 年，此类案件增到 1680 件，相当于 1920 年的四倍，直到 1926 年，纠纷案件、参与人员年年增加。[①] 这使许多以农为本的人极其抵触资本主义的生产生活方式。

另外，自明治时期该国一直推行富国强兵政策，军队地位举足轻重，而军队中的青年将校、士兵多来自农村，很容易接受农本主义思想，也很容易亲近右翼思想。権藤成卿《自治民范》（1919 年）与北一辉《日本改造法案大纲》一样，被青年将校奉为经典。《自治民范》宣传农本自治主义，或也可称为“皇民自治主义”。橘孝三郎 1931 年组织了爱乡塾，继承并补充了権藤成卿农本主义思想，著作有《日本爱国革新本义》，宣传以农立国，以农村为基础实施自治，恢复以农业为中心的君民一体的国体。権藤成卿和橘孝三郎为农村“鸣冤叫屈”，主张建立以农为本的国家，实质上是煽动青年军人对政党政治的不满，最终推翻政党政治，建立天皇制独裁政权。同时，还通过老壮社、犹存社、爱乡塾鼓吹其右翼思想，属“内生性”农本主义。

加藤完治则通过殖民教育、殖民实践践行农本主义，教唆青少年突破鸭绿江，扩大天皇统治的范围，直接对法西斯的决策产生影响，属“外延性”农本主义。他利用筧克彦提出的“表现汎神论”“普遍我”“表现归一”等概念，构建自己的殖民教育理论。“普遍我”是对个体的超越。个体化的“普遍我”与国家是同一的。国家的人格化、统治权的主体化，最终归君主一人。君主即国家，政治即要集权。这些是教化青少年“理想信仰”的基础，即从精神层面教唆青少年敬神忠君，为天皇制法西斯制造舆论。古神道本是农耕经济的产物，所以，加藤完治认为农学、农

① ［日］金井清一：《日本近现代史》第二卷，商务印书馆 1992 年版，第 160 页。

事、农产加工、开垦是践行“开拓魂”的主要内容。“九·一八”后“满洲”成为践行“开拓魂”的中心区域，是日本“弥荣”的“翅膀”，所以，加大了对“满洲”农事、殖民及相关问题的实践。“普遍我”之于国家须“各自分担”，但必须与天皇“本来的一心同体”。

（五）殖民实践者加藤完治

关于加藤完治在移民侵略中承担什么样的责任？现在看来，仍需探讨。毫无疑问，关东军一手策划了富有军事目的的“满洲移民”。[①] 1931年12月，关东军第三课就制定了《满蒙开发方策案》，提出奖励日本人移民我国东北，并特设一个移民推进机构。1932年1月15日至29日，又主持召开了“满蒙法制及经济政策咨询会议”，从法制、货币制度及金融业、税收及专卖制度、“产业开发”四方面讨论如何实质性的控制和掠夺伪满洲国。其中26日和27日，在“产业开发”的名义下，论证了“满洲移民”问题。加藤俱乐部那须皓、桥本伝左卫门强硬的要求“满洲移民断行论”[②]。2月，关东军统治部接受加藤俱乐部的意见，制定了《移民方策案》《日本移民案要纲》和《屯田兵制移民案要纲》三个文件，也倾向急速地施行移民侵略计划。

同时，日本国内的移民计划也由加藤集团具体策划，并推动拓务省施行。“九·一八”事变后，加藤完治几乎与关东军同步主张向“满蒙移民”。1932年1月，不仅积极向日本官界、政界、学界兜售其所谓的“突破鸭绿江的满蒙殖民论”，而且还对“满蒙”事实移民的推进者关东军进行游说。拓务省即以加藤移民案《满蒙殖民事业计划书》为蓝本，制定了满洲移民案大纲。在青少年移民问题上，加藤完治更是始作俑者。早在1934年，就伙同东宫铁男率先对少年移民进行了有效实践。1937年11月3日，石黑忠笃、桥本伝左卫门、那须皓、加藤完治同“满洲移住协会”理事长大藏公望等人，联名向日本政府提交了《关于满蒙开拓青少年义勇军编成建议书》，建议立即组织“满蒙开拓青少年义勇军”5万人的移民计划。此计划使青少年移民侵略计划上升为日本国策。另外，青年农民训练所的设置及训练，加藤完治也是策划者。

① 日本“满史会”编：《满洲开发四十年》，第517—518页。

② ［日］加藤完治：《武装移民生い立ちの記（前篇）》，满洲移住协会1939年印本，第7页。

必须指出的是，关东军初期三个移民文件并不具有操作性。第一，以“南满”为移民的腹地，“北满”为屏障。这个策略本身就有问题，因为“南满”人口已极为稠密，无移民空间。第二，《屯田兵制移民》又过多地强调军事、政治功能，普通移民的定居功能无法体现，即无法体现移民自身的经济效用。这也包括东宫铁男推出的在乡军人移民案。

其一，加藤完治殖民侵略计划并非一叶障目，他通盘考虑，更为老辣。《六千人移民案》采取移民村的班与屯田兵组织的分队，区与大队，村与联合队等编成方式，充分发挥移民的军事和经济功能。其二，他将移民的重心放在较为空旷的“北满”，相应地降低了移民侵略的阻力。其三，针对于日本移民对“北满”环境的陌生，采取日本本土和伪满纵向一体教育的模式，使移民输出地与接收地间形成稳定可靠的移民链，确保移民侵略持续有效的推进。

所以，加藤完治的殖民实践对于日本移民侵略，具有实质性的作用，在移民侵略过程中应承担主要责任。上笠一郎认为，加藤完治力主将青少年作为义勇军移殖到我国东北，是“儿童残酷事件”和义勇军悲剧的制造者。虽说日本移民侵略的关联机构有关东军统治部、拓务省、满洲拓殖公社、满洲移民协会，但加藤俱乐部人员都间接或直接参与，是上述机构的骨干分子或幕后推手。在“九·一八”事变很长一段时间里，他们更是上蹿下跳，极尽教唆之能事，直接加速了殖民机构的决策活动。“农民教育者加藤完治是‘满洲移民’的计划者、推进者。”① 将其与军部法西斯相提并论，毫不为过。

不仅如此，“满洲移民”侵略失败后，日本右翼对加藤完治及其“内原训练所”仍念念不忘。停战不久，他们就成立了日本全国拓友协议会，那须皓任委员长。1975 年 5 月，该协会在内原训练所原址上建造了“满蒙开拓青少年义勇军训练所之碑”。碑文中，依然念念不忘“满洲建国的圣业”，义勇军奉“天祖宏谟”，向神明宣誓，一心一德，为天皇御宇天下，献出一切。正面是“关于满蒙开拓青少年开拓义勇军编成建议书”的内容。1985 年，500 余名原义勇军成员成立了内原训练所史迹保存会，内藏有他们的生活用品、手杖、农具、炊事用具、衣服等。或许，他们是

① ［日］武田清子：《加藤完治の农民教育思想：国民高等学校运动と满州开拓团》，《国际基督教大学学报》A 教育学第 11 号，1965 年，第 81 页。

在回顾那段悲惨的经历，对此无可厚非。但令人忧虑的是，战后日本部分人士对该行为的漠视，胜过该行为本身。

二 东宫铁男的移民计划

东宫铁男（Tonomiya Tetsuo），明治二十五年（1892）生，群马县势多郡宫城村（今群马县前桥市）人。1915年陆军士官学校毕业，同年12月被任命为陆军步兵少尉，入近卫步兵第3联队。1917年7月随日军出征。1919年晋升中尉。不久东宫参与了日本武装干预苏俄革命，并在“北满”国境地带感受了苏俄哥萨克移民作用，决意实施“满蒙”集团移民侵略。

1922年自费到中国留学并学习中文。1926年晋升为大尉。1927年1月被派往我国东北任奉天独立守备步兵第2大队中队长。11月5日，他在日记中提出，“我有一个设想多年的满蒙集团移民的计划”，并认为这是实现“满洲开拓”的大好机会。1928年因炸死张作霖而名噪一时。1929年迫于压力，返回日本。1931年12月重返东北，担任伪满洲国吉林军特聘武官，负责训练伪吉林军。1932年4月任职关东军司令部兼伪满洲国军事顾问。1937年10月，东宫铁男担任千叶部队大队长并参加中日战争，11月14日在浙江杭州湾被我军击毙。

日本败亡前，关东军将佐资料基本毁坏殆尽，因此要研究东宫铁男及其移民侵略计划，只能从一些日人的著述及一些零散的资料入手。1938年桥本伝左卫门撰写《满洲移民の父东宫大佐》一文，以满洲移住协会的名义刊行，对其移民思想进行宣传。1940年，伪东宫大佐纪念事业委员会还为其塑了像，并编写《东宫铁男传》，全书共967页，对其侵略事迹分门别类进行编写，手法类似年谱。另，梁顺春雄（1942）著《东宫大佐传》，石原文雄（1944）著《东宫大佐と加藤完治》，同样对其称赞有加，但所用史料研究者可批判地使用。

2006年8月11日，日本NHK电视台作了“满蒙开拓团はこうして送られた～眠っていた关东军将校の资料～”（“满蒙开拓团”的真相——关东军将校的隐秘资料）的解密节目，公开了其家属保存的日记及撰写的移民计划书、图片、地图等资料，为研究这个“满洲移民之父”提供帮助。

（一）东宫铁男与关东军移民计划

“九·一八”事变时，东宫铁男在日本冈山步兵第10联队任职。第二天他在日记中写道，“昨夜奉天事件爆发，可能要彻底解决，痛快之至”。《在乡军人及朝鲜人“满蒙”移民方案》[①] 是在事变后制定的。提出在日本武装移民的节制下，朝鲜人可大规模移殖“满蒙”。这个移民案是日本长期推行“鲜农殖满”政策[②]的一个延续，是日本殖民主义者惯用的伎俩，缺乏新意。

日韩合并后，大量破产的朝鲜农民涌入日本。1917—1927年，在日本的朝鲜移民由14012人增加到138061人，十年间增加十倍多，到了1933年单单东京、大阪两地朝鲜人就有70余万，他们中83%是无业的。[③]一则朝鲜移民较不稳定，容易引起一系列社会问题。二则加大日本的人口压力。日本帝国主义希望将这股不稳定因素引入我国东北。三是朝鲜人拥有水田开拓的技能，不但可解决日本人口压力及食粮问题，还可解决日本帝国主义向大陆发展（大陆政策）问题。关键是可搅动东北民族冲突，使其有存在感，为武装干涉制造借口。所以，日本一直就鼓励朝鲜人移居我国东北。

另外，东宫和他的前辈一样，认为东北气候寒冷，日人很难适应，且其本土生活水平较高，无法和当地农民竞争。以前移民的失败也说明这一点。另外，朝鲜农民吃苦耐劳，且处于生存的边缘，易于控制，适应力远强于日本移民。因此，朝鲜人较日本人更适合移居“满洲”。

同时，关东军也在总结先前移民侵略失败的教训。浅田乔二提出，失败的主要原因与张学良政权的排日政策密切相关，反对日人的土地商租与获取。[④] 日本殖民主义者曾以“二十一条”中之“日本国之臣民在南满为

① ［日］东宫大佐纪念事业委员会：《东宫铁男传》，1940年，第631页。

② 具体内容可参考孙春日《中国朝鲜族移民史》，中华书局2009年版，第234—239页。

③ 瞿明宙：《日本移民急进中的东北农民问题》，《东方杂志》第32卷第19号，1935年，第65页。

④ ［日］浅田乔二：《矢内原忠雄的殖民论（下）》，《驹沢大学经济学论集》第20卷第3号，第23页。

盖造商工业应用之房厂或为经营农业得商租其需用地亩”为由，挑起中日“土地商租权”之争。“商租”一词，我方认为是“不过三十年之长期限有无条件续租之可能”，而日人则曲解为“长期租借以至30年，并得无条件续租”。以日人之逻辑，“土地商租权”就等于“土地所有权”。单单从这个争端可看出，日人在“满洲”取得土地的欲望是贪婪的、无止境的。因此，东北当局制定《商租地亩须知》明确规定“租地不包含典押、买卖之意义。土地所有权仍旧归地主，承租人不得享有”[①]。官方还制定严厉的条例，“禁止日人购买土地，或自由保有地权，或因抵押而取得地权”[②] 等措施进行遏制。国联报告书认为，这显然在合法权利之内。不管怎样，一定程度上遏制了日本试图以移民侵略东三省的图谋。如今，日本帝国主义认为，所有障碍已尽排除，无论是“南满”“北满”，皆可大刀阔斧推行。

1932年2月，关东军统治部就已确定《移民方策案》及《屯田兵制移民案要纲》[③] 等三个初步性的草案，其中《日本人移民案要纲》和《屯田兵制移民案要纲》是《移民方策案》实施的具体化。

《移民方策案》提出，移民分“普通移民”和“屯田兵制移民”两类。前者以“南满洲”（“满铁”支线即长春至大连以南）为主，后者在“北满洲”（“满铁”支线以北）。“普通移民”以五人或五户以上组成，进行旱田经营。主要包括农业家庭移民、农校学生、农业研修生等。“屯田兵制移民”又称“特别农业移民”。移殖者主要从“满洲屯军”中选择。组织形式以军队编成，10人组成1分队，5分队组成1小队，10小队组成1大队，500人组成1个兵屯。“普通移民”15年10万户（前5年每年5000户，后10年每年7500户），“特别移民”10年1万户（每年1千户）。

从移民的人数和形式看，“南满洲”殖入“普通移民”，即农业移民，户数达10万，“屯田兵制移民”户数只有1万。这表明，关东军移民案

① 李毓澍：《中日关系史料·二十一条交涉（下）》，“中央研究院”近代史研究所1966年版，第568页。

② 伪“满洲报”社出版发行，《国联调查团报告书》（中译本），1932年版，第58页。英人琼斯《1931年以后的中国东北》之第五章“日本移民及移民区”也有类似论述。

③ 以上三个文件内容参见浅田乔二《关东军の满洲农业移民计划（试验移民期）一》，《驹沢大学经济学论集》第5卷第2号，1973年。

是以“南满”为主，力主在东北南部及中部延续并巩固侵略成果，在“北满”与历代的中国王朝一样，实行“移民实边”，加强对核心区域的拱卫，以抵御可能来自苏联方面的复仇。此阶段关东军的移民案基本延续了后藤新平的移民思路。

后藤新平曾在《满洲移民论》中提出，日俄的对抗，未必以“满洲”一战可结束，第二次战争随时可能到来，应以“满洲”为基地，以逸待劳，与俄周旋，前提是，如能有50万日本移民，对日则必然有利，然后可逐渐向我东北广大农村腹地渗透，形成日本农业移民在“满洲”扩张的基础力量。[①] 关东军忠实的执行了后藤新平的移民战略，首先以“南满”为核心，进行移民，其次在北部实行军事移民，防御腹地。

关东军和后藤新平的如意算盘是，依靠东三省丰富的农牧林矿资源，既解决侵略战争所需的粮食、工业原料问题，又可从根本上解决日本在对苏战争中的兵员问题。但关键是“南满”的人口密度已经很大了，能否容纳大量日本移民？草柳大藏曾在美国华盛顿国会图书馆“满铁部”看到一份列为机密的文件《满洲事变善后之我见》，该文提出“南满的开发已达到饱和”，“满蒙的未来在北满”[②]。这个问题日本统治层是很清楚的。其次，日本移民数量是否可达预期？其营农能力到底有多大？在旱田经营方面，我国农户已因地制宜的创造出一套寒地营农法，日本移民对此并不在行。事后也证明了这一点。初期他们还向东北农户学习旱田经营技术，后来由于经营不善，干脆将土地出租，自己做起了地主。水田经营方面朝鲜移民经验丰富，而日本的水田技术不大适合东北寒地。朝鲜移民根据东北的气候和土质特点，对原有的种稻技术进行改良，创造出适合寒地的种稻技术。

正当关东军处心积虑的策划移民侵略时，东北的抗日运动风起云涌，令其猝不及防。早在“九·一八”爆发后的第三天，《中国共产党为日本帝国主义强占东三省事件宣言》提出“武装反抗日本强盗”。随后，中共

① ［日］细川嘉六：《殖民史》，东洋经济新报社1941年版，第485—486页。另参见浅田乔二《细川嘉六の殖民论》“细川之殖民地‘满洲’论”，《驹沢大学经济学部研究纪要》第47号，1989年3月，第140—167页。

② ［日］草柳大藏：《满铁调查部内幕》，第456页。

中央调整东北抗战战略。1931 年 10 月 27 日，《中共“满洲”省委根据日帝占领满洲后建议省委由沈阳迁移哈尔滨给中央信》中认为，“北满”在帝国主义战略中极为重要，哈尔滨情形复杂，对于党的领导较为有利，关键是哈尔滨工作最近有较大进展，需要加强领导方面的力量。[①] 中共“满洲”省委这一战略调整，直接促成“北满”抗日浪潮的高涨。1932 年 7 月，珠河中心县委承担了哈东方面的抗战领导任务。1933 年 5 月，吉东局统一领导乌苏里江区域的抗战。1934 年 12 月，汤原县委为筹建抗日人民军四处奔走。据日本防卫研究所《中国事变陆军作战史》推断，截至 1932 年，东北的抗日力量有 22 万之多。[②] 殖民主义者认为，“九・一八”前，“北满”主要抗战者主要是朝鲜共产党，事变后迅速获得了广大群众的支持，[③] 主要原因是中共满洲省委调整了战略部署。关东军随即放弃后藤新平统治策，将战略重心北移至北部边疆，移民重心也转向了“北满”。东宫铁男的移民案就是在这种背景下出台并实施。

“九・一八”事变后，东宫铁男返回东北。1931 年 12 月 23 日，他在日记中说，“为实现我多年来的朝鲜人移民和在乡军人集团移民计划，把握时机，踊跃赴任”。关东军委任其为伪满吉林军特聘武官，负责训练伪吉林军。当然，他不甘于此，穿梭于“北满”各地，考察移民地状况，并绘制了一份“满洲国内马贼及义勇军别动队分布要图”。图上标注了“北满”各地抗日武装力量的具体位置，还有他设想的朝鲜移民农场、日本退伍军人部落及农场、农场事务所、移民小学校、邮政局、警察官派所及医院、交易市场等。从这幅图可看出，东宫铁男此时期是以朝鲜移民为主，并与日本移民交叉安置，目的显然是在对付我国抗日武装。

1932 年 6 月 10 日，东宫铁男向关东军提出“以在乡军人编成吉林屯垦军基干队，永久驻屯在吉林省东北地区的意见书”，“以于深澂为司令在依兰东北十县（依、桦、富、同、勃、宝、饶、虎、密、绥）实行屯垦军制。第一，化杂军（敌、编余军、‘兵匪’）为农。第二，进行开拓。第三，保卫国防（主要是帝国对苏作战）。当前，‘敌匪’的情况如无日

① 东北军区司令部编：《东北抗日联军历史资料》（第二集），1955 年，第 18—19 页。

② 日本防卫厅防卫研究所战史室著，田琪之译：《中国事变陆军作战史》（第一卷第一分册），中华书局 1979 年版，第 12 页。

③ 《关于东北抗日联军的资料》第二分册，第 211 页。

军的直接援助，则不可能肃清，屯垦工作也不能进行。他确信以日本退伍军人编成军基干队，永久驻屯是最好的办法。于氏同意这个意见。迫切希望将本年六月应退伍的独立守备队、朝鲜部队、近卫队约一千名立即送往依兰”①。东宫铁男认为，在日本武装移民的控制下，让伪吉林军“化兵为农”，与朝鲜移民一起，进行农垦作业，为日军提供后勤保障，是很有意义的。《吉林屯垦军组织案》规定了屯垦军包括“屯垦军基干队”“屯垦警备队”和“作业队指导部”三部分。《吉林屯垦军基干队》规定“在乡军人”将校 7 人、准士官 10 人、下士官 30 人，队员包括朝鲜移民在内 300 人，组成一个大队。大队下有分队，分队下有小队。计划移殖千人。

显然，东宫铁男移民案对关东军草案进行了较大的修正。首先，关东军主要是延续后藤新平侵略思路，强调以东北南部和中部为核心，以“北满”为辅，然后徐图推进。东宫铁男案则将侵略的重心，直接推进到“北满”腹地，主张急速移民。认为一则可迅速攻击我抗日武装，并切断与苏联的联系。二则可以“北满”为基地，将对抗苏联的重心推进到所谓“国境”地带。由此可见，东宫移民案比较符合日本强占“满蒙”之后局势的变化。

其次，从移民类型和人数看，东宫案强调日本移民的军事、警备和农业监视作用，对于移民的农业生产不大重视。从《吉林屯垦移民组织案》和《吉林屯垦军基干队》看，一个屯垦大队 350 人左右，日本移民不足 50 人，且尽是干部，其余 300 人是朝鲜移民和伪吉林屯垦兵。这样千人的移殖计划可组成 20 个屯垦大队，控制 6000 名朝鲜移民或伪吉林屯垦兵。在日本武装移民的监控下，伪吉林屯垦军和朝鲜移民为日本帝国主义生产粮食。如果将这 20 个屯垦大队分布在伪吉林东部 10 县，对我国抗日武装造成的危害将是很大的。这是个军事性屯垦移民案。

最后，如东宫铁男案进一步扩大，将加大对苏联的压力。“九·一八”后，苏联虽在共青团员中大力开展“开发远东英雄移民”，动员服役期满退役士兵在远东定居，② 但当时苏联经营重心在欧洲，亚洲东部移民数量有限，并不能从根本上对日本军国主义者构成压力。关东军内部对这个移民案是赞赏的。

---

① ［日］满洲开拓史刊行会编：《满洲开拓史》，1966 年，第 52 页。

② 林三郎：《关东军和苏联远东军》，吉林人民出版社 1979 年版，第 39 页。

但日本拓务省对此并不认可。该机构移民案的推动者是加藤完治，1932年初就伙同石黑忠笃、宗光彦就已制定了《满蒙殖民事业计划书》(《六千人移民案》）提出，1932年度输送农业移民6000人，其中移民干部300人，移殖地在“北满”。日本农业移民须以在乡军人为主组成“武装移民”，5人一分队，5分队一大队，几个大队组成一个联合队。移民在迁居第5年开始完成经营额度。1户耕种5町步，5户组成一个农场(25町步)，实行共同经营。再，移民形成方式，5户为一个共同经营单位，25户形成一个移民区，5个区组成一个移民村，数村形成一个移民乡。移民村的构成与屯田兵组织是相对应的。

加藤案与东宫案区别之一，是从农业经营角度强调移民的军事、经济双重功效。“武装移民”既有军事性的联队、大队和分队组织，又有农业经营性的乡、村、区组织。这就是典型的“寓兵于农”“寓农于兵”，兵农一体策略。首先，虽理论规划上较为周密，但不易操作，将6000人在一年之内殖入“北满”是困难的。东宫铁男案规划虽不甚精细，但较易执行。其次，加藤案注重对移民进行农事、殖民训练，且要在日本和“现地”分别进行，目的是要求移民掌握一定的农业技能。这就意味着日本移民不再只从事些营农的外围事务，而是农耕的主体，也表明朝鲜移民、伪吉林屯垦兵在加藤方案里不是主角。在两个方案中，有一点双方是一致的，即“北满”是移民侵略的腹地所在。

加藤案和东宫案差异的关节点，谁是营农的主体？7月14日，关东军安排东宫铁男和加藤完治在奉天会面。经过争论，前者放弃以朝鲜移民为主的侵略思路，两个移民案实行合流。8月16日，日本拓务省提出“吉林省依兰地区移住计划说明书”中所制定的“一千户移民方案”，获日本国会通过，计划1932年秋入殖五百户，1933年春五百户。10月1日，关东军特务部制定《关于在满洲移民的要纲案》，强调要以日本移民为中心，主体由“普通移民”向“特别农业移民”（即屯田式的武装移民）转变，露骨地提出了日本移民的军事、政治功能。浅田乔二认为，这个“要纲”是关东军提出的关于日本人、朝鲜人及中国人对“满”移民的全面的移民计划案，就这一点而言，是“划时代”[①] 的移民案。应该

① ［日］浅田乔二：《关东军の满洲农业移民计划（试验移民期）二》，《驹沢大学经济学论集》第5卷第3号，1973年12月，第54—55页。

说，这个所谓的“划时代的移民案”，不仅将“北满”置于侵略的风口浪尖上，终究也将日本移民推向了深渊。

（二）移民数量减少及其对策

对于移民“北满”，日本内部是有争论的。[①] 在“肯”“否”之间，那须皓、桥本伝左卫门代表拓务省，东宫铁男代表关东军倾向于“肯”，矢内原忠雄、永田稠等人持“否”的态度。那须皓、桥本伝左卫门极力主张满蒙移民突破论，要不惜一切向崭新的土地殖民。矢内原忠雄则在《满洲问题》中提出，满洲是中国不可分的构成部分，日本势力势必将被全面清除，且生活程度较高的人移入较低的社会是不符合“经济学常识”的。[②] 满洲农业移民根本问题是经济问题，而非所谓的“合理性的满蒙特殊权益论”，日本移民与东北农民在竞争中将完全处于劣势，即使日本政府进行财政补助也无济于事。

但东宫铁男、加藤完治对此漠视。他们从政治和军事角度出发，提出先进行“试验”性质的武装移民，积累经验后再实施更大规模的移民侵略，即1932—1936年是“武装试验移民”或“特别农业移民”阶段。但试验效果不佳，屯垦病、病死、被杀人数不断增多，移民纷纷要求退团。东宫铁男一面强调个人意志，一面将移民的妻室或家庭成员移殖过来，并为单身移民积极招募配偶，即“大陆新娘”，妄图以此满足移民的生理及心理需求，挽救行将崩溃的“试验移民”。

1932年10月14日，493名退伍军人抵达“北满”佳木斯，遭到东北抗日武装的轮番袭击。东宫铁男在日记中说，“日没抵佳木斯，凌晨一时匪贼来袭，烧毁西门侵入城内，获伊藤中尉增援，随将其击退”。半年后，他们才进入垦殖区。这些退伍军人被分成农产加工班、木工班、锻工班、蹄铁班、贩卖部和警备班。但这并没能抑制住侵略者内心的焦虑与不安，加之水土不服，移民内部胃肠病、泌尿系统病症、神经系统病流行，一年之内有677人患病，有的是反复发作。

---

① 日本“满史会”编，东北沦陷十四年史吉林编写组译：《满洲国史（分论）》（下），1990年，第286页。

② ［日］矢内原忠雄：《满洲问题》，《矢内原忠雄全集》（第2卷），1934年，第566—567页。

表 3—3　移民团损失状况（截至 1939 年 1 月）

	入殖数	退团数	病战死	补充数
弥荣村	493	196	51	48
千振村	444	176	29	107
瑞穗村	262	98	45	6
城子河	280	28	11	8
哈达河	189	23	10	7
永安屯	300	17	4	3
朝阳屯	275	8	4	3
黑台	212	12	8	4
信浓村	305	4	5	——
黑顶子	297	17	1	21
东二道岗	147	17	——	39
西二道岗	168	24	1	40
六人班	182	3	2	——
北五道岗	290	14	1	5
南五道岗	289	1	2	——
龙爪村	260	25	1	29
熊本村	231	5	5	62
宫城村	206	16	1	——
福岛村	195	5	6	——
茨城村	166	2	1	——
静冈村	199	4	2	2
东北村	240	10	2	63
东海村	281	5	1	13
黑马利	304	59	3	——
海伦	223	5	1	4
五福堂	212	3	1	——
老街基	210	25	3	——
合计	6860	802	201	464

资料来源：东亚研究所：《开拓民に关する资料的调查研究（中间报告）》，1941 年，第 27—29 页。

表 3—4　1940 年度伪北安省铁骊县移民健康状况　人、%

	总检查数（A）	患病状况（B）					B/A
		胃肠病	呼吸器病	脚气	神经痛	合计	
安拜屯	218	46	30	15	12	131	60
横泰村	85	11	10	4	3	39	45
畜产移民团	84	13	1	——	2	24	28. 6
桃山村	62	18	4	2	1	34	54. 8
韩家屯	117	16	4	3	7	36	30. 8
老永府	21	2	5	1	——	9	42
合计	587	106	54	25	25	273	46. 5

资料来源：今津九右卫门等：《1940 年度满洲国北安省铁骊县开拓农民卫生实态调查报告书》，第 4—35 页。

表 3—3 所示，27 个移民屯 1932—1938 年人数的损益情况。前六次集团移民共 6860 人，退团、病死、打死 1003 人，所占比例 14. 6% 。其中，弥荣村、千振村、瑞穗村、城子河和哈达河损失较重。五移民村合计 1668 人，退团、战死、病死共 667 人，损失率高达 40% ，超出平均率近 26 个百分点。这主要是武装移民期间，我国抗日武装频繁出击，极度摧残了移民的身心和意志。1936 年后，其移民团选址较注重安全性，所谓“治安”也有所好转，移民情绪较为稳定。第五次和第六次移民屯共 5192 人，退团 281 人，病死、打死 55 人，共 336 人，损失率 6. 47% 。虽略低于平均数，仍难令移民完全地投入殖民活动。

集合移民较集团移民略好，但退团率也达 5. 57% 。截至 1938 年集合移民共 46 个组合，计划户数 3429 户，实际移殖 1374 户，中间有 216 人退出。①

表 3—4 是铁骊县移民患病状况。1940 年，日本京都医科大学勤劳奉仕医疗队对铁骊县内移民进行了肠胃病、呼吸系统、神经系统及粪便等多项常规检查。检查中近一半人患病，有的是反复发作。入侵前三年是患病高发时段，患病率达 60% 。总患病率是 46. 5% 。

① 东亚研究所：《关于满洲开拓民的资料性调查研究》（中间报告），1941 年，第 35 页。

造成日本移民退团频发的另一个原因，是日本帝国主义希望使他们尽快移入“北满”，帮助日军稳定局势，并起到所谓的“核心”作用，急进派取代缓进派。第一次移民从1932年6月东宫铁男提出移民意见书，10月付诸实施，前后不过5个月，这中间还包括募集、训练、输送等环节。日本军国主义将一些潜在的困难，一股脑地推给了普通移民，自己在幕后说教、指挥。所以，可以说普通移民是日本帝国主义侵略的受害者，他们是日本扩张的牺牲品。

为了解决移民人数减少问题，1932年12月8日，东宫铁男提出《第一次武装移民精神动摇状况以及关于第二次以后人选的期望书》，希望多招募一些意志坚定者入殖“北满”，但这部分人数有限，而且光靠热情也解决不了问题。之后，又和加藤完治提出将有家室移民的配偶及子女输往“北满”，无家室的移民则应全力解决其配偶问题。

1934年，移民配偶及子女殖入“北满”172人，1935年又补充98名。到1934年底，永丰镇移民团原有移民333人，补充配偶和子女269名。1934年，第二次移民团配偶及子女殖入63人，1935年，又236人侵入“北满”。1935年底原有移民325人，家属299人。相继完成补充后，男性移民与其家属比例近乎于1∶1，以家庭为单位的移民行为就此开始。殖民者认为，这样不但避免移民数量出现较大波动，也为后续移民提供了一个新方案，即“家庭移民”。第三次移民团，250名移民和113名家属是先后输入的。以家庭为单位的移民方式就成为以后殖民者的首选。

对于一些独身移民，关东军的办法是，鼓励女青年移民“北满”。1933年，东宫铁男给画家小仓圆平，委托其绘制“招募新娘”的宣传画，主题是“让内地的少女及其父母安心，劝导她们嫁到满洲”[①]。1934年，移民团中的一些管理者被派往其家乡招募女青年。1935年2月，千振村为独身移民举办“新娘”招募活动，此次募集到130名女子，6月抵达。1936年3月，宫城县南乡町南乡高等国民学校，针对志愿成为移民配偶的女性，举办新娘讲习会，培育“大陆新娘”。1936年3月至4月，8名移民团干部前往家乡，计划继续募集移民配偶。近人马毅认为，这些“大陆花嫁”既可调剂团员之精神，又可与移民生活、繁殖生育。女性移民成为移民侵略的主要形式。

---

① ［日］梁顺春雄：《东宫大佐传》，新红社1942年版，第317页。

1937 年 7 月通过的《满洲开拓政策基本要纲》，第 17 条要求采取适当而有效的措施，积极鼓励一般妇女自由出入我国东北。“在日本各地整备开拓民配偶者养成设施，并开设女子指导者培训机构。”[①] 女性被纳入日本移民侵略的计划中。1937 年，开设 3 所女子训练所，1938—1940 年，增设了 9 所，1941—1942 年，又新设 7 所。共 19 所女子移民训练所。1941 年 12 月，伪满公布《满洲开拓第二期五年计划要纲》进一步提出促进女子移民，加速完备女子训练设施。

1943 年，《开拓女塾设置要纲》出台，要求在日本和伪满募集 17 岁至 25 岁的独身日本女子，进行为期一年的“女塾”训练。训练内容以农业经营、农家事情为主，特别以养成部落中坚妇女所需要的素质为目的。大致实行皇民修炼、协和训练、生活训练、农事、家事、情操陶冶等实践科目。然后在“现地”组成家庭，定居中国东北。截至 1943 年，在密山、勃利、五常、巴彦、木兰、扎兰屯、绥棱等“北满”各县开设 12 个所“开拓女塾”。1944 年，又在秋梨沟、宁安、克山、庆安和嫩江增设 5 所。伪满后期，女性移民和男性移民一样，逐渐被制度化，成为日本“北满”移民侵略的重要组成部分。

小 结

近代世界，“霸道”之风盛行。日本借明治革新，“脱亚入欧”，效法“霸道”政治，大陆政策、“东亚新秩序”持续发酵。这中间某些所谓思想家的作用至关重要，如福泽渝吉、北一辉、大川周明等。毋庸讳言，加藤完治不属于这一阵营。但其矢志不渝地教唆青少年殖民他国，且以此为己任，却是无人能敌。

福泽渝吉启迪了日本民众的“膨胀”之心，北一辉开启了日本法西斯之门，大川周明则被视为民间“法西斯之父”。但他们充其量就是“形式的殖民说”的代表。加藤完治不仅信奉皇国法西斯，而且还切实考虑侵略之后的殖民地秩序问题。1915 年，加藤完治从事殖民教育，终其一生达半个世纪之久。“九·一八事变”后，更是将殖民教育转化为“满

① 《满洲开拓年鉴》（1940 年），《满洲移民关系资料集成》（第 31 卷），不二出版社 1992 年版，第 15 页。

蒙”殖民实践。但不论“形式的殖民说”，还是“实质的殖民论”，结局都是悲惨的。

加藤完治和东宫铁男策划的“武装移民”为百万户移民提供了经验。家庭移民、青少年移民、“大陆花嫁”及“开拓女塾”阶段性地缓解了移民侵略面临失败的压力。但随着一系列战争的发动，兵源与移民的矛盾变得很突出。要使移民侵略顺利进行，战争所需的兵源势必要减少，但这不符合法西斯的本性，最后只能放缓移民侵略步伐以维持不义战争，结果均告失败。

日本移民计划不但使中国民众失去家园、土地，甚至生命，也使日本移民命运悲惨。据日本外交机构调查，截至战败投降，共向我国东北殖入102239 户，220968 人。其中，在中国东北死亡 4.6 万人，被扣留苏联 3.4 万人，失踪 3.4 万人，只有 11 万人返回日本，死亡率高达 20.8%。

第四章

移民用地的掠取及“原住民”问题

关于日人的土地掠取问题，以“九·一八”事变为标志，分前后两阶段。前一阶段主要通过商租、盗买等形式非法猎取土地百万公顷，伪满取得所有权。后期开始名正言顺地大规模掠取、强买及圈占。此期间，多采用“一揽子”收买计划，实际就是熟地荒地“打包”收买，熟地按荒地支付地价，熟地荒地交杂，则一律按荒地付价，荒地一般不支付地价。“百万户移民”期间，满拓公（会）社和伪开拓总局是土地实际掠取者，它们是以县旗为单位，截至日本投降，共掠取土地超过2000万公顷。

同时，在土地的掠取过程中，产生了所谓“原住民”问题。初期基本对此不予理睬。中后期要求中国失地农户进行迁徙，这就是所谓的“内国开拓民”问题。还有农户成为满拓、移民团或日本移民的租佃户。日本移民团还役使“原住民”为其整备道路、修建水库、营造农田等。

一　耕地面积及土地单位

1928—1930年，东三省民政厅要求辖区内县旗据实报告其土地数据，然后汇总成册。其中“北满”耕地面积2066.66万公顷。可耕地占42.91%，荒地占57.09%，已耕地不甚清楚。[①] 此次函调遗漏很多，误差很大，其中德惠、滨江、抚远、宝清、饶河、珠河、呼伦、胪滨、青冈、通河、鸭浦、凤山、德都、富裕、奇克等十五县未见数据，另有区县数据或少或不全。此次函调数据明显偏少，所获数据也是误差较大。综合不同

① 东北文化社编印：《东北年鉴》，1931年，第115—119页。

时期的数据，笔者以伪满时期所公布耕地总数 1.3 亿公顷[①]为依据，当然，该数据也是概数，但它综合了各类资料，遗漏较少。其中，"北满"所占土地在 55.6%—70%，总面积达 7227.63 万公顷。

表 4—1　"北满"耕地基本数据　单位：万公顷

	可耕地			不可耕地	总面积
	已耕地	未耕地	总计		
黑龙江所属区域②	554.32	1394.95	1949.27	2592.97	4542.24
吉林所属区域③	494.5	592.1	1086.6	1588.8	2675.4
总计	1048.82	1987.05	3035.87	4181.77	7217.64

资料来源：吉林所属区域据 1930 年日本关东厅编纂《满洲产业统计》，黑龙江所属区域据 1934 年《北满经济资料》第 6 号统计数据。

据表 4—1，可耕地 3035.87 万公顷，占总耕地 42.14%，其中已耕地 1048.82 万公顷，可耕而未耕地 1987.05 万公顷。荒地 4181.77 公顷，占 57.86%。

在耕地的计量上，东北较为混乱，既有关内的计量单位，也有日本的土地单位。中国自唐至民国一直实行五尺为一步[④]，240 方步为一亩。但实际使用中，南北差异较大。以 240 方步一亩计，长江以南普遍不足 240 方步，有地方甚至只及一半，江宁仅为 0.415，北方则多于 240 方步，哈尔滨为 1.096。

东省土地向以"垧""天""方"为单位。1896 年，垦务大臣廷茂与黑龙江将军恩泽效仿上古井田法制定通垦《开荒章程十一条》，提出丈放的基本单位依次为弓、垧、方、区、井。"各纵横 360 弓合毛荒 45 垧"，45 垧为一方，每四方一区，九区划为一井，一井地方 6 里，即一村屯。

---

① 日本产业调查会满洲总局编：《满洲产业经济大观》，1942 年，第 177 页。

② 哈尔滨铁路局北满经济调查所：《北满土地利用状况并国线背后地开拓状况概要》，《北满经济资料》第 6 号，1936 年 3 月 12 日，第 3 页。

③ 瞿明宙：《日本移民急进中的东北农民问题》，《东方杂志》第 32 卷第 19 号，1935 年，第 66 页。

④ 近代 1 尺合今国际标准 31.1 厘米，今 1 尺约合 33.3 厘米，3 尺为 1 米。清末民初，1 弓（步）相当于今 1.555 米，一亩纵 18 弓横 16 弓，约合 696.4 平方米，比标准一亩 666.7 平方米略大。

1907年，《瑷珲招垦章程》第一章“清丈”之第三节明确规定，“凡丈地之方，与省境各处一律以288弓为一亩，10亩为一垧”①。但具体到各地情况则各异。辽南各县以“天地”为单位，一天地约合6标准亩。北部多以“垧”“晌”为主。每垧基本是2880方弓，合12标准亩。在东部内蒙古新垦地按“方”计算单位。1909年1月，三姓副都统所属旗地向民垦放，新放荒段吉林1垧3600方弓，黑龙江1垧7200方弓。② 吉林《清赋升科章程》对土地面积混乱也颇为无奈，称既有大垧360弓、中垧330弓，还有小垧180弓。但试图将先前这种无序放荒造成的计量混乱进行规范，要求以后升科、放荒及丈放浮多，均以288弓核算，所谓288弓者，系直18弓，横16弓为一亩，十亩为一垧。一方里即横直各为360弓相乘，即民间所说的720陇。造成这种计量混乱的原因，既有历史原因，也有区域因素，当然人为因素也不容忽视。人为因素系放荒中奖励或折扣不当造成。朝廷规定在放荒完之后，可视情况适当进行折扣以资奖励，但严禁在放荒前对弓绳做文章。然而某些垦放官员，在放荒前已对丈量弓绳进行延伸或尽量放宽标准，即放荒前已行七三折扣，从而造成放荒前后土地大小不一，在升科纳赋方面造成一定麻烦。

综合《东三省政略》对三省及东部内蒙古地亩章程的记录，288弓为一亩是官方极力维持的计量单位，日人在“北满洲”调查中说“黑龙江一垧7200方弓”可能是招垦宣传的策略，是对720陇的误读，但不管怎样，最终升科纳租还是以官方的标准进行。

另外还有日本土地单位“町步”“陌”“反”（段）等。根据推算，1反合991.7平方米，1町步为10反（段）。1垧约为6964平方米。以现行国际公顷为标准，一公顷约合1.436垧，约0.9917町步。日本一町步约0.99174陌，一陌约1.00833町步。公顷与陌之间可基本画等号。

二　移民土地的掠取

关于日本在我国东北的土地掠取研究，国内外成果较多，孔经纬教授《一九三一至一九四五年间日本帝国主义移民我国东北的侵略活动》（《历

① 徐世昌等编：《东三省政略》，第325页。

② 《北满洲经济调查资料》，《满铁调查报告》第3辑第5号，1909年7月，第2—3页。

史研究》1961 年第 3 期）指出，移民侵略与对土地的掠取是分不开的，移民入侵的过程必然要与土地掠取的过程相伴随。张占斌《日伪对东北的地籍整理和土地掠夺》（《北方文物》1988 年第 4 期）、张凤鸣《日本移民对中国东北土地的掠夺》（《齐齐哈尔师范学院学报》1995 年第 4 期）、高乐才《日本“百万户移民”时期的土地掠夺》（《东北师大学报[哲学社会科学版]》1998 年第 4 期）和《伪满洲国日本人移民用地征购政策》（《外国问题研究》2011 年第 1 期）、朱理峰《日本对中国东北的移民入侵与土地掠夺》（《黑龙江社会科学》2002 年第 4 期）等成果，具体对日伪土地政策及掠取过程进行了分析，略有遗憾的是，未利用近年东北各省档案馆公布的伪满时期档案。日本方面对“满洲移民”研究虽林林总总，种类繁多，但此方面却始终未见专文出现。论中有涉及者，君岛和彦《满洲农业移民有关各机构的设立过程与活动状况》（满洲移民史研究会编《日本帝国主义下的满洲移民》龙溪书舍 1976 年版）、浅田乔二《满洲农业移民の富农化・地主化状况》（《驹沢大学经济学论集》第 8 卷第 3 号，1976 年），文中均运用了大量日本公布的绝密档案，有一定的参考价值。

日本对我国东北之土地盗买、掠取，从时间上讲，可分为前后两个时期。1905 年至 1931 年为前期，主要以“商租”、盗买形式进行。此阶段由于东北当局的抑制，其掠取区域基本限制在辽东半岛、“满铁”附属区域、“吉敦”铁路沿线及以白银太来（通辽）为主的东部内蒙古。1932 年至 1945 年为后期，是掠夺的主要时期。1932 年 9 月 15 日，伪满政府总理郑孝胥与日驻满特命全权大使武藤信义在长春签订的《日满议定书》提出，确认日本在“满洲国领域内根据以往日中两国间的条约、协定、其他条款依据公私契约所享有的一切权益予以尊重”，即确认了日本在东北的“一切权利和利益”。日伪以该议定书及附属条约为基础，成立专门土地掠取机构，大肆掠夺东北耕地资源。

（一）“九・一八”前之土地盗买

“九・一八”前，日人土地掠取以东亚劝业会社的成立为标志，该会社成立前的土地盗卖除了“满铁”本社外，还有东洋拓殖会社、大仓组及一些名义上的中日组合，主要集中在南满和东部内蒙古。1921 年 3 月，东亚劝业会社成立，这标志着“日本对东北土地权益的攫取进入新的阶段”[①]。

“满铁”成立后，就积极策划、资助日人的土地盗买。1914 年 5 月 8 日，据日本奉天总领事落合谦太郎报告，自 1913 年以来日人经营水田规模较大者，皆赖“满铁”资助。两年间先后资助胜弘贞次郎、西宫房次郎、大来修治、津久井平吉、佐佐木、早间正志及原口新吉（又名原口统太郎）等七人 20 余万元，得地 91905.9 亩。[②] 在“满铁”附属地，日本人开垦耕地 307082 公顷，[③] 主要招募朝鲜人经营水田。另，“满铁”投资 25000 元，资助榊原政雄从沈阳县昭陵附近博丰农场私租皇产 6000 余亩。当地官绅虽极力反对，榊原竟置之不理。1915 年 5 月，通过《关于南满洲及东部内蒙古之条约》，攫取了“南满”“土地商租权”[④] 和东部内蒙古合办农业的权利，开始以合办为幌子大肆商租、盗买土地。据不完全统计，1914—1928 年日人商租案例近 22 件[⑤]，涉及土地上千公顷。

对于这种商租权活动，北洋政府曾出台了一些反制措施。如禁止地主将土地私卖于外人，有假托土地商租者，以“盗卖国土”治罪。再，根据日本人盗买土地后，基本雇佣朝鲜人耕种水田的情况，东省当局不再商租新土地与朝鲜人、日本人，而奖励本国人耕种水田。

但是，军阀、政客、官僚对于维护民族利益，视时局之变动而变化。

---

① 苏崇民：《满铁史》，中华书局 1990 年版，第 312—313 页。

② 《关于满铁投资的水田事业》，中国科学院经济研究所藏日文档案，第 482—1286 页。另，关于满铁资助日人租借土地可参见《满铁史》，第 307—310 页。

③ 侯厚培、吴觉农：《日本帝国主义对华经济侵略》，上海黎明书局 1931 年版，第 157—158 页。

④ 1915 年 1 月 18 日，原《二十一条》第 2 号第 2 条原为“日本国臣民，在南满洲及东部内蒙古……可得需要之土地租借权，或所有权”。4 月 26 日修正案为“日本国臣民得在南满洲赁租购买土地”。中国仍反对，仅承认赁借。此“赁借”并加以应须“商”租。“商租”为“商量租借”。1915 年 5 月 25 日，中日双方签订《关于南满洲与东部内蒙古条约》（简称《满蒙条约》），第 2 条规定：“日本国臣民在南满洲为盖造商、工业应用之房厂或为经营农业，得商租其需用地亩。”同日，《关于南满洲“商租”解释之换文》解释“商租”二字“含有不过三十年之长期限及无条件而得续租”之意。“商租”存续期间最长不得过三十年，存续期满当事人合意，在同一土地，不妨碍重租。日人认为，商租之期定在三十年，满期可无条件续租，故满期后无条件续租，永远继续。即承租者将与土地所有者对土地有同等权限。在南满洲，租地专为商工业应用之房厂，或限以经营农业所需之地亩。“土地商租权”与土地所有权无关。参见朱偰编《日本侵略满蒙之研究》，商务印书馆 1930 年版，第 82 页。

⑤ 乌廷玉：《东北土地关系史研究》，吉林文史出版社 1990 年版，第 173—175 页。

1919 年，学生掀起了“反对帝国主义”“惩治国贼”运动，东三省对土地的盗卖、盗买是严禁的。但风头过后，重新又置民族利益于不顾，变换形式继续与外人勾结，盗卖国土。

1920 年，张作霖与大仓组合作组建兴发（コヴハツ）公司，计划开发内蒙白音太来 10 万亩土地。此事虽未见下文，但影响恶劣。1920 年 9 月 11 日，日本驻郑家屯领事池部正次报告，此事之后，日人趋之若鹜，开始直接购入土地，而不再以商租或合办形式买入。另有一些民族败坏分子，竟通过日本领事池部正次，要求为其土地寻找日本买主，且将善后事宜都替买主想好了。买主不用透露名号，用堂号如思贤堂、济世堂购入，采取典当、抵押等形式，即使官府觉察，也无从禁止。

通过借债关系确立土地所有权归属，是日本帝国主义盗买的另一惯用方式。前清蒙古王公，虽失去了昔日的尊位，但生活仍然奢靡，挥霍无度，致使入不敷出。有人便以田产为抵押，向帝国主义借入高额外债。1907 年，北郭尔罗斯札萨克通过三喇嘛以所属荒地为抵押，借俄人巨额高利贷，后无力偿还，酿成外交纠纷，险造成国土沦丧。[①] 1914 年，内蒙博王旗札萨克通过营口正隆银行经理深水十八，以所属土地的田赋为担保，借满铁 8 万元。到期后，深水十八又诱使该王公再借 26 万元，条件是开垦该亲王旗下 20 万方里的土地。巴林蒙古王公向日人贷款 15 万，附带条件也是经营该亲王旗下 1.5 万公顷土地。另，日本银行以土地为抵押借贷，但事后拒绝所有人赎买，直接攫取了土地所有权。1917—1923 年，日本所属朝鲜银行共没收延吉、和龙、汪清、珲春、敦化、东宁六县农民土地 15486 亩。且拒绝地主备价赎回。

与华人合办组合是盗买土地的另一形式。1916 年 5 月，铁岭三井洋行佐佐江打着开发蒙古农业，指使亲日分子以“丰顺堂”名义选购达旗河南岸熟地 4500 亩。1918 年，峰八十一在内蒙东扎鲁特旗，与开鲁县农务会长马长英合办华峰公司，以 50 万元获取开鲁丈放土地，然后转归东洋拓殖会社。后东扎鲁特旗划归奉天省，该地的名义所有者马长英以盗卖国土罪受到惩处，其名下地契均宣告无效。但日本人又组建“隆兴堂”，将华峰公司名下土地转到该堂号下，实际所有权依然是东洋拓殖会社。

1921 年前后，盛传四郑线要延伸到通辽。一时间在东部内蒙古设立

① 徐世昌等：《东三省政略》，第 344 页。

的中日合办公司就达10余个，积极盗买耕地。“佐佐江农场在郑家屯、钱家店一带盗买土地55855町步；华峰公司在达尔罕旗一带盗买土地631285町步；石川五郎在西札鲁特梅伦庙盗买土地647260町步；东省实业会社得地22869町步；早间农场在通辽一带2600町步；自在丸在通辽680町步；蒙古产业在林西一带20013町步；另有一些机构在大孤山、法库等地盗买土地675000亩。”① 共计近14万公顷。

综上所述，日人为获取东省土地资源可谓是机关算尽，不遗余力。但有些因日人之间相互竞争，导致盗买失败。大仓组与张作霖合作即如此。为此，日本政府决定将满铁系、东拓系和大仓系整合成一个大型土地经营企业——东亚劝业株式会社。并宣布三系统所属土地及相关权益均相应作价交于新会社。“满铁”将享有债权的土地6100多町步和相关贷款本利62.2万元，东拓将兴发公司经营的900方和相关贷款本利233.8万元，大仓组将东部内蒙享有的土地2650方，全部交给新会社。1922年5月，该会社又合并蒙古产业公司，通过札萨克亲王取得毗邻7020町步土地的永租权。1927年6月，东劝会社给日本政府报告，称在东省已取得土地12467町步，投资额度495万元。

1928年，吉敦铁路通车。该线是吉会线（吉林市至朝鲜会宁）贯通的关键一步。《东方杂志》发表专题文章认为，该线通车后，“第一步即可开发沿线及东满沿边之富饶，自成一经济势力之范围；西连吉长，可与俄国争雄北满之势力，南连南满，并可与东蒙相呼应，东南直通朝鲜，为朝鲜入满最便捷之通道”②。古白山黑水之地，如今成为日本帝国主义侵略“北满”的前沿基地。东劝会社又积极收买沿线土地，安置朝鲜移民、日本移民。

总而言之，“九·一八”前，日人盗买活动较为隐蔽，多采用中日合办或堂号、私人借贷、银行借贷等形式获取土地的使用权。东劝会社成立前，除私人外，多由满铁、东亚拓殖会社幕后操纵。1921年，日本政府整合三系统，东劝会社全权接管土地盗买业务。“九·一八”前后，该会社以商租形式获取土地100万公顷。1932年4月，日伪当局颁布了《外人租用土地章程》，该章程规定外国人可以在东北获得永租权。时人评论道：

① 许兴凯：《日本帝国主义与东三省》，上海昆仑书店1930年版，第43—46页。

② 盛叙功：《吉敦铁路与日本之东满侵略政策》，《东方杂志》第25卷第21号，第36页。

“这样，日本资本在东北的胡闹就得到了无限的凭藉。”①

附：“九·一八”前日人盗买土地一览表。

表4—2　　1919—1920年日人在通辽盗购土地情况

日人承购者	承购面积
加藤定吉	90垧
三露秀一	4050垧
早间农场	2600町步
自在丸金市	900垧
满铁会社	90垧
钱家店农场	3321町步
其他秘密购买者	1800垧
合计	10 493公顷

表4—3　　“九·一八”前日人组织或个人取得土地状况　　单位：公顷

土地所有者或经营者	面积	所在地方
石川五郎	43016	西扎鲁特旗
东省实业会社	22869	不详
不详	467	奉天大虎山驿西南
东山农场	365	柳河大牛沟
大东农场	590	双山县
公济号	2766	庄河县
大孤山	1783	
仆哈番	680	法库县
利兴公司	1518	法库县狮子洞
不详	37	长春
大江惟庆	27	抚顺
隆育公司	38880	开鲁县
东亚劝业会社	124672	散在东北各地
合计	237670	

① 沈越石：《日军占领下之满洲》，《东方杂志》第31卷第20号，1934年，第50页。

表4—4 "九·一八"前日人获取土地具体方式

土地所有者	获取时间	面积（公顷）	地点	实际所有者	资金来源	侵占形式	备注
丰益堂	1916	3724	东蒙达旗河沿岸	佐佐江	关东州都督府	盗买	关东州都督府出资30万元
蒙古王公	1918	350000	内蒙博王旗辖区		满铁借债26万元	债务	由日人经营该王旗下土地
华锋公司	1919	60 000	开鲁县	峰八十一		中日合办组合	
新井泰治	1920	1500	内蒙巴林	蒙古王公	借款15万元	债务	由日人经营该王旗下土地
蒙古王公	1920	20013	林西	蒙古产业公司		中日合办组合	
	1924	1033	延吉六县	延吉六县华人	朝鲜银行借款	债务	没收田产
马长英/后为隆兴堂	1925	42086	东扎鲁特	峰八十一	东拓	中日合办组合	
合计		478356					

资料来源：以上三表据中国社会科学院经济研究所藏日文档案第482—1285页、第1286页，满铁调查课编《关于满洲邦人土地利用状况》第6—23页，许兴凯编《日本帝国主义与东三省》第43—46页，瞿明宙《日本移民急进中的东北农民问题》第67页。另外，部分源数据参考了乌廷玉等《东北土地关系史研究》第175—176页。

（二）国有地与"逆产地"

民国时期，东北土地占有关系大体可分国有（即官有）、私有两类。

国有地特指清皇产，民国初年除少量皇产被没收外，大部分还属清皇室后裔所有。军阀掌权后，清皇产成了“唐僧肉”，军阀、官僚、商人皆巧取豪夺，大肆兼并。一时间国有地骤减，私有地剧增。清皇产包括内务府官庄、户部官庄、礼部官庄、工部官庄、三陵官庄等。如表 4—5 所示，“九·一八”前后整个东省国有耕地 27.2 万公顷，所占比例仅 1.80%，基本已被转为私有地。私有地在耕地中的比例达九成以上，辽宁 98.91%，吉林 98.3%，黑龙江 97.15%。

表 4—5　“九·一八”前后东北国有地、私有地一览

	耕地（万公顷）					荒地（万公顷）				
	官有		私有		总计	官有		私有		总计
辽宁	6.8	1.09%	614.2	98.91%	621	30.5	13.17%	201.1	86.83%	231.6
吉林	6.5	1.70%	375.2	98.30%	381.7	68.1	22.53%	234.2	77.47%	302.3
龙江	13.9	2.75%	491.3	97.15%	505.2	265.5	30.24%	612.4	69.76%	877.9
总计	27.2	1.80%	1480.7	98.20%	1507.9	364.1	25.79%	1047.7	74.21%	1411.8

资料来源：《东北年鉴》，1931 年，第 108—119 页。

“北满”官荒移垦较晚，但随着官绅豪阀、外国资本的介入也急剧萎缩。1917 年前，官有荒地占 43%，私有地占 50%。① 1917—1920 年，据中东铁道经济调查局统计，官荒减少为 27.9%，私有地上升为 63.5%。“九·一八”前后，如表 4—5 所示，官荒只占 25.79%，私有地增加至 74.21%。综上所述，国有（官有）地向私有地的转换已基本完成，仅有的国有地也不大适合耕种。日伪在宣传中将“国有地”作为移民用地的首选，显然是愚弄视听。

关于“逆产地”，主要是指“九·一八”后原奉系军阀中拒绝与日本合作的官员和将领所属土地。事变前，这些土地均被定性为“私有地”。民国初年，军阀官僚就与商业资本家勾结，霸占林地、耕地、牧地。据 1920 年 9 月 11 日日本驻郑家屯领事池部正次对外务省的报告，他们利用

① 瞿明宙：《日本移民急进中的东北农民问题》，《东方杂志》第 32 卷第 19 号，1935 年，第 67 页。

权位与威势，以特别低廉的价位把有前途的地段买进，然后再慢慢蚕食周边土地。凡是这些要人所有地的附近，地价通常低于别处。蒙荒本属国有，一些奉系要员对蒙地王公威逼利诱，然后据为己有。1916 年，张作霖及其属下强占达尔罕旗所属耕地 4000 方，1922 年又占据通辽以西沃土 2800 方。1924 年，吴俊升强租博德勒格台旗土地 2000 垧，1926 年又强租该旗阿林塔拉耕地 5000 垧，租期九十九年。后又与杨宇霆合伙强占松林哈塔土地 2300 垧。[①] 合计 26.6 万公顷。另，通辽全部 18.4 万公顷耕地[②]中，军阀所占超过 51.36%。1928 年 3 月，“满铁”调查《东三省官宪有力者之土地所有状况》，认为东北有力者占地 28 万公顷。[③] 或许所占面积较此更多。此处所说的“有力者”即奉系要员。“九·一八”后，部分要员随军队退入关内，部分率军奋力抵抗，还有部分人士拒绝和日人合作，其所属产业均被日伪宣布为“逆产”。

1932 年 6 月，日伪颁布《逆产处理法》，规定“旧政权者”“扰乱国家之安宁秩序”“有违害建国行为”者的财产判为“逆产”。未投降日伪的原东北军政界官僚的土地均被作为“逆产地”没收。“逆产地”没收后即宣布为“国有”。截至 1933 年 5 月，伪政权判定东省“逆产地”，熟地 10.23 万公顷，荒地 26 万公顷，总计 36.23 万公顷。熟地以蒙地之白音太来较多，荒地以黑龙江省为多。原东省官有地、荒地遂转变成伪满“国有地”。

“九·一八”后，东北剩余皇产、官有地悉归“国有”。吉林皇产（有大片耕地和山林）、旗属官产（额穆县、永吉县、方正县）、驿站官产（宁安、双阳、伊通、扶余、宾县、额穆及舒兰有熟地 15300 垧）、吉林仓田（舒兰、永吉、桦甸熟地 2747 垧）转为“国有地”。中东铁路“附属地”内东省特别区官有地及奉天皇产归伪政府所有。

综上所述，东北国有耕地 27.2 万公顷，国有荒地 364.1 万公顷（包括森林、宅地、果树园和农场等），再加之 50 万公顷所谓“逆产地”，近 450 万公顷的土地已为日本囊中之物。

---

① 满铁经济调查会：《满洲经济年报》，1934 年，第 34 页。

② 东北文化社编：《东北年鉴》，1931 年，第 112 页。

③ 章有义：《中国近代农业史资料》（第二辑），生活·读书·新知三联书店 1957 年版，第 17—18 页。

（三）“九·一八”后“未利用地”之掠取

1932年10月，关东军第二部第一班起草的《移民一般农耕地的选定及获取对策方案》，对移民用地选定的目标、选定的地段及获取方法均作了详细的说明。其中，关于移民用地取得的方法，关东军曾预想了四种：民有已耕地及未耕地的强制征用，民有已耕地及未耕地的有偿收买，逆产土地及不在地主所有地的整理和处理，官有未耕地的整理和处理。但这四种方法最终归结起来，其实就一种——“强制收买”。

首先，“未耕地”或“未利用地”要确实利用起来，从资金和技术支持上看，是庞大的、有难度的，而且周期漫长，不符合日本急速的移民侵略计划。“逆产地”、国有耕地，如上节统计有77.2万公顷，但所属区域多不在移民侵略范畴之内，且数量有限。“不在地主所有地”首先是个技术概念，且极不确定，数量究竟有多少，也很难估量；其次，很分散，不符合集团移民的需求。同时，日本移民理想的地段已多为当地农户所耕种，不存在所谓“未利用地”，而且中国农户已耕种多年，靠其生存，要和平收买，很难实现。所以，日伪只能强行收买，还要尽量压低收买价格。

1. 初期的土地掠取

桦川县永丰镇土地4.5万公顷，耕地2.05万公顷，其中包括已耕地700公顷（内有熟地500公顷）。1933年3月，在东宫铁男的胁迫下，该镇99户500名居民被迫将所属土地转让于日本屯垦移民，并限期在一个月迁移到指定区域，每人仅仅给5元迁移费。[①] 1934年，关东军打算收买阿城阿什河沿岸14500公顷土地。据1934年《哈尔滨警察厅长致民政部警务司长报告》，[②] 东劝会社的土地收购价格，地主普遍认为不合理，就将此事委托日本律师内海源一郎，仍无济于事。有地段本是耕地，只是未来得及耕种，东劝会社评价员竟将其评为荒地。

1935年，伪吉林省代满拓会社在依兰、勃利、宝清、东宁、密山等县收买移民预备地，除县城五里以内，全部收买。1936年又收买县内残

---

① 永丰镇移民团：《第一次武装移民用地协议书》，《永丰镇要览》，1936年2月，第67页。

② 中央档案馆等编：《东北经济掠夺》，中华书局1991年版，第712—718页。

存土地。据时任吉林伪实业厅厅长罗振邦笔供，两年间共收买荒、熟地250多万垧（约合166.7万公顷），熟地每垧2元伪币，荒地1元伪币，他承认一垧土地的价钱不及一斗大米。[①]

天理村是一个宗教性质的移民团体。1934年11月至1936年先后移民62户330人。1934年7月，东劝会社在阿什河右岸为其预备熟地781.23町步，荒地394.44町步，后耕地面积扩大到1342町步。以东京失业者为主的天照园村移民共84人，该会社在通辽为其预备3万垧土地。镜泊学园是一个重要的集合移民。该学园占地6600町步，环山抱湖，环境优美，可容纳学生千余名。区域内耕地大约1328町步，可耕地1210町步，已耕193.6町步，牧场1440町步，林地3832町步。1940年，该园还准备借用周围水田10000町步，旱地10000町步，牧场30000町步。这些耕地是东劝会社转购而来的，所付地价几乎可忽略。

1936年，日本帝国主义决定为百万户国策移民掠取1000万公顷耕地[②]，500万公顷的放牧、采草地，共计1500万公顷。《满洲开拓政策基本要纲》进一步将这次掠取计划归结为“未利用地开发主义”。“关于开拓用地的整备，原则上系依据未利用地开发主义国营之。即开拓地归于国家管理，对其方法乃讲求有效适切之措施。”但在实际操作中，无论是满拓会（公）社，还是伪开拓总局，都奉行先熟地，后未垦地原则，或“一揽子收买”原则，即在大规模收买中，熟地、荒地一起收买，且熟地按荒地支付地价。

综上所述，日伪初期的土地掠取是零散、粗暴的，明目张胆的，但属小范围，对中国农户的影响也是区域性的。1936年后开始整片的大规模掠取，有时是一个县全部收买，手法也趋于隐蔽，打着“未利用地开发

① 中央档案馆编：《伪满洲国的统治与内幕——伪满官员供述》，中华书局2000年版，第335页。

② 1936年，关东军公布《满洲农业移民百万户移住计划》，其中，移民预定地区及面积：“三江省地带，300万町步；小兴安岭南麓地带，100万町步；齐齐哈尔以北松花江上游地带，200万町步；黑河瑷珲地带，50万町步；旧中东铁路东线地带，20万町步；京图及拉滨线地带80町步；大郑线地区，50万町步；辽河上游地区，50万町步；洮索线地区，50万町步；三河地区，50万町步；西辽河上游地区，50万町步。”其中北满占80%以上。参见关东军参谋长《关于对满洲国移民问题》，1936年11月1日。

主义”，由满拓会（公）社和伪开拓总局委托一些基层组织实施。对中国农户生存状况的影响是全面的，这也使民族关系、土地关系彻底发生了变化。

2. 满拓公（会）社的土地掠取

1934 年 12 月，“满洲拓殖株式会社”成立，核心业务是移住用地的获得、管理及分配，资本金 1500 万元，属“特殊会社”。1936 年 11 月，关东军公布《日本人移民用地整备要纲案》（以下简称《要纲案》），要求“按既定计划次序以一年 100 万町步，10 年 1000 万町步为目标”。该会社先是接收了东亚劝业株式会社 100 万町步“商租”土地，转换所有权后，开始自行收买。

该《要纲案》规定，移民用地的取得一般经过四个步骤，其一，在一个月内决定移民区域；其二，在一个月内对所决定的区域进行调查，并决定移民用地的取得顺序；其三，用一年时间对所属区域进行详细调查，以滨北线沿线范家屯为例，调查的内容包括：地名、位置、可能获得的耕地面积、地势及河川状况、土性、交通便否、“满人”耕作现状、治安、地价、土地所有者、取得难易状况、农业的价值（主要农作物耕作法、收益、出售等）[①] 等 12 项；其四，实现对移民用地的收买。

1937 年初，为了辅助满拓顺利完成掠夺，在伪国务院设置了“招垦地整备委员会”，“负责审议用地整备方针及整备计划相关事项和宣抚原住民有关事务，另外，协调整备事务各部局”。各县也设立了“县招垦地整备委员会”。《通北县招垦地整备委员会简章》提出，整备委员会的主要职责是负责对收买地目等级的调查、协定地价及地价支付、相关善后业务，并与满拓通力合作。

① 哈尔滨铁路局北满经济局调查室：《北满国铁沿线招垦适地调查资料（二）：滨北、北黑、齐北、讷河沿线招垦适地调》，《北满经济资料》第 19 号，1939 年，第 1—3 页。

表 4—6　1937 年 2 月 16 日至 5 月 15 日满拓会社收买土地状况

	熟地		二荒地		荒地		合计	
	面积	单价	面积	单价	面积	单价	面积	单价
绥棱	2766.6	31.44	1131.9	8.63	37472.3	2.48	40880.8	4.27
通北第一区	330.69	31.22	1424.11	14.1	6393.69	4.95	8368.49	8.24
汤原	42497.61	26.75	9693.78	3.16	89929.06	1.16	142120.46	8.95
宁安仙洞区[1]	2739.52	35.73	10.00	12.5	103.34	4.00	2267.48	
宁安第一区	410.14	88.31	——	——	0.35	20	410.49	88.25
宁安第三区	345.91	94.96	——	——	12.82	14.2	358.73	92.09
永吉孤铺子	43.7	170	104.01	163.5	1.44	3.00	149.15	166.6
永吉江密峰	106.67	125	18.7	80	——	——	125.37	145.8
永吉双河镇	135.9	144	24	70	——	——	160	134.0
舒兰永曲镇	182.19	80	——	——	——	——	182.19	80
阿城第二区	205.42	100	——	——	1	30	206.42	99.66
盘石小城子[2]	243.75	115.25	9	90	11	20	263.75	27.27
盘石西玻璃	——	——	86.9		217.06		303.96	39.7
盘石靠山屯 1	59.2		180.46		60.16		299.82	63.85
盘石靠山屯	3		373.86		46.61		423.48	36.42
盘石靠山屯 2	——	——	299.68		51.31		350.99	41.8
合计	50070.3	——	13356.4	——	134300.14	——	196871.58	——

[1] 宁安所收买熟地 2739.52 公顷包括旱田 1966.57 公顷，水田 93.39 公顷；410.1 公顷包括旱田 300.98 公顷，水田 109.16 公顷；345.91 公顷包括水田 172.71 公顷，旱地 173.2 公顷。

[2] 盘石县所收买的土地区分为水田、旱田和荒地，所以，本表中二荒地 949.9 公顷应属熟地。

资料来源：据 1937 年 6 月满铁产业部《满洲拓殖株式会社土地取得状况（日本移民关系参考资料)》(该档案标注“极密”)。

据表 4—6，三个月完成了对近 20 万公顷土地的掠取，其中，已耕地占 32.2%，所支付的地价各区域差异较大。荒地占三分之二，但地价多在 1 元至 4 元间，偶尔有地段价格较高，但数量却极少，还有 375 公顷未支付地价。表 4—6 数据体现出了满拓的掠取特点，既要价廉，又要快速，地段内土地量多则压低价格，量少的则略微抬高价格。在各“县招垦地整备委员会”的配合下，满拓对“北满”土地状况非常熟悉，在粗略调查后即可完成掠夺，直接简化了《日本人移民用地整备要纲案》的掠取程序。

一个区域完成收买后，下阶段收买计划也已预备完毕，毫不拖延。通北县余下三个区域，依兰、方正各三个区域，凤山、铁骊、庆城全县，五常县冲河、长春堡、高丽营、草庙、朝阳川和学田，珠河县元宝镇、大吉川、亚库川、亚库尼和三股流地区，苇河县第九江泡、大连河、大肚川、三块石、周家营、四顺堂、万泥河子、石头河子和倒木围子地区，延寿县四合顶子、长兴岗、文化屯和宋殿屯地区①。满拓会社在 1935 年至 1937 年间共掠取 235.3 万公顷土地，价格 2497.3 万日元，每公顷仅 10.6 日元。②

日本大规模移民计划出炉后，满拓会社显得力不从心。1937 年 8 月 31 日，“满洲拓殖公社”成立，资本金 5000 万元，成为日本移民用地掠取的支配性机构。满拓会社也于同日解散。日本政府要求满拓公社掠取土地面积 1200 万公顷。

满拓公社延续先前收买风格，疯狂掠夺。1940 年 2 月 27 日，伪产业部第 221 号训令《关于开拓用地整备件》载，该机构共获土地 571.2 万公顷，占其计划的 47.6%。其中，熟地 101.7 万公顷，金额 7531.9 万元，平均公顷 74 元；二荒地 47.2 万公顷，金额 821.2 万元，平均 17.4 元；荒地 422.3 万公顷，金额 1545.3 万元，平均 3.7 元。熟地和二荒地占其所获土地 26.07%。

另据《满洲开拓论》载，截至 1941 年 3 月满拓掠取了 1172 万公顷土地。令人惊讶的是，时间只间隔一年，掠取的土地却增加一倍有余。其原因是，1940 年数据是满拓支付地价部分，1941 年数据中 579.48 万公顷未付地价，包括部分官有地不准备支付地价，部分民有地延期支付地价。即截至 1941 年 3 月，满拓共收买土地 592.5 万公顷。两年间支付地价部分增加 22.3 万公顷，其余均无偿掠取。

到 1943 年 3 月，该公社累计掠取土地达 609.6 万公顷。其中熟地 106.9 万公顷，每公顷 74.1 元；荒地 502.6 万公顷，每公顷 1.86 元。熟

---

① 满铁产业部：《满洲拓殖株式会社土地取得状况（日本移民关系参考资料）》，1937 年，第 55 页。

② ［日］君岛和彦：《满洲农业移民有关各机构的设立过程与活动状况》，《日本帝国主义在中国东北的移民》，第 196 页。

地所占比例下降为 17.5%，但绝对数量依然在增加。在满拓掠夺的 1000 多万公顷的土地中，熟地共 592.6 万公顷，所占比重 50.23%。共获取土地 1179.7 万公顷，基本完成 1200 万公顷的掠取任务。

在其上千万公顷所掠土地中，纯粹的熟地 592.6 万公顷，占其总面积的 50.23%，并没有体现出日伪所宣传的"未利用地开发主义"。其中"北满"占所掠土地 92.2%，具体如表 4—7 所示。须注意的是，这并不是最终的结果，随着日本帝国主义移民侵略的逐步深入，土地掠取计划也会随之调整或追加。

表 4—7　　满拓公社掠夺土地一览　　单位：公顷

	熟地	二荒地	荒地	合计
滨江	943099	152233	633862	1729194
吉林	356901	49821	100881	507603
龙江	336122	12992	284078	633192
间岛	1207	——	494	1701
牡丹江	173855	49176	37855	260886
东安	1049345	23295	907233	1979873
三江	2250060	186082	1715055	4151197
北安	589965	24735	522891	1137591
黑河	205974	1696	197104	404774
合计	5906528	500030	4399453	10806011

资料来源：本表据喜多一雄《满洲开拓论》，明文堂 1944 年版，第 372—373 页。

3. 伪开拓总局的土地掠取

伪开拓总局是移民用地掠取的另一主要机构。伪满洲国成立初，伪民政部、实业部等分别管理移民行政事务。1936 年 4 月，伪民政部地方司专设拓政科，作为移民专设机构。7 月，该科扩充为拓政司。1938 年 12 月，伪政府设立了开拓总局，表面上作为实业部的外局，实际与满拓公社无本质区别，都由日本人控制。结城清太郎、稻垣正夫、五十子卷三先后担任该局局长。该局基本机构如图 4—1 所示。

需要说明的是，勤劳奉仕科主要对日伪双方的勤劳奉仕队员进行组织、训练、输送等业务。用地科主要负责移民用地的掠取、原地主地券等

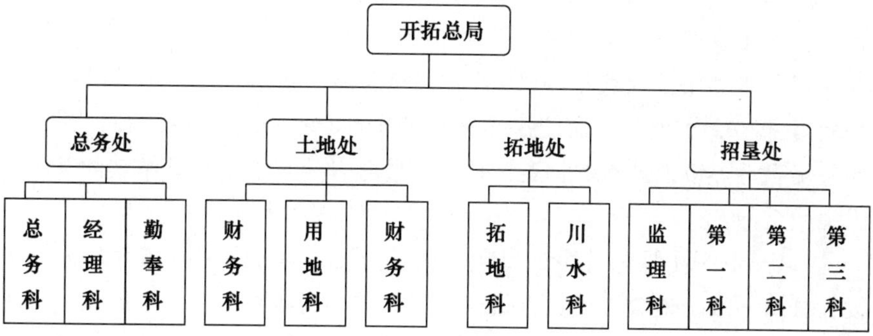

图 4—1　开拓总局机构示意

兴农部《一般集团开拓团入殖知道要领》1942 年 1 月，开拓总局机构。

的保管。调查科对其移民侵入地的调查和确定。拓地科对大规模土地的改良、调查、设计及对“满洲土地开发会社”的监管。川水科负责对水利、供水、水田的造成及小规模土地的改良。监理科对各种移民侵略的基本制度、协同组织、青年义勇军、各种训练所进行监督。第一科主要负责日本移民侵入地点、农业经营、各种设施等的完成。第二科负责相关朝鲜移民事情。第三科负责“原住民”和“内国开拓民”业务。

从对图 4—1 的说明可见，伪开拓总局从移民用地的调查、掠取，到各类土地改良事业，日本移民、朝鲜移民、“内国开拓民”等无不涉及。所以，该局所涉移民业务要远远大于满拓公社。在某些伪省还设有该局下属机构开拓厅，各县设开拓股。

1939 年 3 月 3 月，伪满另一决策性机构“企划委员会”增设了一个移民管理机构“开拓委员会”。该委员会下设三分科会，其中第一分科会负责移民用地的掠取。严格意义上说，“开拓委员会”侧重于伪满本国土地和“原住民”问题，没有伪开拓总局所涉及的业务宽泛。但在“未利用地”上，两者有很多共同之处。如在省、县或旗一级的移民机构上，双方是重叠的。总之，“开拓委员会”和伪开拓总局只是职能上存在差异，本质上都是以“未利用地”为幌子掠取土地。

为了进一步粉饰收买土地贯彻“未利用主义”，1939 年 4 月 24 日，伪产业部下发第 172 号训令《暂行未利用地整备要领件》，要求“开拓委员会第一分科会”“省开拓委员会土地分科会”（假称，实际就是各省开拓厅）和“县未利用土地整备协议会”协力将各县掠取地、浮多地进行收买。需注意的是，掠取的基层辅助机构也由“县招垦地整备委员会”改为“县未利用土地整备协议会”，实则换汤不换药。为此各县纷纷效仿1939年第172号训令，也准备了一个《县内未利用地整备要领》，然后以此决定土地等级及地价的认定、地照的收集及审议、最后缔结契约并支付土地代金券。

“县未利用土地整备协议会”实则是伪开拓总局和“开拓委员会”下设在县旗一级土地收买的执行机构，所属委员为各村屯保长、甲长、大土地所有者及县内“有力者”担任。伪双城“县未利用土地整备协议会”成员49名，除正副县长担任正副会长、开拓总局所属人员外，其中8名警察署署长，18名各村屯长，外加17名县各类科室长、股长，等等。其意图不言而喻。警察、村屯长相互协力，遏制有悖于土地掠取的任何行为。1938年起，“北满”各县旗纷纷张贴布告，力促各土地所有者及时上缴地照，以期顺利完成土地收买。黑龙江省档案馆藏有伪满时期此类布告不下40件，其内容基本以“县公署”“县招垦地整备委员会”和“县未利用土地整备协议会”名义发布，列明掠取区域、缴照地址、发价期限及地目、地价、等级等。

1939年2月，伪兴东省喜扎嘎尔旗宣布收买该旗14个地主、熟地3055.6垧。9月，伪林甸县收买30余万垧，占该县耕地60%。10月，伪镇东县收买16余万垧，占该县可耕地55%。1940年10月，伪兰西县宣布收买30多名地主熟地656.6垧。1941年5月，伪绥棱县收买熟地2421.87垧。8月，伪双城将收买地段分8个区域，累计23.36万垧。多数县旗和双城一样，将掠取地段分若干区域，分期收买。另据伪逊河县公署布告规定，“经满拓公社会同省县招垦整备委员会划定为移民用地，凡各民户所有之熟土地在该地域内者”，也一并掠取，并督促准时上缴地照。铁骊、庆城、讷河、抚远全县均被列入收买范畴。在实际操作中，日伪将土地分为七八个等级，而且等级间价格差异较大。日评价员则狠压等级，熟地按荒地支付地价，有些地段延迟或不支付地价。

伪抚远县将收买土地分为熟地、二荒地和荒地。熟地分一等、二等，水田按一等对待，一等31元伪币，二等30元。二荒地一等（属该县地主）8元，二等（属不在该县地主）5元。荒地一等（属该县地主）2元，二等（属不在该县地主）1元。伪甘南县将熟地分为十等，地价从

80元到30元不等，二荒地12元，荒地分为七等，地价从8元至5角不等。各县旗的地目等级、地价区别较大。

如果土地所有者未能在规定期限内上缴地照，就以“不在地主地”，作没收处理。伪抚远县要求各地主“应速申报缴照勘验，切勿观望”。伪逊河县规定“倘有逾期不交地照者，即按地主不在办法由县公署代为处理”。

有时，县“未利用土地整备委员会”负责收缴地照，满拓公社负责发放地价，二者相互配合，说明伪开拓总局与满拓公社在土地掠取方面区分并不严格。

截至1940年10月，开拓总局和“县未利用土地整备协议会”相互配合，共收买土地375.7万公顷，完成实际收买计划的44.6%。熟地82.68万公顷，占其所获土地的22.01%。

表4—8　　伪开拓总局收买土地一览（截至1940年10月）

	计划收买面积	实际收买面积和金额（土地面积单位：公顷；金额：伪币元）					
		实际收买额		熟地		荒地	
		面积	金额	面积	金额	面积	金额
奉天	41426	34586	3920228	17520	3708827	17066	216401
锦州	30633	6097	966029	1196	448624	4901	517404
安东	956	843	604838	766	599846	77	4991
吉林	24788	62634	5563189	33808	4991008	28826	572180
间岛	232730	25107	2612173	11705	2513372	13402	98801
牡丹江	42361	28983	1461668	16366	1295117	12617	166551
龙江	3066031	2035484	40907237	537022	32643127	1498462	8264109
滨江	872000	148327	2417466	28002	1788920	120325	628545
三江	369000	111398	2219061	18757	1377863	92641	841197
东安	443000	121247	1158990	11305	640972	109942	518017
北安	2121567	1156242	17661632	140337	12608019	1015905	5053612
黑河	17400	14843	444282	9813	426627	5030	17654
兴安东	738500	10769	105632	164	33300	10605	72332
合计	8000392	3756560	80042425	826761	63075622	2929799	16971794

资料来源：1940年2月27日伪产业部训令1940年第221号（开秘第85号）《关于开拓用地整备之件》和1940年10月31日开拓总局土地处用地科《开拓同地整备状况调查》。另，两件档案中的计划用地总额、伪龙江、伪安东数据略有不同。

从掠取地域看，“南满”较少，“北满”较多。奉天、锦州、安东熟地19482陌，仅占所获熟地的2.4%，平均每陌244.2元。三省荒地共22044陌，仅占已收荒地1.2%，平均每公顷33.5元。从表4—8看，“南满”荒地地价甚至高于“北满”某些熟地，这是因为“南满”人口稠密，收买难度较大，所以价格略高。1940年3月4日，据《关东宪兵队司令官致关东军司令官关于铁岭县收买开拓地的报告》，铁岭县新台子村845亩水田、36亩旱田，时价6万元，每亩混算68.1元。1公顷即合1021.6元。而日伪所出价格仅及最末等的20%。

在“北满”共获熟地80.7万陌，占其已收买熟地总额的97.6%，平均每公顷72.2元，边疆省份东安仅56.7元。荒地289.7万陌，占已收买荒地总额的98.89%，平均每公顷5.58元。结合表4—8和表4—9，伪开拓总局在“北满”土地掠取价格区别较大。

“北满”各县旗土地价格随土地质量、人口多寡、交通状况等差异较大。中东铁路沿线的松嫩平原一带，如拜泉、海伦、绥化、肇州、安达、肇东、兰西、呼兰、双城、五常、阿城、宾县、扶余、木兰等县，人口较稠密，土质较好，交通便利，土地价格自然较高。1922年，阿城上等耕地就达577现大洋，中等310元，末等115元。边疆区域则较低，伪满时期密山熟地每垧仅120元。表4—8即为北满24县土地价格调查情况。

表4—9　东省铁路经济调查局调查“北满”二十四县土地价格状况

单位：鹰洋

	耕地				荒地			
	上等	中等	下等	平均	上等	中等	下等	平均
龙江	44	31	16	30.3	16	11	8	11.7
景星	22	16	9	15.7	8	6	4	6
安达	154	115	69	112.7	17	13	12	14
拜泉	115	85	62	87.3	48	37	27	37.3
肇东	154	115	69	112.7	23	19	15	19
海伦	75	62	42	59.7				
兰西	73	63	27	54.3	21	13	6	13.3

续表

	耕地				荒地			
	上等	中等	下等	平均	上等	中等	下等	平均
绥化	261	158	88	169				
呼兰	170	123	65	119.3				
木兰	135	92	46	91				
宾县	192	115	58	121.7	54	38	23	38.3
大来	69	54	38	53.7	10	6	3	6.3
肇州	88	63	46	65.7	25	17	13	18.3
扶余	135	100	52	95.7	21	15	12	16
双城	430	173	77	226.7				
五常	100	70	50	73.3	27	12	6	15
榆树	154	115	88	119				
德惠	173	115	85	124.3				
农安	181	100	50	110.3				
阿城	577	310	115	334	25	13.5	10	16.2
同宾	100	70	50	73.3	40	23	12	25
乌珠河	65	30	4	33	35	21	3	19.7
苇沙河	42.5	37.5	27.5	35.8	3	2.5	2	2.5
宁安	125	100	70	98.3	21	17	13	17

注：乌珠河即珠河（今尚志市）。苇沙河即今临江市苇沙河镇。

资料来源：东省铁路经济调查局编印《北满农业》，1928 年，第 110—112 页。

表 4—9 所列各县土地价格，为东省铁路经济调查局自行调查之结果，所使用货币为墨西哥元（即鹰洋）。该调查局认为，“北满”农村使用的黑龙江官帖和吉林永衡官帖，随市波动较大，不利于比较研究。1922 年，1 元现洋兑吉林官帖 99.6 吊，兑黑龙江官帖 73.4 吊。1923 年，兑吉林官帖 124.2 吊，兑黑龙江官帖 97.9 吊。1924 年，兑吉林官帖 155.4 吊，兑黑龙江官帖 163.8 吊。鉴于此，调查局决定以墨西哥鹰洋为中介，估量各区域地价差异。民国通行鹰洋纯银 901.824 元，现大洋纯银 884—904 元不等。我们姑且认为鹰洋与现大洋具有同等购买力。

另，“北满”各县市多流通哈大洋。哈大洋在发行之初与现大洋等值，所以也暂且认为哈大洋与鹰洋等值。若以哈大洋与日本金票相比，

100元哈大洋券，1921年可兑换日金票104.84元，1928年只能兑换73.27元，到1931年只能兑换36.59元。[①]这标志着哈大洋币值在“九·一八”前缩水近三分之二。但1932年7月，日伪清理哈大洋时，以1元伪币合哈大洋券1.25元。即相当于2.4个伪币合1921年1个哈大洋。同时，伪政府为关东军筹集军费，不断滥发伪币，物价飞涨，将负担转嫁于民。如果以1932年平均为基数，到1942年达到278.5，到1944年约上升到350。

“北满”物价随市波动较大，区域差异也明显。这些波动和差异很快而且主要体现在土地价格上。据东省铁路经济局调查“北满”农家资本之总额，地价要占四分之三以上。[②]据表4—9，所列呼兰一垧上等耕地价格170元，到伪满后期价格则为1428元；中等耕地123元，伪满后期为1033.2元；下等耕地65元，伪满后期为546元。此亦基本与实际价格相吻合。1941年日伪修二龙山水库时，吉林西南部通阳县一垧旱田1200元上下。1943年4月至1945年8月担任伪吉林省开拓厅长的华荣栋供述，前郭尔罗斯旗上等耕地一垧5000多元，最末等也1000余元。[③]如不分好次，每公顷亦500元。但伪政府也只出了平时价格的14.4%。有地主所领地价不及来回往返旅费，各县旗公署虽三番五次催促按时领取地价，但很多人都置之不理。

当然，这是从日伪单方面调查和统计所作的分析，从亲历者的回忆看，情况可能就更不一样了。初期土地掠取由关东军和满拓倾向收买，不论是耕地还是荒地，一律1元。据当事人回忆，1932年满拓收买时，每方（45垧）熟地250元，撂荒2元。[④]1943年后，土地收买由伪满政府实施，将土地收买的价格即耕地提高到20元，荒地2元。但在实际操作中，依然是荒地、熟地一揽子收买，每垧只给4.2元。1940年，计划继续掠取112.3万公顷土地。1941年，计划掠取136.2万公顷土地。截至1944年1月，共掠取土地609.54万公顷。其中熟地139.88万公顷，荒地

① 黑龙江金融历史编写组：《黑龙江广信公司及其发行的纸币》，黑龙江人民出版社1991年版，第81—82页。

② 东省铁路经济调查局编印：《北满农业》，1928年，第106—107页；另参见陈翰笙、王寅生《黑龙江流域的农民与地主》，国立中央研究院社会科学研究所1929年版，第9页。

③ 中央档案馆等编：《东北经济掠夺》，中华书局1991年版，第739页。

④ 鸡西市文史资料研究委员会编：《鸡西文史资料》（第4辑），1988年，第139页。

460.3 万公顷。未付地价 343.02 万公顷，前后共攫取 952.6 万公顷土地，超额完成掠取任务。

不仅如此，关东军在边境区域也征用、掠取土地，修营房、修飞机场、种菜、修秘密仓库等。还在周边地带制造无人区。掠取数目很难确定。

截至日本帝国主义投降，日伪打着“未利用主义”旗号，共掠土地 3900 多万垧。[①] 李尔重、富振声在《东北地主富农研究》认为，日伪企图把土地收归所谓“国有”，有计划的支配土地生产，并为日本帝国主义服务。此处与其说土地“国有化”，还不如说是“满拓化”更合理。

为了防止日本移民用地回流中国地主，《开拓团法》提出日本移民是“以永住之目的移住”中国东北。《开拓农场法》则规定，日本移民获得的土地是以“世袭家产制确立农业经营”之目的。这样，无论是伪满政府“官有地”“共有地”“国有地”，还是普通民众拥有的“私有地”，都转移到满拓公社、开拓总局名下，他们遂成为“北满”最大的两个地主。日伪也完成了对东北土地占有关系的转移。

1905 年至 1945 年，日本人通过商租、盗买、强买、征用、掠夺等形式共获土地 2700 万公顷。其中，满拓所掠部分，熟地占 50% 以上，有的省份达到 61%，伪开拓总局掠取部分熟地比重稍逊，但也达 22% 以上。保守估计 1937 年至 1942 年间，日伪所掠熟地达 707 万公顷，占全部已耕地的一半以上。

在使用过程，22 万的日本移民耕种 1600 万公顷，占已耕地的一半以上，但真正能利用的只有 2.7%。[②] 由于拥有的耕地过于广阔，根本耕种不过来，所以，普遍的方法就是出租或雇佣耕作。

综上所述，日本通过移民侵略，大肆圈占土地，重新构建东北的土地占有关系，“使土地重新与民族特权及政治权力结合起来，形成了僵硬的

---

① 孔经纬：《东北经济史》，四川人民出版社 1986 年版，第 535 页。

② 据战后古海忠之笔供，日本移民总共 8.8 万户 21 万人，青少年义勇军约 1.8 万人，共占用土地 330 万公顷，占其掠取土地的 15.5%。1944 年，在这 330 万公顷中，计划移民耕种 160 万公顷，其中，成年移民耕种 39.6 万，青少年移民 1.5 万，勤劳奉仕队员 1.5 万，朝鲜人 7.1 万，“内国开拓民” 17.5 万，合计 67.2 万公顷，约占计划耕种的 35.8%。占总利用率的 2.7%。

国有化殖民地土地关系”[①]，影响着东北的社会走势。

（四）农地改良与“满洲农地开发公社”

1939年，伪产业部、兴农部先后公布《日本移民用地收买要纲》，计划在未来三四年间收买1500万公顷（古海忠之笔供2000万町步）“未利用地”，营造农田，这标志着日伪新一轮土地掠取又将开始。表面上规定只收买“未利用地”（沙、碱、二荒地），但在收买的1700万垧（1500万公顷）“未利用地”中，二荒地仅500万垧，另外1200万垧的土地中，[②] 熟地占有很大一部分。据古海忠1954年7月21日笔供，此计划造成农田613万公顷（水田133万公顷，旱田480万公顷），预计需要资金54.5亿元。

为适应土地改造的需求，伪政府设立了“满洲土地开发会社”，资本金2000万元，第一次1000万元，截至1941年7月，实缴资本750万元，并将其列为37个“特殊会社”之一，会址是伪新京市新发路。“满洲开拓民之必要土地，尚未十分周到。因之，将全满湿地或碱性地带等改良整备，施以必要之土木工事，而将此等成为水田预定地或旱田预定地者，系该会社设立的理由。”[③] 主要事业是承包日伪农地造成工程，建用水路，构筑用水堤防，开拓湿地构筑排水路等，计划第一期二十年，开发750万町步未利用地，以旱田水田9∶1进行改造。

该会社在成立之初，造田能力比较有限，基本是与满拓合作进行，主要原因是，其一，掠地正大规模进行，且日本移民多被安排在熟地耕种；其二，它本身也不掌握土地，资金也并不充裕。1940年至1942年，在鹤立岗、莲江口、新开河、昌图、黑台、盘山、汤旺河、甘南、双阳及通化等40万公顷土地进行农地造成，计划完成水田8万公顷，旱田11万公顷，最终完成水田1.8万公顷，旱田1.7万公顷。这些水田多租给朝鲜移民。

1941年12月，日本发动对美国战争。战线不断拉长，粮食供需、后

① 衣保中：《日本移民与伪满洲国的殖民地农业》，《东北亚论坛》1996年第4期。

② 伪参议院长藏式毅笔供，1951年7月；伪总务厅次长谷次亨笔供，1954年12月4日。《伪满洲国的统治与内幕——伪满官员供述》，中华书局2000年版，第98—99、168页。

③ 日本产业调查会满洲总局编印：《满洲产业经济大观》，第620—621页。

备兵力不足的矛盾日益明显。兵力不足直接影响了其移民链，而粮食不足则直接决定战争能否维持。1944 年 2 月 17 日，伪开拓总局局长五十子卷三《在第二次开拓全体会议上的讲话》认为，“当今，粮食已成了可怕的武器，成了子弹……换言之，决定战争最后一环，无疑是粮食”。日本帝国主义提出“满洲农业的增产和改良”是日本在“满洲”最需要做的三大工作之一，即开拓增产，确保粮食需要。伪满助日粮食增产的主要对策之一，“立即制定关于水田造成、二荒地复耕、农地造成方面的助成政策和防止现有耕地撂荒的有关政策，并为做好付诸实施而提出的实践机构的整备……特别是土地开发事业一项，要和开拓民迁入计划及增产计划同时立案并予以实行”。农地造成此时似乎已变得很重要了。

1943 年 12 月，伪总务厅设立了“紧急增产推进本部”，统一规划和执行主要物资的紧急增产计划。1944 年 2 月，日满共同经济委员会提交了《满洲国紧急农地造成计划要纲（案）》，计划 1944 年至 1945 年两年间在吉林第二松花江和东辽河紧急造成 19 万公顷水田。为了实现农地造成“实践机构的整备”，将满洲土地开发会社改组扩充为“满洲农地开发公社”。在《满洲农地开发公社设立要纲》（以下简称《要纲》）中提出，首先“满洲农地公社”设立的目的是“为了积极迅速而低廉地执行大规模的农地发开，特别是对开拓用地的开发”，将现有“满洲农地开发会社”改组为公社，“作为农地开发的中心实施机关”。这标志着，在所谓的“水田造成、农地造成方面”，“满洲农地公社”要完全取代满拓公社。

该《要纲》“要领”共十二项。其一，公社资金由 2000 万元增加为 5000 万元，伪政府全额出资，第一次实缴 3000 万元。其二，可以发行 5 倍于出资额的农地开发债券或借款，伪政府自行担保，这标志着该公社可自行募集、筹措资金，独立性提升很大。其三，该公社经营业务包括农地造成及改良事业，农地的管理经营及水利设施的维持和管理。其四，所需土地或由伪政府提供，或租借所需土地，实际上土地的所有权与使用权已基本不受限制。如果所改良的农田，或造田完成后，日本移民迟迟不到，该机构可出租获益。其五，还可自行安排年度预算、决算、事业计划、资金计划等重要事业项目，伪政府基本不干涉。

综合以上，从获得的资金量、土地取得方式、资金募集及使用、土地经营等方面看，“满洲农地开发公社”已不再依附于满拓公社，可独立的掠取土地。因此，伪满后期，“满洲农地开发公社”与“满拓公社”是土地掠夺、经营的两大核心侵略组织，其潜在的侵略性不容低估。

1944年至1945年，第二松花江左岸有约30万公顷低洼地，计划营造水田5万公顷，旱田13万公顷。1945年6月，输电设备及水利设施完成，两年间共造成水田3000公顷。东辽河3.2万公顷水田工程，截至日本投降亦未完成。1944年，满洲农地公社计划继续在鹤立岗、莲江口、太平镇、新开河、黑台、盘山、饮马河、岔路河、甘南、康平、双阳及通化12个地点造成水田46975公顷，旱田65363公顷。1945年造成水田84272公顷，旱田49676公顷。

伪农安县新开河营农事业，计划造水田5000公顷，最终造成1000公顷。在伪三江省鹤立县松花江左岸和汤旺河右岸间计划改良水田8000公顷，未见成效。还计划在富锦开发10万公顷湿地，同样未见效果。

在大造水田过程中，水库是必不可少的。在东辽河营田中，修建二龙山水库，共淹村屯48个，耕地2万余垧，涉及居民1840户，10230人。据1954年5月5日最高人民检察院东北工作团所作《日伪在东辽河进行紧急农地造成的调查报告》，宅基地只象征性补偿每垧约500元，水田每垧约450元，旱田分为11等，每垧120元至450元不等，房屋每间从50元至200元不等，而当时旱地每垧1200元。即便如此，仅有的地价、房价也是用几张储蓄券代替罢了。

这些造田行为，每天动用数十万劳工。第二松花江开发事业第一年每天动用勤劳奉仕队员48000人，第二年每天68000人，还有3000多名山东苦力。东辽河每天动用勤劳奉仕队员34000人。

三 “原住民”

日伪的土地掠取，使许多人流离失所，社会动荡，时刻威胁着日本的殖民统治。伪满中期，日人开始考虑所谓“原住民”问题。“原住民”并不是指人类学所说的土著居民，这个概念是狭窄的，伪满“原住民”概念却很宽泛，是泛指“伪满非日本人”——除日本人外东北所有的固定居民。

据东北各县文史资料记载，对于日本的移民侵略，有的进行激烈的反抗，有的则成为“浮浪”或“勤劳奉仕”。1934年1月，为了掠夺移民用地，三江地区的依兰、桦川、勃利、密山、宝清、虎山等县可耕地有282.8474万垧，关东军要收买其中的57.5%。收买工作由东亚劝业会社实施，然而所谓“收买”就是“掠夺”，即不论熟地、荒地，一律一垧1元。2000多名忍无可忍的三江民众，在保长谢文东和甲长景振卿领导下，武装反抗日本的土地抢掠。这就是震惊中外的依兰县“土龙山农民暴动”。1936年2月，谢文东率领起义队伍，在中共满洲省委的统一领导下，被改编为东北抗日联军第六军，9月，第六军改称第八军，主要活动在依兰、方正、延寿、勃利、桦川、富锦等一带。他们打死打伤很多日本军人和移民。此后，历次日本移民团都不同程度的遭到抗日武装和当地居民的打击。据统计，第2次弥荣村移民22人被打死。[①] 第3次至第7次移民被东北军民打死的有40人之多。1934年至1939年，“镜泊学园”移民被打死29人。

“浮浪”是日伪所说的“游民”问题。1942年12月至1943年2月，由外地迁入伪牡丹江省的“游民”有21333人。伪满后期，为了加紧掠夺粮食、矿产等战略资源。日伪出台《战时紧急农产品增产方策要纲》，规定将城市的“非生产人口疏散到农村”，这中间就包括因失去土地而流落到城市的“游民”。同年3月，伪国务院总厅发布《城市人口疏散紧急对策要纲》规定，其基本方针是，“将聚集在城市中的非生产过剩人口加以疏散，动员到农业、工矿业各生产部门”。换言之，就让他们充当佃户、工矿劳工。

1943年12月，伪兴农部发布《城市疏散人口返乡务农要领》规定，“坚决防止在返乡者中混入无业游民”。这些人就被强征作劳工。伪满时期青年、学生勤劳奉公，本身就是各省变相的摊牌劳工、“抓浮浪”等。一旦被日伪抓作劳工，家人只好为其准备后事了。

还有一部分人成为日本人的雇工、佃户，或成为“内国开拓民”。

（一）关于“原住民”的界定

1942年，伪协和会在三江省召开联合协议会，其间有朝鲜代表希望伪省长卢元善解释一下什么是“原住民”。卢回答道：“三江省没有原住民，原住民是赫哲人，其余的都是移民，汉民族来到三江省的老人，不过

① 《弥荣村要览》，1936年2月，第131页。

四五十年。”[1] 很显然，朝鲜代表提“原住民”，是希望能解决其土地所有权问题。卢元善是不可能如其所愿的。因为这牵涉日伪土地掠取的合法性及最终归属等问题。但这个插曲却引出了日伪对“原住民”的态度。首先，东北人类学意义上的“原住民”多不从事农业生产，如赫哲人、鄂伦春人等，这就直接弱化了土地所有权问题，也就不存在土地掠夺与补偿之说，关键还为日伪圈占土地提供了合理的理由。其二，既然汉民族老人都不能称之为“原住民”，那么刚迁来不久的鲜族人就更不用说了，压缩了“原住民”使用范畴。

但在实际操作中，不论是赫哲人，还是汉民族，却都被通通纳入“原住民”范畴。如被迫迁徙的汉民族称为“原住民”迁徙。伪开拓总局招垦处第三科，将其核心业务称为指导“原住民”及“内国开拓民”事项。从对“原住民”界定和使用的错位看，日本帝国主义根本就不想给“伪满非日本人”以权利，但却强烈要求他们尽各种义务。目的是最终从民族心理上、文化认同上及社会关系上“矮化”“同化”“弱化”他们，从而确立日本人在东北的民族优越地位。这是典型的殖民者心态，在近代殖民史上也屡见不鲜。那么，我们该如何界定“原住民”？

“原住民”又称“土著居民”“原有居民”或“先住民（族）”，相对应的英文有 Aboriginal、Original、Indigenous 等。当前，对“原住民”定义仍非常混乱。2007 年 9 月 13 日，联合国第 61/295 号决议通过 *United Nations Declaration on the Rights of Indigenous Peoples*（《联合国原住民权利宣言》，也有译为《联合国土著人民权利宣言》）。该宣言随即成为世界各国对现有原住民权利界定的基本法律文本，但对原住民定义依然未有一个清晰明确的界定。

从人类学角度看，原住民主要是指最早定居于某一区域的土著、先民、初民，如中南美玛雅人。从民族学角度看，是指国内某个少数群体，如日本境内阿依努人（又称虾夷人）。实际以上说法殊途同归，都是以某区域的少数族群为研究对象，无论玛雅人，还是阿依努人，皆如此。1986 年，José R. Martinez Cobo 在联合国《歧视原住民研究报告》中认为，原住民是指与现在社会主体地位的前侵略者、前殖民者共同生活在他们从祖

---

① 卢元善笔供，1954 年 5 月 14 日。《伪满官员供述》，第 308 页。

先那里继承来的土地上的族群，如欧洲殖民者入侵北美、大洋洲后的印第安人、古利人（kooris）、毛利人（maoris）等。Cobo不再为了研究而研究，直接将原住民界定切转到殖民侵略层面。日本放送大学亨利·斯图尔特（Henry Stew art）教授《原住民运动——历史、发展、现状及未来》（2007）总结出了八种关于“原住民”的定义，认为欧洲殖民扩张时代，掠夺一些当地居民从祖先那里继承下来群体的土地、资源，否定其民族存在，并强行使之归顺。

因此笔者认为，“原住民”有两大基本特点：其一，它是近代殖民侵略的产物，是欧美殖民主义者长期“鼓吹民族或个人优越的学说、政策和做法”的必然产物。日本殖民者一直就鼓吹，日本农业移民皆系质实优秀分子，是“满洲”民族协和的核心，是保证“满洲”产业开发及文化向上的关键。其二，“原住民”是指长期定居于某区域，在殖民入侵后逐渐丧失了其固有的土地、领土、资源并逐渐成为边缘人群。“原住民”特指少数群体。近代东北我国居民2000多万人，数量处于绝对优势，并不是少数群体。所以，“原住民”概念不适合我国东北农户。本书为了更准确地暴露日人殖民我国东北的野心，也为了行文方便，姑且沿用此称呼。

（二）雇农与佃农

1935年3月，关东军制订的《北满移民农业经营标准案》，提出日本移民营农方针奉行“自给自足主义”“自耕农主义”“农牧混同主义”和“共同经营主义”。营农四方针提出的主要目的，是希望向“北满”传统农业展示日本农业的优良一面，并区别于“北满”传统的营农方式——“租佣农业”。但在实际操作中，却使大量的“原住民”充当雇农和佃农。

据表4—10所示，20个移民村共4926户，可耕地88810公顷，已耕地24453.6公顷，耕种率为27.5%。户均18公顷，仅耕种4.96公顷。然而，仅就所耕种的27.5%，日本移民也无法完全自耕，多依靠东北农户为其耕种。其余耕地由移民团部出租获利。日人将“租佃户”称为“小作人”。移民团将出租收入称为“土地管理收入”，所占比例甚大。

表 4—10　　日移民所占耕地及耕种状况（1939）　单位：户、公顷、%

	户数	可耕地（B）	已耕地（A）	一户耕种	A/B
弥荣村	293	12000	2770	9.45	22.5
千振村	348	10000	2613	7.5	26.1
瑞穗村	203	10000	2937	14.46	29.4
城子河	248	3000	2340	9.43	78
哈达河	202	4695	1274	7.78	27.1
永安村	280	5548	1819	6.44	32.8
朝阳屯	266	3475	1632	6.17	46.96
黑台	196	2252	1189	6.07	52.8
信浓村	296	2140	1300	4.4	60.7
黑咀子	300	2500	648	2.19	25.6
南五道岗	290	4000	299.6	1.03	7.5
北五道岗	292	3900	553	1.89	14.2
六人班	150	3200	378	2.32	11.8
西二道岗	188	2500	495	2.63	19.8
东二道岗	178	2600	558	3.13	21.5
龙爪	285	3100	1170	4.1	37.7
黑马利	298	3500	1001	3.35	28.6
海伦	225	4100	553	2.46	13.5
五福堂	182	3100	564	3.03	18.2
老街基	206	3200	360	1.74	11.3
合计	4926	88810	24453.6	4.96	27.5

资料来源：東亞研究所《開拓民に關する資料的調查研究（中間報告）》，1941 年，第 23—26 页，第 55—60 页。

表 4—11　**日本移民家庭雇佣形式一览（1940）**　单位：日，%

	年工（B）	月工（C）	日工（D）	合计（A）	B/A	C/A	D/A
弥荣村	399		60	459	86.9		13.1
千振村	172	3	73	248	69.4	1.2	29.4
东北	17	45	10	72	23.6	62.5	13.9
熊本	71		57	128	55.5		44.5
水曲柳	120			120	100		
四家房	120	12	24	156	76.9	7.7	15.4
哈达河	145	174	22	341	42.5	51	6.5
黑台	58	87	41	186	31.2	46.8	22
永安村	145	2.9	32	179	80.6	1.6	17.8
黑台信浓	71	2.9	3	76.9	92.3	3.8	3.9
北五道岗	29	43.5	11	83.5	34.7	52.1	13.2
西二道岗	35.5	339.3	15	389.8	9.1	87	3.8

资料来源：日本开拓研究所《开拓村に于ける雇佣労働事情调查》，1941 年，第 30、32、87 页。

在日人看来，认为其移民拥有土地在 1—5 公顷，属小规模经营；在 5—10 公顷，属中等规模经营，10—50 公顷属大规模经营。小规模经营对雇佣作业依存度较小，但也超过 50%。中等经营对雇佣的依存度为 68.2%。[①] 大规模经营几乎就依靠雇佣作业。即在无大型机械的情况下，拥有的耕地越多，租佣现象就更为普遍。

据表 4—10 所示，弥荣村户均耕种 9.45 公顷、千振村 7.5 公顷、哈达河 7.78 公顷、黑台 6.07 公顷、永安村 6.44 公顷。据表 4—11 所示，弥荣村雇佣作业高达 459 日、千振村 248 日、哈达河 341 日、黑台 186 日、永安村 179 日。从拥有的土地规模看，上述 5 个移民村属中等规模经

① 日本开拓研究所：《瑞穗村综合调查》，1941 年，第 222—223、257 页。

营，对雇佣作业的依存度高达 77.4%，远超日伪心理底线。信浓村、北五道岗、西二道岗拥有土地在 2 公顷至 4 公顷之间，属小规模经营，但对雇佣作业依存度也达 50.2%。表 4—11 所列 12 个移民村所拥有土地介于小规模与中等规模之间，但雇佣依存度平均达 55.7%。不知“自给自足主义”“自耕农主义”从何体现。

从雇佣形式上看，有常年雇佣（年工）、月雇佣（月工）、日雇佣（日工）。表 4—11 中 12 个移民村常年雇佣令人印象深刻。弥荣村、千振村、熊本、永安村、黑台信浓、四家房七移民村年工所占比重在 55.5% 以上，水曲柳甚至百分之百使用年工。使用年工一则比较方便，不用到农忙时四处雇人。二则常年雇工划算。给日本移民作年工（俗称“扛老脖带”），男的干活，女的做饭，即雇一个男的捎一个女的。日人借“老脖带”粮食，要从工资里扣，年工年终结账时，“老脖带”居然还欠日人的钱，只能来年再干。[①] 所以，日本移民喜欢拥有自己固定的雇工群体。

另，据伪开拓研究所《瑞穗村综合调查》，瑞穗村雇佣现象较表 4—11 所列更为严重。该移民村占地 1.4 万公顷，可耕地 1 万公顷，已耕种 2937 公顷，户均耕地 14.46 公顷。1939 年该移民村水田经营年工雇佣率 27.1%，旱田年工占 46%。农忙时节，水田月雇佣占 10.4%，日雇佣占 16.4%；旱田月雇佣较少，日雇佣占 17.5%。水田平均雇佣占其总劳动量的 60.4%，旱田占 70.2%。

“国境地带”的移民村，不但年雇佣所占比重较大，而且月雇佣也很惊人。哈达河、黑台、永安村、黑台信浓、北五道岗、西二道岗属伪密山县。移民的重心在军事作业及辅助设施上，营农并不是其主项。表 4—11 中上述六移民村平均年雇佣占 38.5%，月工占 51.6%。另外，西二道岗月工作业高达 87%，北五道岗占 52.1%，哈达河占 51%，黑台占 46.8%。综上可知，日本移民对雇佣作业依存之深，脱离了雇佣制度是很难运行的。

从理论上讲，农业雇佣主要体现在商业性农业。列宁认为，“商业性农业已经变为资本主义农业，因为富裕农民的播种面积超出家庭的劳动标准（就是说超出家庭靠自己的劳动能耕种的土地数量），使他们必

① 李尔重、富振声等：《东北地主富农研究》，东北书店 1947 年版，第 36 页。

须去雇佣”[①]。关内富农在农忙时雇佣短工，但不经常使用年工。近代东北垦殖区有经营数百垧土地，使用十几名或几十名雇工，但多数从事经济作物生产或兼顾其他农副工商业的，称为富农或佃富农。日本移民号称要践行所谓“自耕农主义”，实行以家庭为单位的营农模式，不涉足工商业。但在实际操作中，不但采用雇佣作业，而且雇佣形式多样，雇佣时间较东北富农长很多。这就意味着封建土地占有关系在日本移民区强势延续。同时，也直接否定了所谓的“自作农创设政策”。

在使用雇工的同时，还将“原住民”作为自己的佃农。首先，满拓公社和伪开拓总局使用大量的佃农。1944 年《战时紧急实行方策》，满拓出租地（自称为“管理地”）40 万公顷，伪开拓总局 60 万公顷。估计他们控制的租佃户在 10 万户以上。据统计，1939 年，满拓公社佃农 87755 户，1940 年 8.6 万户，1941 年 85455 户，1944 年 85996 户。[②] 关于土地出租，张五常认为如果地主把他的土地分给多个佃农耕种，从而可获得更高的地租总额的话，他就不会把所拥有的所有土地出租给一个佃农耕种。当耕种现有土地的佃农的人数增加时，土地的边际产出曲线相对于只有一个佃农的情况时会向上移动。[③] 即地主会将土地出租给更多的佃户，虽租率会有所下降，但总获益却可能会上升很多。满拓公社对此可是熟练使用。期间拥有的佃户虽略有下降，但收益却从 78 万、387 万到 964 万，呈井喷式倍增态势，说明满拓在稳定佃户队伍的同时，还在持续增加租金。

一般情况下，满拓依据各地域土地之状况，将出租的土地分六等、七等、八等，依等级而制定出租价格。

① 中共中央编译局编译：《列宁全集》，人民出版社 1984 年版，第 54—55 页。

② ［日］君岛和彦：《满洲农业移民有关各机构的设立过程与活动状况》，《日本帝国主义在中国东北的移民》，黑龙江人民出版社 1991 年版，第 202 页。

③ 张五常：《佃农理论》（英文版），中信出版社 2010 年版，第 17—18 页。

表 4—12 **“北满”部分开拓用地出租状况** 单位：公顷、元

	旱田			水田		
	面积	所获金额	平均	面积	所获金额	平均
德都	11314.69	150840.18	13.3	34	1360	40
绥化	3813.85	87130.43	22.8			
海伦	917.90	40207.39	43.8			
明水	4327.56	28277.72	6.5（?）			
克东	8193.22	158826.54	19.4			
克山	19864.63	340873.72	17.2			
北安	737.60	13151.8	17.8			
依安	16368.62	396171.25	24.2	370	24975	67.5
合计	65538.07	1215479.03	19.1	404	26335	65.2

资料来源：据黑龙江档案馆馆藏档案 1945 年《开拓用地出租一览表》制作，见《东北日本移民档案（黑龙江卷）》（四），第 125 页。

表 4—12 所列八县，水田、旱田合计共出租 66002.07 公顷，共获利 1241313.11 元，旱田平均出租价 19.1 元，水田平均 65.2 元。而当时主要农作物的售出价格较低。1939 年，满铁调查部调查伪滨江省农作物市场行情，大豆每石 10 元，高粱 8 元，小麦 17.5 元，玉米 8 元，粟 7 元。另据，1941 年东亚研究所调查，大豆 7.65—8.71 元、小豆 9.6 元、菜豆 13 元，麦类中大麦 9.25—9.3 元、小麦 15.7—17.05 元。综合考察，伪满时期作物价格基本保持在可控范围内。

再以海伦县地租价格为例，该县共出租土地 917.9 公顷，获利 40207.39 元，均价 43.8 元。海伦每垧地产大豆 4—5 石，小麦 3—5 石，高粱 6 石，粟 6 石。[①] 整个民国时期（包括伪满），区域间作物产量波动较大，但某一区域前后波动并不大。换算成公顷，种植大豆可收获 5.7—7 石，小麦可收获 4.3—5.7 石，高粱可收获 8.6 石，粟可收获 8.6 石。据此，每公顷大豆，租户毛收入 57—70 元，高粱毛收入 68.8 元，小麦毛收入 75.25—99.75 元，粟毛收入 60.2 元。除去 44 元的地租，租户可获得

① 陈翰笙、王寅生：《黑龙江流域的农民与地主》，国立中央研究院社会科学研究所 1928 年专刊第一号，第 14 页。

13 元到 56 元不等的收益。克东、克山、北安、依安地租虽少于海伦，除去役畜、饲料、食料、种子及人工等开销，租户就所剩无几。

如租种水田，租价 65.2 元。根据日本移民种植水稻及售出情况，1 町水田可产水稻 11 石至 30 石。[①] 1 石水稻售价 16.7 元至 17.6 元不等。4 石左右的水稻可抵租金。但其一，中国农户并不善于种植水稻。其二，即使擅长此道，前提是租到好地。但要租到好地，“土地经理人”无法逾越。满拓的出租业务分“自行出租”和“土地管理人”“承包租佃”两类。上文即为该社自行出租。

在“北满”，“土地经理人”代表满拓出租土地。他们人数不算多，但控制的土地却很多。1940 年，佳木斯“土地经理人”287 人，控制着佃租户 20397 户，土地 162133.84 垧；哈尔滨 230 人，控制着佃租户 14615 户，土地 185759.73 垧；吉林 146 人，控制着佃租户 19789 户，土地 126136.83 垧。[②] 据不完全统计，伪满中后期“北满”“土地经理人”共 936 名，平均每人控制租户 93 户，土地 792.86 垧。

“土地经理人”虽不掌握这些土地的所有权，但却拥有使用权，用民众的话说，他们是“二地主”，是日本帝国主义侵略的既得利益者。租户只有给了他们足够的利益，才能租种到地。据解放战争时期李尔重、富振声等人调查，在交租给满拓后，还要额外给土地经理人 25%—40% 租金。[③] 所以，满拓区域内的“原住民”所受的剥削较关内更甚。当然，日移民团特别想禁止租佣劳动的。但大批青壮年移民被应征入伍，只有妇孺，不雇佣、不出租就种不上地。这也间接说明，日本军事占领、移民侵略中国东北注定是不会成功的。

那么，“原住民”除了出卖劳动力，就无其他出路？众所周知，土地是农民的生存之本。土地一旦被夺，且缺乏其他生存技艺，出卖劳动力就成为唯一且有保障的出路。据当事人回忆，给日人当长工可以免劳工，当长工无论如何也比作劳工好。[④] 如果当劳工往往是九死一生。不给日人作工，就得出村垦荒。

---

① 日本东亚研究所：《关于满洲开拓民的资料性调查研究》（中间报告），第 62 页。

② 《业务概要》（1940），第 218 页。转引自君岛和彦《满洲农业移民有关各机关的设立过程与活动状况》，《日本帝国主义在中国东北的移民》，第 205 页。

③ 李尔重、富振声等：《东北地主富农研究》，第 13 页。

④ 佳木斯文史资料委员会编印：《佳木斯文史资料》（第 11 辑），1990 年，第 116 页。

中国农户一般只能租种到最不肥沃的土地，一垧地产粮不过2石5斗，交租、“出荷”粮占去一大半，农忙时还得给日本人铲地除草，租户又变成了雇工。再加上土地经理人的克扣，租户就所剩无几。所以说日本移民营农向“旧型富农”化、旧型地主化转变是有迹可寻的。

（三）“内国开拓民”

全面侵华战争爆发后，为了稳定后方并满足粮食需求，日本帝国主义开始考虑让更多的人为其生产。第七次（1938）、第八次（1939）移民侵略的过程中掠夺了许多熟地，致使大量“原住民”无处容身，民族矛盾激化升级，直接威胁其统治。日本帝国主义才开始考虑“原住民”问题。

1939年12月，日伪发表了《满洲开拓政策基本要纲》，其中有一个显著特点，将“原住民”列入移民规划范畴，分为“国内开拓移动原住民”和“伴随开拓民移住之辅助原住民”两类。这两类“原住民之移动”实则一回事，就是土地被占后，强令其迁徙垦荒，就成为所谓的“内国开拓民”。开拓总局设有招垦处，其中第三指导科就直接负责“原住民”及“内国民”开拓事项。“内国民开拓”[①] 以日本移民村为蓝本，由日伪提供土地（初期称“小照地”，后全部是佃租地）、资金，但须将收成的五成上缴。

“内国开拓民”分为“原住民辅导对象者”、“南满”移居者和工程型迁移者三类。“原住民辅导对象者”主要指的是土地被收买时的直接耕作者，包括地主（土地所有者）、自耕农、自种兼租种农、佃耕农等。“南满”移居者指的是东北南部因日人的侵略而失去土地的农户。1941年，日人在热河制造无人区，使上百万平民流离失所。其中，将一部分居民移至“北满”，为其开荒生产。1944年，40户热河移民迁到密山县哈达岗区青龙沟，很快成为满拓的佃户。[②] 同年，辽宁绥中县古城

① 关于“内国开拓民”问题，目前国内外学界关注较少。2000年，日本新泻大学刘含发博士论文《满洲日本人移民と中国东北农民》，重点对东北失地农人进行全面考察。另外，论文《日本人满洲移民用地的获得与现地中国人的强制移住》，《亚洲经济》2003年第4期，对内国开拓民问题进行专题探讨。

② 李尔重、富振声等：《东北地主富农研究》，第48页。

寨、毛家沟、陈荫沟、三角屯和吴二沟300余人，分两批移居黑龙江绥滨县。第一批100余名强壮劳力称“开拓先遣队”当年走，1945年，第二批250余人坐火车经佳木斯抵达绥滨为其劳动生产粮食。[①] 工程型移民指的是伪政府或所谓“特殊会社”进行一些水电堰堤工事，周边土地皆被收买、掠夺而造成的自耕农、佃耕农的迁移。1944年，日伪在通阳县修建水库，将水淹区域1023户农户迁移到三江省鹤立县为其开荒种粮。[②]

佃耕农迁移称为“一般内国开拓民”，其实就是开荒。自耕农迁移称为“勘领实施开拓民”。“勘领实施开拓民”有“旧地勘领”“换地勘领”和“迁移勘领”之分。“旧地勘领”指的是土地和家屋被圈走，后发现不符合要求，又卖给他们。“换地勘领”，家屋不动土地被夺，在附近令其开荒自存。“迁移勘领”是令其迁到更远地方开荒。但有时很难兑现。1938年，黑龙江密山县十几个农人拦住伪国务总理张景惠的汽车，要他兑现换地承诺，张居然置之不理。即使日伪当局许诺帮助迁移，他们也基本是九死一生，方能抵达目的地。

日伪对“内国开拓民”的组织要求是形成部落。1942年，日伪公布《内国开拓民助成事业法》[③] 第四条，入殖农户须构成部落。部落内部要有充足完善的防卫设施，道路交通也有所重视。部落内分若干牌，每牌设牌长，牌长内产生部落长。一个部落理想的规模在二十户至五十户，或控制在十户至百户之间，最后实行街村制。1937年12月，伪满政府发布《街村制度确立基本要纲》，决定“北满”废保甲而施行街村制。街和村分别为伪满城乡的基层组织。太平洋战争后，该制度又有所调整。实际上，街村制在某种程度吸取了日本的町村制度的内容，但是却没有脱离保甲制度的藩篱，不过是保甲制度的变形而已。日伪打着为“内国开拓民”谋福祉的幌子，其实质还是掠夺粮食和税收。

---

① 孙邦主编：《伪满社会》，吉林人民出版社1993年版，第59—60页。

② 王海瀛、崔启贤等：《日伪在东辽河进行紧急农地造成的调查报告》，1954年5月5日。

③ 1942年11月30日，伪政府颁布《内国开拓民助成事业法》（以下简称《事业法》），对国内开拓民进行规范化管理。该《事业法》共30条内容，主要对国内开拓民的土地使用，纳付金（包括耕纳费、地方税）的纳付与补助金、借贷金之使用等进行基本规定。见《东北日本移民档案（黑龙江卷）》（一），第59—63页。

表 4—13 **“内国开拓民”部落概况** 单位：户、垧

县旗	村屯名	户数（A）	耕地（B）	B/A
宾县	哈玛屯	300	870	2.9
阿城	李家杏	264	690	2.6
五常	张家湾	422	1100	2.6
	双马架	113	113	1
安达	清秀屯	180	910	5.1
青冈	马家沟	303	2076	6.9
东兴	包大房子	220	1025	4.7
珠河	兴业	117	178	1.5
苇河	朝阳沟	140	418	3
郭后旗	老童口	133	410	3.1
延寿	桃山	?	68	?

资料来源：日伪档案《内国开拓民重点开发计划》，《东北日本移民档案（黑龙江卷）》（四），第 116—117 页。

表 4—14 **“内国开拓民”户数及耕种状况** 单位：垧

户、面积 / 县市	1942 年内国开拓民		1943 年内国开拓民	
	户数	耕种面积	户数	耕种面积
宾县	2016	7354	2120	10696
阿城	264	690	300	1264
五常	2735	13311	2735	16243
肇州	285	1847	401	2495
安达	280	910	400	2500
青冈	393	2076	496	2870
东兴	220	1025	270	1560
木兰	741	3565	1090	5271
延寿	591	1637	755	3056
珠河	1081	2965	1222	4947
苇河	1087	2866	1130	4877
郭后旗	133	410	160	1406
合计	9826	38656	11079	57185

资料来源：日伪档案《内国开拓民耕作增值实绩总括表》，《东北日本移民档案（黑龙江卷）》（四），第 115—116 页。

表4—13所列“北满”11个“内国移民”部落2192户，占地7858垧，平均每户3.58垧。表4—14所列为这两年间“内国移民”具体实施成果。户数由1942年的9826户增加到11079户，增加了12.75%，耕地由38656万垧增加到57185万垧，增加了47.93%，平均每户耕种土地由3.93垧增加到5.16垧。耕作面积的增加并不意味着农户的生活状况有所好转。

实际上，“内国移民”用地多为“公有地”、林间荒地、边荒、夹荒，这种地是典型的作业量大而收获少。而日伪的粮食掠夺丝毫不减。部落民对土地无支配权，初期称“小照地”，后期皆为佃租地。收成的50%上交。但表3—14所列1943年户数较前一年还增加了一千余户。民众为何还大量加入呢？一是垦荒建村虽艰辛，但可免去劳工。伪满洲国时期，普通民众将逃避劳工当作头等大事，一旦被当做劳工，家人只好为其准备后事。二是从操作上看，日伪也为东北农户提供资助，如役畜费、饲料费、食料费、农具费、开垦费和种子费，但营农资金多为“土地经理人”所获，普通“内国移民”很难获得。

从实施的背景看，“内国开拓民”部落类似于朝鲜人“安全农村”。东亚劝业会社和东洋拓殖会社创办“集团部落”，一是为稳定伪政权基层社会的秩序，缓和民族矛盾，安抚民众；二是隔绝抗日武装与普通民众的联系。[①]“内国开拓民”部落也有同样的背景，内重防卫，外防抗日组织之渗透。

从实施的过程看，“内国开拓民”更似“集团部落”。日伪强迫民众从居住地迁到指定“部落”，并毁掉庄稼，烧光树木，将村屯变成焦土，阻止其返回。1936年，东宁全县“不过数十人的匪贼”，日伪竟让全县农民迁移，民众被迫放弃已垦耕地，进行长距离迁徙。移住地耕地狭少，且全是荒地，开垦需要相当的时间和劳力。[②]同年，鸥浦县城原在倭西门岛上，距离苏联较近，日人为防被苏联“赤化”，强迫弃址迁移，舍弃久居

① 孙春日：《中国朝鲜族移民史》，中华书局2009年版，第446—450页。

② 日本关东军宪兵队司令部牡丹江宪兵队：《关于满鲜人对东宁县建设集团部落反响的报告》，1936年6月8日。《东北日本移民档案（吉林卷）》（一），第188页。

故城，迁往下地营子（今鸥浦村）。[①] 上述两例证，如不看出处，很难辨出是“集团部落”还是“内国开拓民”，因为二者实施过程和目的本身就区别不大，只是时间有先有后。“集团部落”主要从军事政治角度出发，“内国开拓民”部落则更多的从经济角度考虑，两者不过为一个硬币的两面。日伪通过“集团部落”，有效控制民众的行动、言论、经济，进而达到政治统治、经济剥削、文化奴役等目的，是东北沦陷时期农村主要的组织形式。伪满后期，“内国开拓民”部落主要是粮食生产，经济剥削是第一位的。所以从时间上讲，日伪组织的“内国开拓民”部落是“集团部落”的一种延续。

从经济角度进一步管窥，“内国开拓民”实质就是以租佃的形式掠取粮食。“南满”移居者和工程型迁移者来“北满”就是开荒生产，土地所有权掌握在所谓的“国策会社”手里，并且可能还再次迁徙。“原住民辅导对象者”虽有地主获得相应的补偿，但他们基本不在迁徙地生产、居住，多数将土地使用权像满拓一样，委托给“土地经理人”，实行租佃作业。自耕农经济实力有限，农具、役畜等很难自行整备，最终也很难摆脱成为日伪的佃户。伪满时期，满拓所属区域的土地关系就是租佃关系。从社会影响看，“内国移民”是日本侵略东北的重要组成部分，其主要目的是掠夺粮食。1939—1944 年，“内国开拓民”共计 51482 户。[②] 日本帝国主义对“内国开拓民”的助成包括基本设施补助和营农资金资助。

基本设施的补助包括土地分配、部落防卫、水井、道路及通信等。土地大体一户 5—7 町步，包括自家农耕地、共同农耕地和共同利用地。共同农耕地主要指村屯公所集体农耕地、学校等所有地。共同利用地指的是寺庙、墓地、销林地、放牧地、采草地等。《内国开拓民助成事业法施行规则案》[③]（以下简称《施行规则案》）第十条对土地使用规模进行规定，“开拓总局长以土地生产力、四周状况等方面考虑，一户开拓民分配如下土地：宅基地 2 亩；农耕地旱田 3 亩至 7 垧之间，其中，共同农耕地旱田 1 垧至 3 垧，共同利用地在 2 垧至 7 垧之间。水田与旱田折算比例是 1 垧

① 中共呼玛县委员会编：《呼玛县志》，1980 年版，第 231 页。

② 孔经纬：《东北经济史》，四川人民出版社 1986 年版，第 533 页。

③ 《内国开拓民助成事业法施行规则案》共 35 条，主要对《内国开拓民助成事业法》主要条款进行精细化、可操作化。

对2至3垧”。这样基本一户就不足1町步。宅地和农耕地从共同农耕地和共同利用地中取得，土地用途不得变更。自家农耕地农户自己耕种。每户部落民需为屯公所整地2亩，为学校整地7亩。

营农资金包括役畜费、饲料费、食料费、农具费、开垦费及种子费。1938年至1940年，满洲兴业银行共借出伪币6591600元。开拓事业特别会计1349298元，内国开拓民助成事业特别会计5242302元，由它们分别借于农户。

《施行规则案》第十六条对借贷数额进行了规定。农耕地在7垧以上者，第一年补助385元，第二年245元；农耕地在3至4垧者，一次性补助315元；耕地不足上述两种者，第一年补助323元，第二年117元。每户最高630元，分两年拨付，利息为3分。借贷金五年，十年内偿还完毕，每年十二月末在伪县长指示下定期还本付息。1939年11月，开拓总局制定《县内国民开拓助成事业实施规则》[①]，对借贷流程进行说明[②]，并要求营农金要按规定格式进行申请。但基本上，申报不是由农户本人填写，而是由土地管理人代为办理。即资金并不和普通农户发生关系。

农户是最需要资助的。他们从原住地迁入荒野开拓生产。首先建造房屋。1922—1923年间，“北满”泥土房一间40—50元（大洋），木房一间70—80元。[③] 伪满时期，结合价格因素，一间房需伪币100多元，如一户建两三间的话，开销在二三百元。其次是犁杖。在密山县哈达区一副犁杖抵10—12个劳金。一个劳金每月20元的话，那么，一副犁杖至少值200元到240元。1923年，一匹马52.6元，一匹骡子83元。在“北满”边

① 1939年11月28日，开拓总局发布《内国民开拓助成事业实施县规则问题》（以下简称《规则问题》）。1940年1月8日，伪滨江省发布该《规则问题》案并附有辖区各县《内国民开拓助成事业实施规则》（以下简称《规则》）一部。该《规则》共35条，分总则、入殖及部落构成、基本设施费辅助及建设（第11条至第17条，共7条内容）、开垦及借贷营农资金（第18条至28条，共11条内容）、佃耕契约及佃耕费等五章，另附有资金借入、佃耕契约书等七个申请式样。见《东北日本移民档案（黑龙江卷）》（一），第64—71页。

② 县内国民开拓助成事业《实施规则》附表样式第二号，《××县内国民开拓助成事业资金借入申请》内容包括：役畜购入资金 伪币××圆整；农具购入资金 伪币××圆整；饲料购入资金 伪币××圆整；开垦资金 伪币××圆整；食料购入资金 伪币××圆整；种子购入资金 伪币××圆整。申请人住址及姓名，最后环节是伪县长的印章。第二步是同牌连带保证。《实施规则》附表样式第三号，《××县内国民开拓助成事业资金借用书》，营农资金的借贷需同牌十人连带保证，并依次签字，然后由伪县长签字许可，借贷生效。《内国民开拓助成事业实施县规则之件》，第9页。

③ 东省铁路经济调查局编：《北满农业》，第116页。

疆地区，骡、马更贵。伪满时，密山、宝清、鸡宁县一匹马至少值550元（密山县哈达区“内国开拓民”曾丢了一匹马，移民代表要各户摊派，每户出55元，10户计550元）。还有人工伙食费。如果每户分配4垧荒地，三年垦熟，役畜费、饲料费、食料费、农具费、开垦费、种子费等各种开销至少在1000元伪币以上。日伪借贷农户最高额630元，最低315元，原则上讲可解决些问题。但营农资金获取手续繁杂，对目不识丁的农人多半不具有可操作性。即便申请成功，也和一般农户关系不大，这些钱款多数落不到他们手中。

在佳木斯、牡丹江、哈尔滨、齐齐哈尔、吉林、东安等地，936名“土地经理人”控制着87755户佃租户，土地724119.7垧。他们基本由各村屯牌长、部落长、原地主、警察、特务及其亲属，有利的事他们都先占据。上与日人勾结，下则欺压底层民众。伪满时期，他们是既得利益者。

他们冒领土地、钱款，大部分小户基本什么都得不到。宝清县青山区西五甲李士玉作为“土地经理人”，控制着五个村屯1900余垧的土地。密山县哈达区沈子均控制着557.2垧土地，在任移民代表时，冒用38个农户的名义，领取土地无法统计。日伪发放的贷款，他们可轻易弄到手，配给的好牲口往往截留自用。

1940年，密山县哈达岗区河深屯指定迁移90户去青龙沟，河深屯“土地经理人”兼屯长艾永春任移民代表，领地领牲口。多数农户手中无钱购领，无牲口农具耕种。即便成功购领耕种，也是为他人做嫁衣。其中，要将一半以上的收获物上缴伪政府，还要接受“土地经理人”的盘剥。另外，还要还本付利，利息虽不甚高，但对于小农小户债务压力还是很大的。

河深屯第二期移民青龙沟，按户按人口领地。土地先编好号，由移民代表统一分配，移民代表苏洪祥先留下好地，配给的三匹马，他占了两匹。满拓规定前三年不纳租，但“土地经理人”照样收租纳粮，将满拓的佃户变成自己的佃户。

综上所述，日伪试图将部分失地农户组织起来，规定为其贷款盖房建村，而且不用出劳工，所以，“内国开拓民”还是有别于一般农民的。但在实际操作中，殖民者与二地主组成的“土地经理人”制度，使之变成对普通农户的又一种盘剥。佃农关系、雇佣关系只是日本移民与“原住民”关系的一部分。移民村的设施，如村公所、现地训练所、学校、牛乳加工场、制材工场、碾米工场、酒类制造、制碳场、苗圃，同样也依靠“原住民”来实现。在弥荣村，“原住民”一年要工作17941个劳动日，截至1942年，该移民屯共用苦力22617人，工匠27324人，合计49941人。在主要城市通往移民村的主干道路，“原住民”提供劳力、车辆，日本移民负责监工。1942年，伪龙江省要改造辖区内哈拉屯—扎普哈线、洮南—二昭线、塔哈—亚洲线、甘南—平阳镇线、甘南—平阳镇支线、梅里斯—哈拉屯线、东屏—幸昭线、宁年—查哈阳、镇东—北大岗、讷河—六撮房线、老来—宽沟子线、泰来—好心线、扎普哈—六间房线、镇东—周家线等14条移民道路。工程费用928300元，计划动用劳力329400人次，马车20560辆，车辆和劳力皆由“原住民”提供。

小　结

《满洲开拓政策基本要纲》在基本方针中提出，日本移民政策“以日本内地人开拓农民为中核，图对各种开拓民并原住民等之调和，期巩化日满不可分之关系，达成民族协和”①。战后，“满史会”大藏公望更是认为，“（日本）保持了这一地区的稳定和秩序，收容了困顿的当地人民，在当地劳动的日本人，也能在中国与日本有史以来密切交往的背景下，拥有出乎自然的亲切感”②。这种宣扬“侵略有理”“侵略有功”的歪理，对于清算日本侵略史极为不利。同时，还宣扬日本农业移民为东北带来了新的技术，革新了东北“在来农法”，改变东北农业的落后面貌。

但现实情况是，日本移民政策不但加速了社会的动荡，还破坏了农村已有的人口和社会关系。在武装移民时期，日本移民与“原住民”暴力冲突不断，关系极其紧张。1934年3月，依兰县2000名“土龙山农民暴动”就是对日伪暴力掠夺的有力回应。弥荣村、千振村、瑞穗村、城子河和哈达河五个移民村初移植1668人，但相继有146人战死、病死。死亡的主要原因，是由于当地抗日武装和民众抵抗造成的。日本移民的“亲切感”如源于此，令人难以置信。

大藏公望所说“困顿的当地人民”实质也是这种移民政策造成的。

① 日本产业调查会满洲总局：《满洲产业经济大观》，1943年5月，第362页。

② 日本“满史会”编：《满洲开发四十年史》，1965年，序言。

东北原有耕地3000多万公顷，日本掠夺了其中1600万公顷作为移民用地，另外还有宅基地、放牧、采草地等近600万公顷。即22万的日本移民占据着东北一半以上的耕地，但真正能利用的也只有2.7%。在日本移民侵略期间，东北无地农户比重增加，租佣关系在日本移民区畸形发展，并加速东北农民的破产。“日本开拓团是侵略的据点”，直接阻碍了东北社会的发展。

同时，对东北的人口关系也产生重大影响。“九·一八”事变前，中国人处于主导地位，日本人、朝鲜人均是“侨民”，即客居者。伪满时代，日本移民反客为主，号称要在东北社会中居于“中核”地位，中国人、朝鲜人则处于“被调和”的地位，并预测20年后，日人将达到500万，占伪满人口的10%。日本帝国主义试图以移民侵略为基础，重新构建东北的土地占有关系，并影响东北的社会走势。

第五章

日本移民的农业经营

关于日本移民的农业经营问题，关东军制定过多个标准。1933 年《日本人移民实施要纲案》、1934 年《满洲农业移民实施基础要纲》、1935 年《北满移民农业经营标准案》，其中多流于形式，实际作用不大，仅 1935 年《标准案》有一定作用，各移民村也以该《标准案》为基础，制定其经营标准。

一 《北满移民农业经营标准案》

1932 年 1 月 15 日至 29 日，关东军在奉天召开“满蒙法制及经济政策咨询会议”，在颁布的《移民方策案》和《日本人移民案要纲》中，重点对“移民农业经营面积”和“自作农主义”进行了说明，移民水田经营面积 7 町步，“南满”旱田 12 町步，“北满”旱田 50 町步，烟草 9 町步，果树园 5 町步。

1933 年 4 月 8 日，关东军统治部发布《日本人移民实施要纲案》，对营农进行细分。“南满”以水田为主的移民，可拥有 5 町步水田、1 町步旱田；旱田为主的，可获 8—15 町步旱田。“北满”可获 20—30 町步旱田。经营方式上，严禁雇佣作业。在营农法上，认为“北满”属干旱地带，日本移民的耕作方式只适应湿润地带，因此，需要探索出适合其移民的旱地营农法。此外，还提出了“共同经营方式”，6—7 户为一小组合，50—60 户集团移民组成一个区，实行共同经营。

1934 年 12 月 24 日，关东军在“第一次移民会议”的基础上又制定出《满洲农业移民实施基础要纲》，在移民经营问题上，提出一户经营面积可视实际状况而定，从 7 町步至 20 町步不等。自作农经营标准是在自给自足原则下，可适当地使用雇佣作业，并允许租佃耕作。在耕作上，采用有畜耕作和机械作业相结合。经营上除个体耕作外，在放牧、采草及部落林上，采取村（移民团）共同经营。耕种的作物要适应当地的地理环境。在牛、马、羊、猪等基础上，还可养殖鸡、蜂等，以增加副业收入。

综合上述三个经营案，发现关东军对户均用地、经营方式、耕作方式等问题认识模糊，且并不一贯。首先，用地面积“南满”少，“北满”多，是肯定的，但户均具体多少，并不确定，事实上以后是只多不少。水旱混合经营问题，日本移民是否能有效操作，也不确定。其次，对雇佣劳动的态度，较为模糊，时而肯定时而否定。1932 年有限度认可，1933 年则完全限制，1934 年又采取折中方案——雇佣、租佃与自耕组成了“混同经营”。最后，在耕作方式上，要采取有畜耕作和机械作业相结合。关于机械作业，是否有足够的资金和技术进行普及，日本移民是否适应，牲畜如何取得、使用何种牲畜，要实现牲畜与机械混合耕作，各方面是否都能保障，均是未知数。

关东军为何在经营标准，要么前后矛盾，要么认识模糊？一方面，这些标准案都是短期内制定，缺乏实践经验的参考，往往是纸上谈兵。另一方面，在广大的空间面前，关东军既“踌躇满志”，但短期内又拿不出可行的经营案，还迫切地希望日本移民成为“满洲”民族中所谓的“核心分子”，较多地显示其优良的一面，才有这些不成形的方案。移民侵略集中在“北满”后，农业经营案进行多次调整，才逐渐成型。

1935 年 3 月，关东军第三课制作了《北满移民农业经营标准案》①（以下简称《经营标准案》）。7 月，日本拓务省也抛出同名《经营标准案》，1936 年略加改动形成《北满集团农业移民经营标准案》。三个《经营标准案》貌似出自两个机构，实则均源自关东军。

该“经营标准案”由“基础条件”和“移民的营农计划”两部分构成。“基础条件”包括“移民农家及村落的形成”、对移民的补助金、移民的营农方针等。“移民的营农计划”包括户均土地面积、开垦及耕作、牧畜、副业、劳动力的使用、移民的衣食住，收支预算等。

关于户均用地面积，该“经营标准案”在这个问题上是作了笼统的

---

① 日本关东军：《农业经营标准案》和拓务省《农业经营标准案》全文，参见满铁经济调查会《满洲农业移民方案（2—1—7）》，第 284—307 页、第 308—340 页。

处理，提出户均20町步，其中10町步农耕地，9町步放牧地、采草地及林地，1町步宅地、菜地等。《农业移民案说明书》提出了A、B、C三个方案，需重点关注。A类就是旱田、水田都经营，户均20町步，其中耕地旱田8町步，水田2町步。B类是以种植水稻为主，户均水田7町步。C类是以经营旱田为主，户均30町步，其中耕地18町步，其他12町步。须指出的是，日本移民经营的旱田多是熟地，经营难度较小。水田技术要求高，经营难度较大。如旱田、水田都种植，移民需要在劳力、财力及技术方面进行长期储备。以此观之，《农业移民案说明书》提出的似乎是中长期的营农方案。但在实际运行中，关东军则不管是中长期，还是短期，在区域性基础上通通一概而论，从而造成户均用地的多次变动。

伪满中后期，可能积累了一定经验，对土地的分配开始差别对待。伪开拓总局制作了《开拓农家土地分配适当规模面积》（团别），其中人口稠密的"南满"户均8町步，兴安岭地带户均21町步。以伪北安省为例，无论什么类型的移民，户均旱田10—12町，水田1—2町。截至1944年初，日本主要移民团623个，户均占用土地从14町至40町不等，其中耕地8町至21町不等。

在耕作问题上，《经营标准案》提出，户均2.5个劳力，役畜1头。《农业移民案说明书》已估算，一个成年劳力在"北满"可耕作3.6町步，这样户均耕作10町步不成问题。1匹马可负担2.5—3.5町步，一头牛1.5—2.5町步。在所拥有的土地中，第一年耕种熟地4町步，垦荒3町步；第二年度种植6町步，开垦2町步；第三年种植8町步，开垦2町步。[①] 第四年进入完全耕种模式。这种估算显然理想化了，对移民劳力是否充足，移民链是否持续有效等，并未考虑，而且还将人力、畜力的能力发挥到极致，对一些不利因素并未考虑，所以是否具有操作性同样令人怀疑。

1941年户塚虎之助撰写了《北海道农法长期传习生报告书》，着重对群马移民村营农进行记录，其中移民户行天驹吉共7口人，劳动力4.5人，有传习生指导，牲畜成马小马各2匹、奶牛1头，绵羊1只，拥有土地22.2町，其中耕地16町步，有西洋犁、脱谷器、除草耙、制薪器、畦

① ［日］浅田乔二：《拓务省の满洲农业移民计划（试验移民期）》，《驹沢大学经济学部研究纪要》第32号，1974年3月，第145页。

立器、马车等新式农具。1941 年种植马铃薯 5.5 町，燕麦 6 町，玉米、大豆各 1 町，其他 1 町，最终该农户年收入 10500 元，支出 9500 元，盈余 1000 元，基本实现了收支平衡。限于笔者所掌握的材料，暂以行天驹吉做个案性分析。第一，须说明，该农户是“大陆新农法”蹲点援助对象，有新式农具，且有传习生现场指导，种植的多是经济类作物，如高产的马铃薯、燕麦等，技术性要求较高的水稻未见种植，玉米、大豆种植量较少。那么，他们所食用的大米、面粉都需外购了，营农效果自然略好。第二，劳力 4.5 口，传习生也是其重要的劳动力，马两匹，而且马铃薯、燕麦并不需要太多的人力，较《经营标准案》的要求宽松了许多。即几乎将所有耕作条件都应用到极致，最终耕作了 16 町步。可以肯定的说，一般农户是没有这样的人力、物力和技术指导，所以，日本移民在已有的条件下，要耕作 10—20 町步难度依然较大。

雇佣劳动问题，该标准案认为，“最初需要若干雇佣劳动力，随着移民家庭人口的增加，自家劳动力可代替雇佣劳动力，畜类饲养可使用常年雇工，由数个家庭共同管理”。号称要彻底贯彻自作农主义，在官方文件中却允许雇佣劳动的存在，不知“自给自足主义”从何体现。

另外，还提出移民的衣、食、住、用少量现金购入。衣物类在侵入时可携带。御寒衣物可利用自家产的羊毛、毛皮自制。主食类白米、精粟、小麦粉等。副食以马铃薯和自家种植蔬菜为主，盐干鱼、海藻类若干。味精、酱油等全部自家酿造。食用油由移民屯的设施压榨。主要目的是施行“自给自足主义”，同时也不希望其移民与我东北民众有过多的接触，以此减少殖民入侵中的变数。

在经营方式上，要求“共同经营主义”，即在农牧共享的情况下，移民团内的产业设施、部落林的经营、剩余农产物的贸易及其加工业共同利用、共同经营。至于如何“共同经营”，该《标准案》言之不明。1939 年 2 月，满铁调查部制定了《滨江省海伦地区营农标准案》，对此有所说明，“入殖初年至第四年共同经济时代，前三年着力于土木建筑等营农基础设施的建设。第四年着力于营农手段的整备，为个人经济时代准备。现地入殖完了，移民团要组成协同组合，所有移民事业都要体现协同精神”。入殖前五年又称“全团共同经济时代”，第六年后移民团要以“协同组合”的形式继续共同经营，即以旱田班和水田班为单位分别经营。之后进入“个人经济时代”。《通河县新立屯地区营农计划案》说得就更具体，第一年度“全团共同耕作”，共同食宿。第二年度“大部落别耕作”（即以旱田班和水田班为单位分别经营），以共同食宿为主。第三年度“部落别耕作”（以部落为单位进行耕作），实行部落别共同经济。第四年度“区别耕作”（以区为单位进行耕作）。第五年实行“组共同耕作”，并开始向个人经营过渡。

由上述两个区域经营案可见：从食宿消费看，分为团共同经济时代、部落共同经济时代和个人经济时代三个阶段；从移民耕作角度看，分全团共同耕作、部落共同耕作、区共同耕作和组共同耕作四个阶段，之后过渡到家庭耕作，即最终的耕作阶段。但无论是食宿消费的三阶段，还是营农的四阶段，其实就是集体和个体两阶段。集体阶段的营农方式基本就是租佃作业。其一，日本移民侵入初期，营农环境不稳定，如我抗日武装的打击、移民设施的不完善、耕作法的熟练与否等都是制约因素，无法自行耕作。其二，从海伦营农标准案看，该移民团耕地 1200 公顷，第一年度计划 1167 公顷租佃耕作，所占比例 97.3%；第二年度 875 公顷，比重 72.9%；第三年度 450 公顷，比重 37.5%。即移民团集体经营只是幌子，租佃耕作才是实质。个人经营后，依然无法摆脱租佃劳动。海伦经营案并非个案，尤其全面侵华战争后，成年移民均应征入伍，妇孺无法自行耕作，最后就完全依靠租佣耕作。综合以上考察，共同经营主义颇具策略性，或者仅是个态度。家族耕作中，劳动力不足部分可利用共同经营加以补充，避免雇佣劳动，但多数移民都存在劳力不足的问题，移民团无法提供协助，最终还得依靠租佃耕作，即所谓“共同经营”，实际就是租佃经营。

农牧混同主义目的是希望用有畜农业促进农耕经济。有畜农业要求移民养殖家畜、家禽，并以此提高营农效果。但经过考察，日本移民对东北农耕技术不精通，用畜技术处于低位，役畜养殖也达不到决策者的要求。①

自给自足主义表面上是要求农户自行耕作，不鼓励雇佣作业，实质是以移民团为单位，进行独立的营农活动，即最大限度地降低对移民团以外的依赖，使移民内部及移民团之间形成一个独立的营农体。

日本移民团几乎就是个封闭的小社会，从资金流转、邮政、日用百

① ［日］浅田乔二：《满洲移民の农业经营状况》，《驹沢大学经济学论集》第 9 卷第 1 号，1977 年 2 月，第 89 页。

货，到建筑器材、家畜诊疗、医院等几乎应有尽有，无所不缺。《营农标准案》要求，每 30 户构成 1 个部落，10 个部落（即 300 户）形成一移民团，并作为营农实体。移民团部设有事务、事业、畜产、教育、卫生及"现地"训练所六部分。其中事务和事业是核心部门，是移民生产生活的基本保障，主要负责移民资金流动、购买必要的生活用品、出售农副产品、酿造、制粉、锻工、建筑、运输等业务，确保移民村的独立性，如图 5—1 所示。另外，移民团部还负责蔬菜、炊事等农副业务。这或许可暂且保证移民的安全，但人为拒绝与外界交流，从中长远看并不符合经济规律。

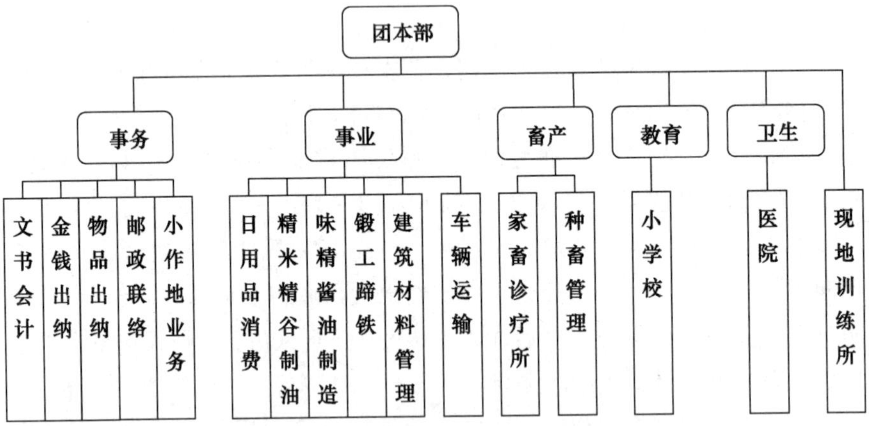

图 5—1 日本移民团部机构示意

哈达河移民团本部，《第四次哈达河移民团概况》1938 年 1 月。

另外，对于使用何种耕作技术，该标准案只字未提。小林英夫认为，这是该标准案最大问题。① 至于为何不作说明，笔者分析有如下原因，首先，这并不是说日本人对"北满"耕作技术没有研究，他们很早就研究了。此时不提显然是有意避开，换句话说，就是默认移民入侵后采用东北传统的耕作技术。须知，日本移民拥有的耕地是东北农户的好几倍，甚至数十倍，所采用的耕植技术又一样，那么营农效果如何，他们心知肚明。

当然，殖民主义者对此十分纠结，因为租佣制度关系到日本移民的经

① ［日］小林英夫：《满洲农业移民的农业经营实态》，《日本帝国主义在中国东北的移民》，黑龙江人民出版社 1991 年版，第 375 页。

营与中国农户是否存在区别，也关系到其移民是否能起到“中核”作用。这个他们是很在意的。但无论《北满移民农业经营标准案》，还是《北满集团农业移民经营标准案》，都在一厢情愿地纸上谈兵。

二　日本移民的农业经营

（一）近代“北满耕作法”

近代“北满耕作法”是东北传统种植制度的一部分。晚清东北传统的种植制度有轮作复种、间作套种和多熟种植的传统。民国时又发展了耰扣交替、合理轮耕的土壤利用技术，这使茬法、耕法和粪法实现了有效结合。《宾县县志》载，茬法分软茬和硬茬。种黍、菽、高粱、麦，叫软茬，也叫耰茬。种谷，硬茬。施肥采取“三年一粪其田”法，使耕法和粪法实现了结合。第一年施底肥，采用深耕培育肥力，谓之“翻茬”，种植大豆。第二年为防止干燥浅开垄，充分利用了肥力，实行“耰茬”，种植红粮（高粱）。第三年地力已耗大半，继续浅“耰茬”，种植谷子。[①] 民国农户摸索出的“三位一体”的耕作技术，即“扣种—耰种—耰种”进行合理耕作、“底肥—种肥—种肥”的施肥制度、“大豆—高粱—谷子”进行轮种。另外，还有“大豆—谷子—小麦”“大豆—谷子—玉米”的轮作。这种耕作技术是在实践中探索出的，有一定的合理因素。

在耕地的管理上，采用“分畦迭垄法”或“畦垄耕作法”，即无论何种作物，均有垄畦。垄背高度由 4 寸至 7 寸，宽度约由 17 寸至 25 寸不等，田间有畦沟，故积水可流出，垄背上的作物，不致被淹没，根深类作物可得充足的滋养，故而称为“畦垄耕作法”。此类种植和管理适宜高粱、玉米及其他谷黍、黄豆等作物。其优点是，很好地利用了东北的气候和土壤特点，有效地利用了肥力，稳定了作物品质及产量，革新了华北平原传统的耕植技术。

但缺点也同样明显，其一，不利于小麦等浅根类作物的生长。由于垄背较高，益处是初期生长充分，通风顺畅。不利的一面是水分流失过快过大，旱季容易干旱，影响作物的生长。其二，在机械不普及的状况下，种植期和收获期需要耗费大量的劳力，除草期更是如此，致使雇佣劳动畸形

① 李毅纂：《开原县志》，1928 年，台北成文出版社 1974 年影印本，第 823—824 页。

发展。一垧地“穰茬”一次至少需要6个劳动力5匹役畜。据民国东省铁路经济调查局之调查，“北满”农户一般夏季劳作五个月150日，自有劳力不足三成，主要依靠雇佣劳动。雇工包括年、季、月、日工。在其所统计的70农户中，户均拥有耕地在20—75垧，总年工数196人，总工作日数61930日。季工540日，月工4555日，日工13011日。[①] 如果不分雇佣形式，雇工平均一年为东家工作日数1143日，相当于东家自行耕作7.6年。由于有了雇工的帮助，每户可净增3—6个成年劳动力。在所调查的农户中，只有2户自种，其余都大量使用雇工。雇佣劳动的大面积使用显然受制于耕作技术。这种耕作法源于华北，但东北无霜期短，劳动繁忙且集中，单个农户根本无法独自耕作，就使雇农群体急剧膨胀。

进而言之，拥有的耕地越多，雇佣劳动就越严重。即使利用机械化耕作，也同样如此。民国初年，“北满”创办了一批新式农垦企业，多采用机械开垦。呼玛三大公司从海参崴万国农具支店购入马柯尔墨克拖拉机（火犁）5台。其后绥滨、泰来等地的农垦公司又陆续购进3台拖拉机和其他一些大型农具。兴东垦务公司、天乙公司和瑞丰农务公司也采用拖拉机开垦。其中兴东垦务公司拥有宜耕黑土地六万三千多垧，采用拖拉机和传统耕作技术结合种植。该公司除了用拖拉机自行耕作外，还有“包领荒地，雇工垦种，六人组集体垦种和组织个人垦种”[②]。即便是近代化农业也不得不采用雇佣作业，其主要原因还是无法摆脱传统耕作技术的制约。[③]

为了掠夺东北的农业资源，也为侵华战争进行物资储备，日本从1914年起就研究东北的耕作技术，分别由1913年成立的公主岭农事试验场和1933年设立的克山农事试验场承担。他们的试验基本分为四个阶段：1914—1925年，公主岭农事试验场对大豆、高粱、谷子进行耕翻试验。经过试验发现各种耕作处理，产量很不稳定，有的年份深耕增产，有的年份浅耕增产。有的年份秋耕增产，有的年份春耕增产。最后分析认为，主要是耕翻后的降水量不同影响所致。1923—1931年对美国的耕作技术产生兴趣，但实验的效果不理想。1932—1936年，克山农事试验场进行拖拉机等大农机具试验耕作，探索机械化耕作的规律。机械化耕作提高劳动

---

① 东省铁路经济调查局印：《北满农业》，第101—102页。

② 李智明：《兴东垦务公司纪略》，《佳木斯文史资料——开发与掠夺》第11辑，第57页。

③ 衣保中：《东北农业近代化研究》，吉林文史出版社1990年版，第135—163。

效率明显，但未达到预期的增产效果。尤其是大豆、高粱、谷子，不仅产量极不稳定，且趋向减产。1936—1945 年，停止了机械化耕作试验，开始畜力与机械结合研究，并与东北固有耕作方法进行对比，结论是：据公主岭农事试验场，无论施肥区或无肥区，大豆—高粱—谷子三年轮作区比连作区的大豆增产 12%，高粱 43%，谷子 29%。据克山农事试验场，轮作比连作增产 27%；据公主岭农事试验场，轮作比连作增产 34%。[①]

公主岭农事试验场以机械耕种方法（用拖拉机耕种，典型平作栽培）与东北耕作方法进行 4—7 年比较试验，结论是大豆、小豆的产量，以机械耕作区为高，而高粱、谷子则相反，即固有耕作法的产量高。克山农事试验场两年试验结果，小麦、大麦的产量以机械耕作区为高，而大豆则相反，即固有耕作法产量高。

综上所述，近代东北的耕作技术有其合理的成分，但局限也同样明显。表现之一就是雇佣劳动盛行，无论是在民国时期还是伪满时期皆如此。日本用了三十多年时间试图找出适合东北气候、土地的耕作法，从引用美国的耕作技术到推崇机械化，到最后又不得不回归传统的畜力与农具结合的耕法上来。结果仍是莫衷一是。对于革新东北固有耕作法，笔者认为其勇气可嘉，也取得一定成效。但从长时段看，则是理论讨论大于实际意义。这从日本移民入侵东北后，直接采用所谓的“在来农法”，即上文提到的“畦垄种植法”可窥一斑。此属自觉地向东北农户学习旱田的种植方法，比如玉米、大豆、小麦的种植，而并非是其农事试验所提供种植技术。主要因为是，日本农事研究所只关注粮食掠夺，孤立地从局部认识东北作物种植，比如深翻程度、机械化等，并未从农户实际需求来解决雇佣农业问题，所以，三十多年间并未找到适合“南满”“北满”成熟的耕作法。

表现之二，东北传统的耕作法源于华北，属于精耕细作，是小规模经营。关外农户拥有的耕地数倍于关内，自家劳力自然无法满足，所以雇佣劳动就不可避免。还有，“北满”降雨量较多集中在七八月间，正是农作物生长的关键阶段，农作物长得快，杂草也长得快，传统农业需要人力除草。这就更使雇佣农业长久的畸形发展。

伪满中期，曾引进机械耕作，希望改变雇佣农业，并提高对东北耕地的掠夺。1936—1938 年，自旅大租借地输入的农具转移于东北各地，原

① 郭文韬、曹隆恭：《中国近代农业科技史》，中国农业科技出版社 1989 年版，第 113 页。

动机1738部、选别机2514部、精白制粉机252部，打谷机17部、收获机244部、动力用锄25部、畜力锄889部和播种机3部。1936—1940年，满拓向黑河区及呼兰平原一带日本移民输入拖拉机237部、收获机253部、犁254部、打谷机3部、束禾机4部、播种机4部等大型农具。[①] 要使用这些农具，首先农户有一定的技术，还需要后续资金、技术的支持，但由于日本受困于侵略战争，这些都无法解决，也就使得机械作业无法大面积普及。没多久日本移民就为高额地租所吸引，进而坐享其成。[②] 其次，并不是说采用了机械耕地，农业就实现了机械化，关键是要摸索出一条适合东北土质、气候的机械耕作法。从帝国主义侵略及掠夺的本质看，日伪中长期内是解决不了这个问题。伪满中后期，日本又提倡“北海道农法”，后将其定名为“大陆新农法”，改良农具、提高对肥料的利用，耕种面积确实有所提高，但没有数据显示东北雇佣农业被彻底地改变了。

（二）日本移民的初期耕作

1926年，民国东省铁路经济调查局对“北满”主要作物的种植状况进行调查，发现东北农户多种植大豆、谷子、小麦、玉米（即玉蜀黍、苞米）、黍子（又名糜子）、稗子、大麦、马铃薯、荞麦、粳稻等作物，其中小麦、黄豆、高粱、谷子、玉米五种农作物的种植面积在80.5%。

表5—1 “北满”主要农作物种植比重 单位:%

年份	小麦	豆类			高粱	谷子	苞米
		黄豆	其他豆类	合计			
1922	17.6	23.6	3.1	26.7	14.9	16.9	7.7
1923	18.3	24.9	3.1	28.0	14.3	16.3	7.6
1924	10.7	27.7	3.6	31.3	15.7	18.3	8.1
1925	9.3	29.5	3.5	33.0	15.9	17.9	8.2
1926	9.0	31.0	4.0	35.0	15.0	17.0	8.5

资料来源：东省铁路经济调查局编印《北满农业》，1928年版，第63页。

① 郭文韬、曹隆恭：《中国近代农业科技史》，第271页。

② 日本“满史会”编著：《满洲开发四十年》，第481页。

表5—1所示，黄豆为主的豆类作物比例逐年提高，1926年达31%，以后还有提高。而小麦的种植面积却在逐年萎缩，1926年仅9%，已远低于高粱、谷子的15%、17%。玉米的种植面积也有所增加，其余作物种植量则较少。且区域特点已不很明显，即清末以来“南豆北麦”种植格局，民国已发生了变化。日本移民侵入后很长时间沿袭此种植习惯，无论是种植方法，还是种植种类。

据《北满移民农业经营标准案》，移民耕种的作物分普通作物和特用作物。普通作物有小麦、燕麦、大豆、小豆、绿豆、玉蜀黍（或称玉米、苞米）、黍、粟、水稻、荞麦、马铃薯等。特用作物有大麦、亚麻、甜菜等。

表5—3所示，日本五移民村种植面积5026.5町步。普通作物中大豆1528町步，所占比重30.4%，小麦975.14町步，占19.42%，水稻628.14町步，占12.5%，燕麦510.25町步，占10.15%。特用作物大麦459.1町步，仅占9.13%，大麻、亚麻、甜菜、烟草，哈达河、永安屯无种植，千振乡、绥棱村有种植无收获，只有城子河有所种植，但收获一般。

从播种的面积看，大豆、小麦、水稻、燕麦、大麦4100.63町步，权重81.6%，其余粟、玉米、高粱、荞麦、小豆、绿豆、菜豆等所占比例18.4%。日本移民除尝试种植水稻、燕麦、大麻、亚麻之外，其余与中国农户无甚差别。从播种次序看，四月初土地尚未甚融化时，开始播种小麦。其次，大麦、黄豆，再次，高粱、谷、黍及苞米等类，以上五月下旬结束。日本移民在种植方法上也多采用东北耕作技法。

1939年，满铁调查部对海伦的作物耕种进行调查，结果发现日本移民在很长一段时间是沿用东北传统的耕作技法。从播种时间看，小麦、大麦三月中旬，大豆四月上旬，苞米、稗子、水稻四月中旬；作物种植次序围绕大豆进行，在大豆的间歇期先后种植小麦、玉米、谷子。[①] 日本移民与中国农户种植次序也是相似的。当然，有人可能认为，农业种植与地理气候不可分割，这种比较又能说明什么。

但若比较双方作物的收获量，或许可说明些问题。1936年，伪北满经济调查所进行所谓“北满国铁沿线各招垦适宜地”调查，对呼兰、绥

① 满铁调查部：《滨江省海伦地区营农标准案》，1939年2月，第161—162页。

化、海伦、通北、龙镇、瑷珲、龙江、富裕、讷河、克东、拜泉等 11 个县 32 个据点进行 14 项指标性量化调查。其中 7 个据点标注了主要农作物的产量。表 5—2 所示，大豆平均产量 5.17 石，粟（谷子）5.52 石，玉米 6.13 石，小麦 5.84 石，高粱 4.66 石。

表 5—2　　东北农户作物单位产量　　单位：垧，石

	大豆	粟	玉米	小麦	大麦	高粱	水稻
龙镇县鸟鱼镇	6.2	6.97	6.2	7.65	9.0	3.1	
瑷珲县瑷珲站	6.08	5.38		5.85	4.68		11.7
龙江县卧牛图	4.68	5.85	5.35	5.85	4.68	4.68	
富裕县雅州甲	4.0	5.49	6.4	5.5		6.22	
讷河县北学田	3.99	4.18	6.08	4.37		4.94	
克东县高家油房	6.045	5.27	6.66	5.85	7.285	4.34	
平均	5.17	5.52	6.13	5.84	6.4	4.66	11.7

注：“石”为中国单位。

资料来源：北满经济调查所、哈尔滨铁路局《滨北、北黑、齐北、讷河沿线招垦地适地调》1936 年 6 月 6 日部分调查。

表 5—3　　满铁调查移民村农作物单位产量（1937）　　单位：町步，石

	千振乡	绥棱村	城子河	哈达河	永安屯	平均
大豆	13	4	9	12	10	11
水稻	35	3.5	15	30	12	23
小麦	9	3	7	6.5	7	7.4
大麦	18	5	15	15	10	14.5
高粱	13	5	10	12	15	12.5
粟	14	4	3	12	6	8.75
玉米		5	12	12	10	11.3

注：“石”为日本单位。绥棱村是以垧为单位。

资料来源：北满经济调查所《北满农业移民情报》之四《1937 年度拓务省移民团农作物收获量调查》，1937 年 11 月 18 日，第 2—10 页。

表 5—4　　伪满洲国产业部调查农作物单位产量（1937）单位：公顷，石

	弥荣	千振	瑞穗	城子河	哈达河	永安屯	朝阳	黑台	信浓	平均
水稻	25	35	35	32	30	23	18.7	11.8	11.2	24.6
大豆	8	13	8	9	12	10	11.5	14.6	10.9	10.8
小麦	5	9	6	9	7	7	5.5	6.9	10	7.3
大麦	15	18	10	15	15					14.6
高粱	10	13	10	10	12	15	13.3	10.8	15	12.1
粟	10	14	8	10	12	6	6.6	13	10	10
玉米			10	12	12	10	6.5	13	10	8.2

注："石"为日本单位。

资料来源：日本东亚研究所《开拓民に关する资料的调查研究》（中间报告），1941 年，第 62 页。

表 5—2 所列数据是东北农户作物产量。表 5—3 和表 5—4 是日本移民产量。如单单比较表 5—2 和表 5—3、表 5—4，第一感觉是日本移民的农业经营非常出色，某些作物的产量是中国农户两倍有余。但问题非数据所能显示。

首先，关东军、满铁曾制定了许多营农标准，《北满移民农业经营标准案》《北满集团农业移民经营标准案》《滨江省海伦地区营农标准案》《通河县新立屯地区营农计划案》《自由移民有畜农业经营案》等，对包括作物产量在内的营农都作了计划。《滨江省海伦地区营农标准案》计划大豆五年内一町产量达 11 石，小麦 9 石，大麦 15 石，高粱 13 石，粟 13 石，苞米 15 石，水稻 35 石。结合表 5—3、表 5—4 所列数据，满铁所作《拓务省移民团农作物收获量调查》，单位产量基本都为整数，如水稻产量 35 石，大豆 10、11 石，大麦 15 石，高粱 10 石、15 石，小麦 9 石等。伪满洲国产业部所作调查也基本与此相类。上述两组数据基本类似。限于笔者所掌握的材料，姑且认为表 5—3、表 5—4 所列数据是可信的。

表 5—2 所列数据，其一，从来源看，虽说也是日伪调查机构所作，但"北满经济调查所"调查的主要目的是为移民用地的掠取提供第一手

材料，有一定的可信度。其二，再结合东省铁路经济调查局之调查，中东铁路以东区域大豆基本产量3.7—5.0石、高粱3.35—5.5石，谷子3.35—6石、玉米4.2—6石。[①] 众所周知，作物的收成与土质特点、病虫害、旱涝灾害、气候变化等密切相关，一般前后误差20%—30%属正常，所以这些数据可与表5—2相印证。

其次，东北1垧约为0.72町步。中日两国在质量上虽说都用“石”，但差异较大。满铁·北满经济调查所《1937年度拓务省移民团农作物收获量调查》提到，1石约为1.7日本“石”。表5—5是将表5—2所列数据转换为日本单位所得。

表5—5　　中日农户主要农作物产量比较

	大豆	谷子	玉米	小麦	大麦	高粱	水稻
换算后表5—2数据	12.2	13.1	14.5	13.8	15	11	16.25
日本移民数据	11	10	11.3	7.4	14.6	12.5	24.6

表5—5中所列日本移民数据，以表5—3、表5—4中最高值进行比较。东北农户数据计算过程，以表5—2垧的产量乘以1.7得出相应日本石的数据，然后再除以0.72即本表的数字。表5—5中除了水稻、高粱产量日本移民较高外，其余东北农户均有一定的优势。关于水田，东北农户确不在行，这个数值不需过多说明。其余数据日本移民产量均落后不少。

所以，从上述分析看，旱田经营上日本移民并未表现出过人之处。他们多采用东北的耕作技术，对气候、降水量、深耕浅耕虽有某些理论积累，但缺乏事实上的实践经验。在试验移民期、全面移民期均在模仿东北农户的种植，但这种模仿是失败的。1943年，侵入龙江县的鸟取移民团、越来移民团和广岛移民团从事旱田经营，种植玉米、高粱、谷子等。种玉米时，多向当地农民询问耕作技术，如玉米的垄作、苗间距、株距等，但又半信半疑，结果应该种两棵的，却种了四五棵，结果种的玉米如拇指

① 东省铁路经济调查局编：《北满农业》，第69—70页。

大，用最肥沃的地，种的玉米连喂马都不够。

结论是：日本移民侵入“北满”后，虽强行占有大量土地，但营农效果，尤其旱田方面，并不能令侵略者满意。对此，决策者很着急，希望在耕作法上能有所突破。

（三）农业经营的收支状况

关于日本移民的农业经营问题，国内外研究成果不是很多。日本方面浅田乔二论文《满洲农业移民之富农化及地主化状况》（《驹沢大学经济学论集》第8卷第3期，1976年，第39—94页），运用日伪时期的调查报告，考察了日本移民雇佣劳动及租佃状况的程度，结论是伪满中后期，日本的“满洲移民”基本已丧失了营农能力，雇佣、租佃是其所倚重的营农方式。另一论文《满洲移民的农业经营状况》（《驹沢大学经济学论集》第9卷第1号，1977年，第77—99页），从“自给自足主义”“农牧混同主义”及“共同经营主义”入手，分析了日本移民的收支状况，结论是收支失衡造成营农持续乏力，后被迫实行“改良农法”，但由于对东北耕作法依赖过重，且新农法又不易掌握，最终不了了之。另外，小林英夫《满洲农业移民的农业经营实态》（《日本帝国主义在中国东北的移民》，黑龙江人民出版社1991年版）分三个时期分析日本移民的农业耕作状况。同样，我国这方面的学术成果也不多见。据笔者不完全统计，国内仅王元周《日本在中国东北移民的农业经营（1905—1945）》（《抗日战争研究》1999年第4期），石艳春《日本“满洲移民”农业经营形态的变迁——以弥荣村为例》（《辽宁工程技术大学》［社会科学版］2008年第5期）两篇相关文章。以上成果多分析日本移民的营农经过、营农方式、营农效果等，略有遗憾的是，对这种殖民性的农业掠夺没有进行批判、反思。

如上节所述，比较中日农户的种植及收获状况只是考察日本移民营农效果的一个方面。而收支状况是考察其经营效果的另一重要方面。如果移民收支状况始终是赤字当头，毋庸讳言其营农是失败的。再，各类营农标准案不支持雇佣劳动、租佃作业，但日本移民却被迫使用了，这也说明其自身经营能力是有限的。本节首先考察日本移民农业收入状况，其次讨论支出情况，最后分析其营农效果如何。

关于日本移民营农收入，据各类营农标准案，主要包括政府补助、地租收入、畜产收入、农产收入和农产加工收入五项。

1. 政府补助收入

为了确保移民入侵的成功，日本政府对集团移民一次性补助650元。满拓公社发放借贷2210元，第一年1760元，第二年250元。其中1310元用于移民固定设施的置办，另外900元为流通资金。这是他们获得的第一笔收入。

关东军、“满铁”等机构经过推算认为，土地获取费须支付440元，开田费150元，房屋建造700元，马车140元，一般农具120元，家畜270元，其他100元。[①] 首先说土地费、开田费和房屋建设费。前章已提及，耕地基本是伪开拓总局和满拓公社“一揽子”掠取所得，即使是收买所得，至多是市场价的20%。开田费包括营造水田和旱田垦荒的费用。日伪政府成立了营造水田的专门机构，满拓公社和“满洲农地开发公社”，曾迫使“原住民”造田上百万公顷。每户移民可分1—2町步，基本没有费用。开垦荒地这个说法更是荒诞。日本移民往往占据肥沃的熟地，侵入之后就直接耕作了。多数情况下占用着熟地，却出租耕作，谈何垦荒。垦荒是伪满“内国开拓民”的事。房屋建设包括住所、仓库兼苦力住所、厩舍。其一，建造房屋的木材是盗伐林木，劳动力是日伪强行摊派，即使付钱也是日伪机构的事。其二，如果中国农户的房屋较好，日本移民也就直接占用了。哈达河团部就在原大地主曹家庄园，当地民众称其为“曹家大院”。其他方面所费资金也不大。如此看来，日伪的补助和借贷几乎都成了日本移民的流动资金。

关于借贷偿还问题，名义上利息4分5厘，6—25年内偿还即可。但事实上，卢沟桥事变后，日本移民侵略政策已出现崩溃的征兆。偷袭珍珠港后，崩溃已确然无疑。成年移民人数直线下降，营农基本靠妇孺进行，但补助与借贷依旧。靠营农偿还借贷无疑是镜中花、水中月。这样，偿还借贷就基本遥遥无期了，有偿借贷最终也彻底地变成无偿补助了。

2. 地租收入

地租是满拓公社、移民团部和日本移民一项重要收入的来源。日语称“地租”为“小作料”。佃租农称“小作农”。伪满时期，日本又将“地

---

① 日本东亚研究所：《开拓民に关する资料的调查研究》（中间报告），1941年4月，第49页。

租收入”称为“土地管理收入”。关于移民地租收入，日伪各类直接的调查、统计数据不多。但满拓公社是个例外，作为营利性机构，[①]地租是其一项重要的收入来源。1937年，满拓收入150.2万元，其中地租收入占52%；1938年收入602.3万，地租收入占36.7%；1939年收入1228万元，地租收入占31.5%；1940年收入1765.8万，地租收入占29.8%；1943年收入4355.6万元，地租收入占22.1%。[②]从上述三组数据看，地租收入比重虽在下降，但绝对值却是呈倍数递增。满拓利用这些收入进行土地收买、农场及移民村设施建设、移民资助等。地租是满拓生存之本。

各种营农标准案对地租收入态度不一。多数营农案与《滨江省海伦地区营农标准案》一致，认为移民收入主要包括农产、畜产和副业三类，将地租收入放在“团共有地管理”收入一栏。1938年12月，满铁调查部制定的《通河县新立屯地区建设及营农计划案》明确将“土地管理收入”与政府补助金、农产收入、畜产收入和副业收入并列为移民五大收入来源。通河县新立屯集团移民叫“上久坚村”，1939年2月侵入的，计划300户，实际219户。该计划案提出第一年基本采用出租作业。第二年营农总收入163933元，地租收入9878元。以后逐年减少，第五年就停止了。由此可见，日本移民团似乎对地租收入态度基本明确，逐年降低对租佣劳动的依赖，且要及早废止。

然而，事实并非如此。在整个移民侵略期间，日本移民出租耕地已是常态。旱田出租给汉民族，水田出租给鲜民族。团本部和移民户都在进行租佃作业。它们出租的目的是一样的，为了增加收入。移民团部掌握很多耕地。日伪会为移民预备出较多的土地，以备新移民使用，或增加移民耕地面积。但在分配或增加前，基本由满拓或移民团部控制。

① 在满拓公社成立时，日伪宣称它不是一个营利机构，主要从事公益活动，所以，避开了“会社”，特采用了“公社”，即公社的事业以非营利主义、成本主义为原则。这个公益性原则使得满拓公社成为日本移民侵略的急先锋和别动队。参见高乐才《日本“满洲移民”研究》，第244—245页。但事实上，除了拨款外，它自身也在盈利，如地租收入。1939年《满洲拓殖公社营业报告书》披露，该年度资本金产已达244314761日元。如没有大量收入，资本金无法在短短两年内由5000万日元增加到2.4亿日元。

② ［日］君岛和彦：《满洲农业移民有关各机构的设立过程与活动状况》，《日本帝国主义在中国东北的移民》，黑龙江人民出版社1991年版，第202页。另，参见满洲拓殖公社历次《营业报告书》。

表 5—6 **移民村拥有耕地及利用状况（1939）** 单位：公顷

村名	可耕地面积	已耕面积	村名	可耕地面积	已耕面积
弥荣村	12000	2770	东二道岗	2600	358
千振村	10000	2613	南五道岗	4000	495
瑞穗村	10000	2937	六人班	3200	378
城子河	3000	2340	北五道岗	3900	353
哈达河	4695	1274	西五道岗	2500	323
永安村	5548	1819	龙爪	3100	1170
朝阳屯	3475	1633	黑马利	3500	1001
黑台	2252	1189	海伦	4100	555
信浓村	2140	1300	五福堂	3100	564
黑咀子	2500	648	老街基	3200	360
汤原七移民村*	27730	4698	合计	116540	28778

*汤原七移民村指熊本村、宫城村、福岛村、茨城村、静冈村、东北村、东海村。

资料来源：日本东亚研究所《开拓民に关する资料的调查研究（中间报告）》，1941 年，第 23—26 页。

表 5—6 所列，前六次集团移民共组成 27 个移民村，可耕地 116540 公顷，已耕 28778 町步，耕种率 24.7%。其中北五道岗耕作率最低，仅为 9.1%，最高的黑台村也仅超五成。这样剩余 87760 公顷可耕而未耕地，就由移民团部控制。还有日本移民实际户数要比计划数要少，这样空余出来的耕地也归了移民团部。海伦县移民团在通肯河畔坐拥 1200 公顷良田，第一年度计划 97.3% 的耕地利用出租耕作，第二年度保持 72.9%，第三年度依然有 37.5%，以后希望逐渐减少。但事实却与此是相悖的。

1939 年 2 月，长野县 241 户移民侵入桦川县，取名大八浪村。1941 年，该村耕种土地 2561.25 公顷，其中移民户占 1068.68 公顷（旱田 885.73 公顷、水田 182.95 公顷），所占比例为 41.7%。其余 1492.57 公顷（旱田 1351.15 公顷、水田 141.41 公顷），全部由团部出租。[1] 据调查，该年度大八浪团部共收入 125168 元，其中地租收入 33293.9 元，所占比例为 26.6%。营农收入虽占五成以上，但须注意的是，通过雇佣劳动的获取并未算入出租获利当中。

由于日伪对移民出租作业多避而不谈，或作些技术性处理，如 1936 年永丰镇移民团刊发《弥荣村要览》，主要对第一次武装移民侵入的过程、营农进行说明，其中专门制作了五个种植业绩表记录“农耕事情”，1933 年总耕种 451.08 公顷，1934 年 276.63 公顷，1935 年 529.95 公顷，但不对耕作方式作具体说明，只是在“备考”中笼统地说本表包含“小作地”数据。[2] 究竟哪些是自耕，哪些是租佃耕作，不得而知。在一些大型的调查报告中，如《关于开拓民资料性的调查研究》中间报告和决定报告干脆都不作记录，其他综合性报告或专门调查也多将其混入雇佣劳动中。因此，只能据《开拓村雇佣劳动调查》《大八浪综合调查》《瑞穗村综合调查》等作个案考察。

表 5—7　　移民村耕地出租状况（1940）　　单位：公顷

	户数	总耕地数	旱田		水田	
			自耕	出租	自耕	出租
哈达河	202	3956	2011	917	72	129
黑台	196	2267	1250	716	200	101
信浓	296	2770	1891	639	160	80
北五道岗	292	1836	801	798	135	102
西五道岗	188	1122	1005	57	——	60
合计	1454	15126	9237	3495	1015	552

注：户数是 1939 年日本东亚研究所《关于满洲开拓民的资料性调查研究（中间报告）》采集的数据。

资料来源：日本开拓研究所，《开拓村に于ける雇佣劳动事情调查》，1941 年，第 97 页。

① 日本大东亚省：《第八次大八浪开拓团综合调查报告书》，1943 年，第 64、74 页。

② ［日］山崎芳雄编：《弥荣村要览》，1936 年，第 94 页。

表 5—8 **日本移民土地出租状况（1941）** 单位：公顷、%

	旱田		水田		合计		A/B
	自耕	出租	自耕	出租	总计（B）	出租（A）	
弥荣村	6.66	3.71	0.14		10.51	3.71	35.3
千振村	11.27	6.01	0.35	0.54	18.17	6.55	36
永安村	4.6	5	1	1.2	11.8	6.2	52.5
龙爪	8.7	0.84			9.54	0.84	8.8
熊本	4.68	2.55	1.41		8.64	2.55	29.5
东北	1.27	1.77	0.95		3.99	1.77	44.4
水曲柳	2.38	0.59	3.44	1.78	8.19	2.37	28.9
平均	4.98	4.7	1.49	0.44	11.61	5.14	44.3

资料来源：[日] 喜多一雄《满洲开拓论》，明文堂 1944 年版，第 519 页。

综合表 5—7 和表 5—8，弥荣村、千振村分别是 1932 年和 1933 年入殖的，其余 10 个移民村是在 1935 年和 1936 年侵入的。根据《北满移民农业经营标准案》，从入殖第五年起，基本就是“自耕农创设”阶段，开始切实的个人农业经营。可以认为，侵入的时间越早，“自作农主义”就应越早实现。但从上述两表看，1941 年弥荣村、千振村已侵入八九年了，但出租率还占三至四成。西五道岗水田出租率更是 100%，哈达河 64.2%，永安村 52.5%，这三个移民村入殖也在五年以上。表 5—8 五个移民村旱田平均出租率 27.5%，水田 35.2%。表 5—9 七个移民村户均 44.3%。而且伪满中后期，佃耕作业已是日本移民的最后稻草了。

这里须重点注意瑞穗村的出租状况。1934 年 10 月，第三次武装移民侵入绥棱县，取名“瑞穗村”。伪满末期实有 203 户 738 人。1940 年 3 月，该移民村已耕地增加到 4237.3 町步，户均耕地 20.37 公顷。其中移民户耕地 3917.3 町步（水田 365.8 町步、旱田 3551.5 町步），团部出租 320 町步。该移民村当年度有旱田佃户 138 户，水田佃户 50 户。移民户水田出租 272.8 町步，旱田 2277.4 町步，出租率分别为 74.6%、64.1%。① 另据佃耕当事人回忆，日本移民平均拥有良田 25 垧，多数都在出租获利。综合多方考察，基本可认定瑞穗村主要是依靠出租维持营农的。

① 日本开拓研究所：《瑞穗村综合调查》，第 165—166 页。

再从货币的形式考察日本移民的地租收入状况。1939 年伪开拓研究所调查瑞穗村 8 户水田移民和 17 户旱地移民，发现水田移民收入 880 元，其中地租收入 218.75 元，所占比例 24.9%。旱田收入 796.58 元，地租收入 434.9 元，所占比例 54.6%。1941 年该研究所调查大八浪 33 户最优秀移民，并将每户平均收入折合货币 594.15 元，其中地租收入 132.53 元，所占比例 22.3%。[①] 当然，这还只是账面数字，如加上雇佣劳动获得的收入，日本移民租佣收入可以肯定的说，将超过总收入的五成。

佃租农纳租问题，《开拓村雇佣劳动调查》有明确说明。旱田纳租形式分定额纳租和分益纳租两种。"定额纳租"即定租，又称死租，根据土地的好坏，分四等。解放期间李士彬在宾县常安区调查，当时一等地每垧收粮 7 石，纳租 2.5 石；二等地每垧收粮 6 石，纳租 2.3 石；三等地收粮 4.5 石，纳租 2 石；四等地每垧收 3 石，纳租 1.5 石。[②] 这种定额纳租，不管收成好坏，都得按定数交租。"分益纳租"即分租，又叫活租，有的地方还叫榜青。"榜青"有里青和外青。"外青"是农具、役畜和土地由日本移民出，粮食佃户出，住自己家，种子双方对半拿，收获后粮食也是对半分。用日本人的话就是"一半一半"，在哈达河借用牲畜、种子和农具，还要交 4%—5% 的押金。[③] "内青"是役畜、土地、种子、农具地主出，佃户出人，可住日本人家，但得吃自己。收成后，有地主六成，佃户四成；也有对半分，但须给地主作一定时间的工。水田纳租形式与旱田不同。据调查，瑞穗村将水田分上中下三等出租，相应的纳租也不同。上等水田纳租最多，为 42%，中等次之，为 38.7%，下等最少，为 29.2%。[④]

从上述对日本移民地租的获取形式及权重分析看，与东北传统的租佃制度没有什么差异。结论是它并未给"北满"农业带来先进的耕作方式，自己却很快"同流合污"了。

3. 畜产收入

日本移民的畜产收入由有畜农业和主畜农业体现。主畜农业以畜业养殖为主，原则上畜产收入要高于农产收入。有畜农业是以役马、役牛耕作

---

① 日本大东亚省：《第八次大八浪开拓团综合调查报告书》，第 308 页。

② 东北局宣传部编：《东北农村调查》，东北书店 1947 年版，第 33 页。

③ 鸡西市文史资料研究委员会编：《鸡西文史资料》（第 4 辑），1988 年，第 140 页。

④ 日本开拓研究所：《瑞穗村综合调查》，第 168—169 页。

为主，家畜、家禽养殖为辅，基本由农业移民体现，人数较多。

1936 年 7 月，在关东军的策划下，成立了“北满农地开拓会社”，基本机构包括哈尔滨畜产加工所、制粉工场及两个机械农场等，以自由移民为主。所谓“自由移民”，相对于集团移民，包括作为国策移民入侵中除农业集团移民外的移民类型，如畜牧移民、酪农移民、林业移民、渔业移民等。其中，机械农场设立两个，分布在绥滨和海伦，进行机械与传统畜力相结合的耕作。从其发展态势看，这两个农场发展较为平淡。制粉工场地点预定在哈尔滨，计划分两期建设，每期五年，计划年产面粉 500 桶（バーレル）。

哈尔滨畜产加工所是以畜产的繁殖、养殖、加工、保管及贩卖为主。第一，加工贩卖火腿（ハム）、熏猪肉（ベーコン）、香肠（ソーセージ）、肉罐头、动物油脂等。第二，制造骨粉、血粉、皮革等其他副产品；第三，牲畜的屠宰及原料制品的冷藏；第四，为军队供给生肉等；第五，关于畜肉及副产品用途的试验研究。从整体上，该所拥有畜产加工的完整体系，日伪对其寄予厚望。

从投资者看，伪政府、满铁和满拓向该会社入股 1000 万元。首先，从资金使用意向看，加工农产品和畜产品确系其主要业务之一，其中畜产品加工略有偏重。但在笔者看来，无论是农产、畜产的加工，还是农牧场、家畜托管，都属商业行为，而普通移民多以饲养役畜为主，家畜、家禽只是辅助性养殖。同时，该会社本身就饲养大量的家畜、家禽，双方平行发展，重叠部分较少，即该会社为日本移民带不来多大的畜产收入。其次，“北满农地开拓会社”设立的时间较早，资金额度虽多，但并不属于日伪“特殊会社”或“准特殊会社”，这从侧面也说明，日伪对农产、畜产加工本身并不在意，畜产收入只是个概念，他们只考虑保住已掠取的土地。

综合上述分析，主畜移民是畜产养殖为主的农业移民，只是日本帝国主义移民侵略中极少的一部分，也是日本各种试验中的一部分，在伪满存在期间，他们或隐藏在某些会社中，或与日伪的某些机构相勾结，实践着日本帝国主义的各种侵略计划。

关于有畜农业，主要体现在役畜的辅助营农上，其数量多寡代表着其营农质量，但不是畜产收入的有力佐证。首先，役马、役牛是农业经营的保障，是固定资产的一部分，不是用来交易或作畜产加工贩卖的。其次，日本移民侵入东北后，役畜多从本地购买，除了辅助耕种，就是生老病死。据表 5—9，五移民村役马共 2073 匹，其中中国马 1952 匹，所占比例

95.2%。役牛共721头，朝鲜牛比例略高，但须知朝鲜移民来中国已有年头，牲畜积累不少，日伪多直接购买，所以不论朝鲜牛，还是在来牛，实际都是东北本地牛。1932—1937年，弥荣村自购役马838匹，自产88匹，接收107匹，六年总拥有马匹数1033匹，1938年实际保有量768匹，六年间减少率34.5%。所以，通过购买获取役畜基本不在畜产收入内。

表5—9　　移民村役畜状况

	户数	自耕地	户当耕地	役牛			役马		户当役畜
				朝鲜牛	在来牛	合计	中国马	日本马	
弥荣村	293	1360	4.6	14	32	56	776	2	2.8
千振村	348	2010	5.7	230	140	379	700	15	3.1
哈达河	202	1006	6.3	——	74	74	148	49	1.5
黑台	196	854	4.3	102	——	102	224	33	1.9
龙爪	285	431	1.7	129	——	129	104	22	0.9

资料来源：满铁调查部《第一次、第二次、第四次（哈达河）、第五次（黑台）、第六次（龙爪）开拓团畜产事情调查报告》，1939年，第11—12页。

千振村、弥荣村侵入时间较早，户均可达3头左右。侵入较晚的户均1—2头。所以，从户均役畜的保有量与中国农户相比，其役马、役牛数量是富裕的，质量是优质的。但由于其种植技术不大适合“北满”寒地，实质性的自行营农不太稳定，役畜的利用率较低，且经常出租役畜和农具，以保证自己持续稳定的地租收入。

同时，家畜、家禽的养殖是畜产收入的主要组成部分。家禽、家畜的养殖，既可提供生活用肉，还可用贩卖，增加收入。[①] 绵羊的皮毛是制造衣物的原材料，日伪要求移民有条件都要饲养绵羊。家畜所产的厩肥进行堆积，形成有机肥料，可提高地力。如畜产养殖与农业经营相比，从形式上看，农业经营是由团共同经营、组合经营，最终是要过渡到个体经营。畜产养殖基本上是个体养殖和组合经营相结合。集团移民还有自己种畜场，进一步补充移民畜产养殖。一般移民村都实行个体饲养，有些自由移民则实行组合养殖。

① ［日］山崎芳雄编：《弥荣村要览》，1936年，第99页。

表 5—10 **日本移民牲畜保有量（1939）**

	户数	绵羊	猪	鸡	蜜蜂
弥荣村	293	312	800	2188	234 群
千振村	348	1167	1427	2400	98
瑞穗村	203	431	428	827	——
城子河	248	460	750	1250	30
哈达河	202	473	226	226	50
永安屯	280	251	207	226	18
朝阳屯	266	175	133	26	48
黑台	196	189	153	15	30
信浓村	296	292	251	249	31
黑咀子	300	204	113	44	——
东二道岗	174	——	28	31	——
西二道岗	188	100	44	——	——
六人班	150	——	46	12	——
北五道岗	292	——	42	——	9
南五道岗	290	98	35	60	45
龙爪	285	——	93	68	7
熊本村	280	71	284	47	7
宫城村	180	——	4	5	——
福岛村	196	90	90	7	——
茨城村	173	58	10	46	——
静冈村	193	——	69	——	——
东北村	289	——	17	——	——
东海村	292	——	49	30	——
黑马利	298	178	76	——	2
海伦	225	125	110	33	5
五福堂	182	90	79	——	9
老街基	206	125	76	7	——
合计	6525	4889	5640	7797	623

资料来源：日本东亚研究所《开拓民に关する资料的调查研究（中间报告）》，1941 年 4 月，第 55—60 页。

据表 5—10，弥荣村、千振村、瑞穗村组建时间前文已说明，都在 1934 年以前。城子河、哈达河是 1935 年第四次集团移民分别组建的。1936 年实行第五次移民侵略，组成了永安村、朝阳屯、黑台和信浓等移民村。表 5—11 所列弥荣村至信浓共九个移民屯，皆武装性“试验移民”，距伪东亚研究所调查已有五年以上，基本实行了个体养殖。总体上看，家畜、家禽数量较多，其中，千振村家畜、家禽户均保有量最多，绵羊 3.4 只，猪 4.1 头，鸡 7.3 只。余下移民村也至少可保证猪、绵羊、鸡各 1 头（只）。但从售出获利看，并非数据显示得那么亮丽。

据满铁 1938 年调查，弥荣村曾有五次贩卖猪的交易。第一至三次分别卖出 6 头猪仔，至于卖给谁，不得而知。价钱分别是 73.4 元、68 元、40 元，三次平均单价 10.1 元。第四次卖出 53 头育肥猪，共计 2642.8 元，平均 49.8 元。第五次卖出猪仔 51 头，共计 1100.4 元，平均 21.6 元。[①] 猪仔平均价格 10—20 元，育肥猪则在 50 元左右。五次售猪收入共 3924.6 元，弥荣村平均畜产收入 13.4 元。同年黑台畜产收入 3000 元，户均 15.3 元。

羊毛、羊皮是制作御寒衣物的必需品，所以，绵羊的养殖难度就很需要了。1941 年 6 月，伪满成立了“满洲羊毛会社”，作为“准特殊会社”，主要对羊毛、羊皮等战略性畜产品进行控制。弥荣村羊毛第一次卖出 518 斤，获利 325.51 元。第二次卖出 449 斤，获利 382.25 元。平均 1 斤羊毛 0.63 元。户均 2.42 元。该移民村还养殖了 234 群蜜蜂，一群蜂平均价值 25 元，可采蜜 2.7 斗，蜂蜜在移民村内部一斗 10 元，外部 20 元。户均可获收益 21.6—43.1 元。

从表 5—10 看，鸡的养殖量普遍较高，其中弥荣村户均最多 7.5 只，其次是千振村 6.8 只。据满铁调查，一枚鸡蛋 0.04—0.05 元，如养鸡组合拥有成年鸡 50—60 只，鸡蛋收入可达 40—50 元。但一般移民远远达不到。即便是养鸡效果最好的弥荣村和千振村，户均也仅 6—8 只。鸡的附加值主要体现在鸡蛋上，但鸡蛋多自家食用，出售率极低，无法产生额外收益。奶牛主要由主畜移民或养殖场饲养，一般移民饲养较少。所以，奶

① 满铁调查部：《第一次、第二次、第四次（哈达河）、第五次（黑台）、第六次（龙爪）开拓团畜产事情调查报告》，1939 年 6 月，第 23 页。

牛也很难产生畜产收益。

综以上考察，弥荣村户均直接畜产收益暂由猪、羊毛和蜂蜜构成，共计37.4—58.9元。据《第八次大八浪开拓团综合调查报告书》载，该移民村畜产收入28.88元，虽低于弥荣村，但两组数据仍具一定可比性。

另，表5—10黑咀子以下18个移民屯，由于是1937年第一次"国策移民"时侵入的，距日伪调查时间较短，多采用组合养殖。一般的日本移民团，经常设有"共励组合"或叫"协拓组合"，下设畜产部、林产部、购买部、贩卖部等，同时还专门设有养猪组合、绵羊组合、养蜂组合、山羊组合等。畜产部的规模小于"哈尔滨畜产加工所"，但基本功能与之类似。其一，经营种畜场，对家畜、家禽统一登记管理；其二，畜产品的屠宰、加工、贩卖；其三，家畜饲料的配置；其四，家畜疾病的防控。各家畜组合实行共同饲养、共同管理、共同获利。据满铁调查，宫城村养猪组合10人，一人可收益180元。需要指出的是，与临时性的农业组合相比，畜产组合则更倾向于持久性。它有固定的人员、固定的机构，而且其效果好于个人饲养，甚至可称之为畜产养殖的基层单位。

从上述分析看，组合饲养获得了较好的收益，个人饲养也有收益入账，那么这是否意味着畜产养殖都可获得很好的收益？结论不确定。由于笔者受限于所掌握的材料，上文所述基本是畜产收入较好的移民村，是否具有普遍性仍须考察。首先，畜产收入在日本移民收入中不起主要作用，很多因技术、劳动力、精力等因素限制，将畜产养殖委托给养殖场或所占移民团部经营，自身不进行饲养。其次，组合养殖或养殖场往往需要大量的资金支持，一般移民很难承受。哈达河畜产场有奶牛12头、绵羊304只、猪鹅41只、鸡70只、猪若干，但所需的建筑费5500元，饲料费3060元，8名养殖人员补助2400元，① 合计10960元，是普通移民年畜产收入的近百倍。

截至1943年12月，日本集团移民、集合移民、义勇军移民、分散移民、大陆归农团及铁路自警村共623个，他们的畜产养殖很大程度只是个象征。第一，伪满中后期日本移民人数急速下降，有畜移民营农本身就困难重重，辅助性的畜产养殖就更不用说了。其次，移民直接将家畜、家禽

① 北满经济调查所：《关于拓务省移民团畜产养殖的若干资料》，《北经经济情报三十八》之第四报，1938年4月1日，第16页。

托管在养殖场，其中养猪组合可能因技术、管理及所需人力都较少，收益略高有可能，但绵羊和蜜蜂养殖就不一样了。养殖绵羊日本人不擅长，需要很长时间积累经验。养蜂具有季节性，且“北满”花期较短，获利有限。所以，日本移民的畜产养殖从整体上讲是尴尬的。

4. 日本移民营农收入及收支状况分析

本节依据表5—11、表5—12和表5—13，考察日本移民作物的种植及收入状况。

表5—11　主要农作物种植面积（1938）　单位：町步

	水稻	小麦	大豆	谷类	燕麦	特用作物
弥荣村	205.5	231.2	713.0	561.8	140.4	17.3
千振村	134	452	414	318	350	90
瑞穗村	219.3	466.5	689	573	31.7	10.4
城子河	250	270	380	283	270	19.7
哈达河	160.2	148	329	208.7	103	17.3
永安屯	203.2	88.6	207.3	120.6	89	2.1
朝阳屯	185.5	212	185.5	317	159	7.4
黑台村	126	95	355	148	50	14.4
信浓村	130	69.3	277.4	278.5	125	29.9
黑咀子	36	58.7	164.5	95.2	—	0.2
南五道岗	50	20	80	74.5	40	3.1
北五道岗	97.1	45	60	80.6	13.5	3.5
六人班	40	20	20	41	13	6
西二道岗	60	23	50	56.8	25	0.4
东二道岗	30	45	46	82	23	—
龙爪	65	65.1	71.2	88.6	81.6	20.4
黑马利	120	80	50	130	10	10
海伦	25	120	156	156	14	5
五福堂	20	77	77	181	104	4
老街基	15	55	30	53	20	7
熊本村	70	57.8	60.5	101.9	47.2	22.1

续表

	水稻	小麦	大豆	谷类	燕麦	特用作物
宫城村	—	59.9	79.7	95.7	36	0.5
福岛村	—	90	130	155	40	5
茨城村	75	25	45	74	30	1.5
静冈村	60	34	40	77	30	0.5
东北村	100	60	60	81	20	2.3
东海村	100	87.2	87.2	78.5	10.9	0.1
合计	2576.8	3055.3	4857.3	4510.4	1876.3	300.3

注：谷类包括大麦、裸麦、粟、高粱、小豆；特用作物包括烟草、亚麻等。

另外，还栽种各类蔬菜 1062.8 町步。

表 5—12　　主要农作物收获状况（1938）　　单位：石

	大米	小麦	大豆	大麦	燕麦	玉米
弥荣村	3500	189.4	6923	——	358.2	——
千振村	890.64	7946.9	9038.8	162.7	8041.4	348.9
瑞穗村	7236.9	793	4134	1148	412.1	2025
城子河	2946	855.8	5847.3	224.5	839.2	——
哈达河	7976.7	1013.2	691	4592	122.9	39.8
永安屯	3427.2	299.9	4170.5	6898.2	362.3	162.2
朝阳屯	1381	584	2274	100	358	——
黑台村	1120	436.2	1325	140	288	132.8
信浓村	3415.75	337.8	428.7	667.1	532.8	1426
黑咀子	——	213.1	2914	77.5	——	232.5
东二道岗	——	——	——	——	——	——
西二道岗	18.2	44.8	56.1	15	41.9	15.2
六人班	——	——	——	——	——	——
北五道岗	——	——	——	——	——	——
南五道岗	50.9	6.6	837.8	25.6	57.3	62.8
龙爪	961.3	197.5	714.2	148.8	88.2	3.6

续表

	大米	小麦	大豆	大麦	燕麦	玉米
熊本村	335	220.6	508	212.8	366.2	5.95
宫城村	——	360	690	280	280	25
福岛村	——	339	739.2	176.8	66.9	33.6
茨城村	480	123	246	220	262	——
静冈村	666.57	102.4	365.6	160.3	218	49.7
东北村	169	234	622	231	367	——
东海村	816	322	462	75	448	11
黑马利	190	20	200	50	30	10
海伦	79.2	416.8	1399.9	110	108.9	68.64
五福堂	70	323.4	358.6	——	602.9	80.77
老街基	105	158	182	70	280	33
合计	35835.36	15537.4	45127.7	15785.3	14532.2	4766.46

注：小豆共产出970.5石，菜豆216.58石，绿豆109.45石，烟草13731贯。

表5—13　　移民粮食消费及售出状况（1938）　　单位：石、元、%

	产量（A）	消费量（B）	出售价格	B/A
大米	36293.5	28552.3	109568.8	78.7
大豆	54368.6	18548.1	352055.8	34.1
小麦	15200.7	3923.1	117976.9	25.81
燕麦	14674.7	9492.1	20388.1	64.7
大麦	15908.9	3857.3	53959.7	24.25
玉米	4930.7	4855.7	——	98.5
小豆	970.5	758.2	1104.3	78.1
菜豆	216.6	190.3	——	87.9
绿豆	109.5	92.9	200.4	84.8
烟草	13731	797.6	29748.9	5.81

注：烟草的计量单位是“贯”，1贯相当于3—4千克。

资料来源：上述三表据日本东亚研究所《开拓民に关する资料的调查研究（中间报告）》，1941年，第68—70页、第80—94页、第78页。

首先，结合表5—10，将表5—11和表5—12所列27个移民村营农效果分为三类，第一类以弥荣村、瑞穗村为代表，营农特点是耕作面积大，收获量也大；第三类主要是指东二道岗、六人班和北五道岗，特点是有种植无收获；第二类介乎二者之间，即种植量不大收获也较少。

第一类是指弥荣村至信浓村九个移民村。其中，瑞穗村种植效果最好，共耕种了1989.9町，户均9.8町，共收获粮食15749石，户均77.6石。这样不但可满足自身需求，还可贩卖获利。其次是弥荣村，共耕作了1869.2町步，户均6.4町，收获10970.6石，户均37.4石，勉强可自用。营农效果最差的是黑台村，共耕作788.4町步，户均4町，共收获粮食3442石，户均17.6石。九个移民村合计耕作了11531.7町，户均4.9町，占27个移民村种植量的67.14%。共收获粮食108564.79石，户均收获46.6石，占27个移民村总收获的76.8%。其营农效果较好的主要原因是，一方面侵入时间较长，基本对东北气候、耕作法已有感性认识；另一方面，对租佃和雇佣劳动的依赖也是营农效果较好的主要原因。

第二类占多数，共15个移民村3577户耕作了5644.7町，户均仅1.58町。收获32812.3石，户均收获量仅9.17石。单个作物的种植面积基本在100町上以内。此类基本能满足消费。

第三类是无种植无收获。他们侵入也三四年了，营农效果为何如此较差？一方面，东二道岗、六人班和北五道岗在密山县，属所谓“国境地带”，营农不是它们的主要任务。另一方面，它们先前的营农经验、技术基本派不上用场，加之本身就对农业经营不热心。这种现象在伪满中后期已趋于普遍。

其次，从作物种植的权重看，大豆、小麦、水稻三种作物占61.1%，其他所占比例较少。即日本移民多种植基本农作物，非经济作物较少。其中烟草种植量虽不大，但收获较大，多数输往日本深加工，出口获利。

从户均消费量看，大米户均消费4.4石，人均2.094石，是日常主食。表5—13共收获36293.5石，其中消费了28552.3石，所占比例78.7%。大豆户均消费次之，是2.84石。大豆是制作酱油、豆油、豆腐的主要原料，豆粕还是家畜的主要食物。燕麦、大麦是饲养牲畜的主要原料。一个中型养殖场年均消费燕麦、大麦200石，豆粕2000枚。据“满铁”调查，一匹马饲料中燕麦日食4—6升，大麦、豆粕需求量同样很大。玉米是猪、羊、鸡的硬饲料。一般而言，自行消费所占比例较小，售出比例较高，说明农业近代化程度也越高。即消费与可支配收入成反比，消费越多，可支配收入自然就越少。反之亦然。自行消费比重过大，来年所需营农资金，如肥料、种子、饲料及扩大规模，基本就无着落了。

再次，表5—13 所列十种作物价值 1549413.08 元，其中出售 685003 元，所占比例 44.2%。加工品如味精、酱油、清酒、豆油等共计 386772.55 元，其中出售所得 251610 元，[①] 所占比例 65.1%。农产品与加工品合计 1916185.63 元，户均毛收入 324.3 元。

综合日本移民各项收入，如政府补助、地租、畜产、农产及农产加工等，基本在 1500—2000 元。支出包括农业经营和家庭消费两大项。农业经营包括肥料、饲料、家畜、农具、雇佣等。据 1938—1941 年对 39 户移民调查，基本农业支出 1065.86 元。家庭消费包括饮食、被服、家具、照明供热、教育等，基本支出 1057.29 元。[②] 总支出 2123.15 元。

最后，据 1939 年对 17 户瑞穗村旱田移民的调查，户均营农毛收入 1056.86 元，租佃、伐木等收入 784.17 元，共收入 1841.03 元。农业经营费 1347.99 元，家庭消费 796.58 元，总支出 2144.57 元。旱田户均没有盈余，反而欠债 303.54 元。水田 8 户移民调查结果是，户均毛收入 2528.38 元，租佃、伐木等收入 327.19 元，农业经营支出 1967.57 元，家庭消费 811.61 元。水田经营者略好，盈余也仅 76.54 元。

该机构 1940 年又对弥荣村 20 户移民进行定点调查，结果是耕种收入 1814.74 元，畜产 775.34 元，农产加工 56.1 元，其他 262.26 元，毛收入共计 2908.44 元。农业经营支出 2623.24 元，[③] 家庭支出 1057.29 元。户均总支出 3680.53 元，欠债 772.09 元。

由此可见，日本移民支出较大数额，最多达 3680 元，最少也在 2100 元以上，毛收入仅在 2000 元上下，基本都在欠债，盈余很少。这不符合日本移民的初衷。

截至 1941 年，伪东亚研究所调查，日本移民侵入有的高达十年，多数也有四五年时间，但营农效果始终不能令人满意。日人自行分析认为原

---

① 日本东亚研究所：《开拓民に关する资料的调查研究（中间报告）》，1941 年，第 73 页。

② ［日］喜多一雄：《满洲开拓论》，1944 年，第 542、544 页。

③ 日本开拓研究所：《弥荣村综合调查》，1942 年，第 101—103 页。

因主要有两个：第一，日本移民劳动力严重不足，自耕能力极度低下，致使雇佣成风，非农费用支出惊人，移民财政赤字严重。在武装移民侵略期，日本尚未发动全面对华战争，移民资源较为丰富，移民链也持续稳定。发动全面对华战争后，民间青壮年大量应征入伍，移民链随时有可能断裂。日本帝国主义却不愿面对这个事实，孤注一掷地靠“意志”推行百万户移民，移民规模扩大数十倍。发动太平洋战争后，移民源已近枯竭，移民链断断续续，移民质量大不如前。初期户均可保持四五口人，甚至七八人，劳动力比较充足。中后期基本是两三人组成一户，有的甚至是一人一户。1937 年第六次集团移民，海伦移民村 1938 年由 226 户移民组成，实际人数只有 238 人，户均也就 1 人多。1939 年户数 225 户，人数增加到 305 人，户均 1.4 人。集合移民略好，截至 1941 年，集合移民共 46 个组合，1398 户 4008 人，户均 2.8 人。①

第二，对东北畦垄耕作法不熟悉，认为这是营农效果差的另一主要原因。“北满”土质为黏质土壤，窒素含量较少，不利于排水，我华北移民以高畦垄应对，实行主要作物轮作制。特点是，同一片土地三四年内只能种两三种作物，且收获量有限。日人认为这种耕作法过多的消耗地力，且农忙除草压力大，主张实行以谷物种植为主，鼓励畜产养殖与农耕结合，实行有畜耕作。

其应对措施是：第一，土地的肥力维持与家畜饲养相结合。公主岭农事试验场和克山农事试验场调查认为，5 公顷当饲养役畜 1 头，猪 2 头，其中 1.7 公顷种植大豆，3.3 公顷种植其他。一头大家畜可年产 20 瓩土粪。大豆、马铃薯等 1 公顷使用 10 瓩，如饲养 3—5 头大家畜，包括猪、牛、马，那么 10 公顷的肥料就可基本解决。这个对策的主要思路是，首先增加大家畜的饲养数量，解决肥料问题，地力消退问题就迎刃而解；其次，主要作物看混同种植，轮作制可废除，收入自然得以提高。该思路的关键点是家畜饲养，但问题是要饲养 3—5 头大牲畜，必然加大人力、物力，那么劳动力不足的问题不但没解决，反而进一步加剧了。

第二，实行主谷农业与混同农业相结合，即完全的混同经营。根据日本移民拥有土地面积及牲畜多少，基本分水田经营、混同经营和主畜农业三大类，细分为七种。水田经营耕作水稻，兼营谷物。这种经营有两种，

① 日本东亚研究所：《开拓民に关する资料的调查研究（中间报告）》，1941 年，第 35 页。

第一种耕地 6 公顷，水田 3.5 公顷，牛 2 头，属主经营水田。第二种耕地 8 公顷，水田 2.5 公顷旱田 5 公顷，马 1 匹，牛 2 头，属水田经营。其特点是耕地较少，主要经营水田，辅以旱地耕作，役畜较少。混同经营三种。第一种耕地 10 公顷，主要耕作旱田，牛马各 2 头，有少量家畜家禽。第二、三种耕地 12—15 公顷，完全旱田耕作，马 2—3 匹，牛 3—5 头，羊 2 只，猪 5 头。其特点是，主要耕作旱田，谷类、豆类、麦类混同耕作。大家畜较多，有充足的厩肥施用。此逻辑似乎是饲养的大家畜越多，农业耕作的成效就越好。主畜农业分两种。第一种耕地 20 公顷，马 4 匹，奶牛 6 头。第二种耕地 30 公顷，马 4 匹，奶牛 10 头。主畜农业特点，实行大规模种植，奶牛数量较多，目的是以乳业养殖带动农业耕作，增加移民收入。表面上看令人憧憬，但实际操作起来成本极高，尤其是兼营奶牛业，截至日本投降为止，一直处于摸索阶段。

第三，实行营农小组合，四户组成一个营农小组，使用改良农具，平畦栽培，试图以此提高营农效果。这个策略的主要目的是解决户均劳动力不足问题，小组合可实现农具互补，充实劳动力。关键点是以“平畦”取代“高畦”。高畦种植的特点是易于排水，通风，有利保持肥力，但不利于浅根类作物，只能选择性种植。平畦种植的特点是，要有充足的各类农具，大量养殖役畜，且施肥须频繁，不利的方面是，劳动力依然是个难题，技术、经验的缺失须长期培育。还需清楚的是，这种营农小组合仅是过渡，不是以后营农的常态。

综上所述，上述三对策或许可解决日本移民的收入问题，但总体上除了水田经营外，只是将农业经营转移到了畜产养殖，农业耕作问题根本性并未解决。畜产收入提高了，营农收入依然未有改观，劳动力缺乏依然严重。

1941 年 10 月，“满铁”对弥荣村 3 户移民进行跟踪调查，试图使移民认识到，畜产养殖与农耕结合，不但可以解决劳动力缺乏问题，还可增加收入。其中 A 户是北海道指导农户，熟悉改良农法，耕种与酪农兼营，人口 8 人，劳动力 3.3 人，耕地 10 町步，马 2 匹，奶牛 4 头，基本自耕。B 户、C 户是弥荣村移民，采用畦垄耕法，雇佣本土农户。B 户耕种与酪农兼营，3 口人，劳动力 1.5 人，耕地 10.8 町步，奶牛 2 头。C 户完全从事耕种，5 口人，劳动力 1 人，马 4 匹。该年度 A 户营农收入 3102.2 元，支出 2876.68 元，盈余 225.52 元。B 户营农收入 1642.2 元，支出 1463

元，盈余 179.2 元。C 户营农收入 1207.9 元，支出 1240.75 元，负债 32.85 元。[①]

上述材料传递出，第一，熟悉改良农法，农耕与酪农结合，可提高收入。B 户奶牛 2 头，收入有盈余。A 户既熟悉改良农法，又饲养奶牛 4 头，盈余更多。即单纯从事农耕，无增加收入之可能。第二，不熟悉改良农法，即使劳动力充足，营农收入也改观不大。B 户有畜产收入，才略有盈余，C 户有马 4 匹，还有负债。这说明役畜的多寡，不是决定农户收入多少的关键。

由此可见，C 户役畜充足，未采用新农法，没有畜产收入，所以处于负债状况；B 户无役畜，未采用新农法，有畜产收入，略有盈余；A 户有少量役畜，熟悉新农法，有畜产收入，盈余较多。我们基本结论是：在保证劳动力充足的前提下，“熟悉改良农法”是农业移民收入增加的关键。这里所说的“新农法”就是日伪宣传的“北满改良农法”。

三 “北满改良农法”

1938 年春，满拓公社邀北海道农会小森健治和三谷正太郎，考察“北满”农业。小森在报告中提出，“今后的移民事业不采用北海道农法难以期望安定与发展”[②]。松野伝也鼓吹北海道农法是“北满开拓”的未来。[③] 1938 年末，三谷正太郎以满拓农业顾问的身份入殖瑞穗村。1939 年 3 月，小田保太郎入殖弥荣村。1940 年 3 月，开拓总局又组织 59 个农业顾问入殖移民村。上节所说的 A 户移民就是采用北海道农法耕作。这标志着改良农法进入全面实施阶段。

所谓“改良农法”主要是以日本北海道农业耕作法改良“北满”传统的农业耕作，以实现增产增收。明治初年，日本实际控制了北海道，推行移民固边。1869 年，设北海道开拓使，实施“屯田兵”移民。1886 年，为了应对俄远东移民政策，北海道仿行日本内地实行道厅制，移民进

① ［日］高桥留藏：《北满开拓地に于ける酪农耕营事例——三江省弥荣村》，《满铁调查月报》（第 23 卷），1943 年 9 月，第 98—102 页。

② 日本“满史会”编：《满洲国史（分论）》（下），第 312 页。

③ ［日］松野伝：《满洲开拓と北海道农业》，生活社 1941 年版，转引自玉真之介《满洲开拓と北海道农法》，《北海道大学农经论丛》（第 41 集），1985 年 2 月，第 9 页。

入“道厅时代”。此阶段政府资助自由移民，获得成功。1927年，计划实施“北海道第二期移民计划”。同时，移民也加紧探索适合北海道地理及气候的农业耕种法。明治末年至“一战”前后，北海道移民探索出了合适的耕种法，特点是以畜产养殖推动农业种植。以奶牛饲养为主，在提高畜产收入的同时，用奶牛所产厩肥改良土地，提高种植效益。关键是实行了自耕农种植，即不雇佣、不出租。日人认为，这对“北满农业”很有借鉴意义。“北满农业”，以大豆为主进行轮作，施用土粪耕作，单位产出较低，关键是使用了大量雇佣劳动，北海道农法可弥补了“北满”传统农法之不足。

改良农法基本目标，以家族自耕为中心，使用改良农具，逐渐避免对雇佣劳动、租佃制度的依存，彻底地贯彻有畜农业。

新农法的基本构成，第一，一定数量的役畜，是贯彻有畜农业的基础。伪满时期东北的役畜多以马和牛为主，但日人认为，中国役畜耕作量有限，提出大量引进日本马。它计算出日本马耕作量是当地马的两倍。用日本马替换东北马是改良农业的主要一环。步骤是，第一年户均1匹，第二三年户均1.5匹，第四年户均2匹以上。

第二，推行酪农式的畜类饲养。酪农属畜产移民，农户饲养牛3—6头，10户组成一个酪农部落，并设奶站，5个部落设一乳制品加工站，猪在2头以上，另有绵羊、鸡、蜜蜂等。同时，将奶牛养殖与改良农业结合，提高移民畜产收入。

第三，使用改良农具。在营农技术熟练后，逐渐使用高级复杂的工具。犁（プラヴ）[①]，方形ハロー（耙），作條器，除草ハロー，单畦カルチ，三畦カルチ，豆莳器等构成一组改良农具。先遣队10户一组。大批移民侵入后，第一二年4户一组，第三年2户一组，第四年4户三组，第五年1户一组。[②] 1942年计划从北海道购入6000组，伪满制作7000组，全年保证13000组。

第四，革新农法。完全掌握东北各地气候特点，采用家畜牵引的犁、

① 指的是欧美犁，用拖拉机牵引，或由家畜拉着耕地。日本移民所说的改良犁是指的家畜牵引。

② 日“满”农政研究会“新京”事务所：《开拓民の农业——新农法确立ニ关スル研究资料》，《日满农政研究报告》（第3辑），1943年4月，第10—13页。

耙（改良农具）进行整地、除草（除草ハロー），节约劳动力，使用奶牛堆肥，实现肥料自给化，深耕改良土壤。

改良农法实现的基本步骤，先设立40个“开拓农业实习所”，用10年时间培训移民。第一个五年为准备期，采用自家劳动力，熟悉各种作物的栽培技术，储备种畜并熟练农法技术。第二个五年为新农法的充实期，合理分配作物种植，有效饲养、繁殖家畜，复杂化、集约化经营。

具体实施方式，在营农指导员的指导下，在“开拓农业实验场”对农法进行实验、定型，然后让部分移民实习运用，一般采取组合式经营，最后在日本移民中普及。办法是在日伪设立的改良农法班进行培训。每年3月定期在哈尔滨干部训练所进行为期三天基本培训，针对如何使用农具、如何耕法、如何驭马等。1938—1940年，满拓又设置了“改良农法研究会”，要求实习农户参与，交流实践心得，并进一步完善。各个地方还设立了“营农指导班”。在牡丹江、吉林及三江设立22个巡回指导班，每年4月上旬至6月下旬，对出现的耕作问题进行现场指导。

这样营农指导员就成为一重要环节。据现有材料，营农指导员一般从北海道招募，携带农具、役畜直接入驻移民村。1941年，由满拓安置了16人，1942年春节又配置了38人，夏季再增加32人，两年共86人。这些指导员基本有辅助人员，并携带牲畜、农具等。中村清次郎带领6名农业员入殖北学田移民村，带来了80台西式犁具及其附属农具，还有88匹日本马，75头牛，试图立即在所属移民村产生营农效果。据表5—14，多数人员安排在中苏边界地带的佳木斯、东安和北安等，其军事、政治意图依旧显著。

表5—14　　营农指导员配备状况　　单位：人

东安	11	佳木斯	12
北安	19	牡丹江	8
吉林	7	延吉	2
哈尔滨	10	黑河	1
扎兰屯	5	田莊台	1
齐齐哈尔	8	合计	86
奉天	2		

资料来源：日“满”农政研究会“新京”事务所《开拓民の农业——新农法确立ニ关スル研究资料》，《日满农政研究报告》（第3辑），1943年4月，第21页。

但经验丰富的指导员数量毕竟有限，且日本移民村大小上千个，数量多且分散，因此又提出了“长期农业传习生”，补充农业指导员之不足。传习生基本在日本移民中募集。黑龙江档案馆馆藏长期传习生档案二十余件，从所填写的履历看，其一，多来自日本各地，并不局限于北海道，对改良农法也不甚熟悉，基本是现学现卖。其二，一般多是农业移民或先遣队员，由于营农效果良好，就被推荐为长期传习生。1940 年长期传习生 25 人。1941 年 147 人。1942 年 101 人。三年合计 273 人。他们多与移民同吃同住，一起耕作，实践着所谓的“开拓魂”。

1939 年 5 月，伪开拓总局设立了“开拓农业实验场”，对普通移民进行新农法定点培训，并起示范作用。在实验农场中，不仅培训如何使用改良农具、驭马，还指导其如何长期轮作、培育和使用厩肥及饲养奶牛等。然而日本移民对此似乎并不积极。1939 年，计划设立 10 个实验场，实际只有弥荣村、哈达河、桦林、哈尔滨、水曲柳、通北、北学田 7 个，共有 12 户移民加入。1940 年虽增加了熊本、王荣庙和阿伦河，但弥荣、哈尔滨、水曲柳并无数据，依旧是 7 个，不过农户数增加到 54 户。1941 年，仅有哈达河、桦林、舒兰、王荣庙、通北和北学田 6 个农场有数据，也只有 41 户。1942 年实验农场增加到 12 个，52 户。所以，1939—1942 年四年间先后出现了 17 个“开拓农业实验场”，但每年也就至多有 12 个。

表 5—15　　“开拓农业实验场”营农状况（1942）

	耕作（町步）	劳动力（人）	役马（匹）	奶牛（头）	毛收入（元）	
					农耕	畜产
熊本	4.41（3）	2.2	1.3	0.2	1077	
弥荣村	10.35	4.2	4	6		5500
哈达河	8.5	2.6	2.4	1.1	1530	
桦林	11.95	2.8	2	1	2124	
哈尔滨	6.85	1.8	1.2	5		1900
水曲柳	13.17	2.2	1.9	1.1	3293	700
舒兰	3.73（1.1）	2.1	1.7	1	1475	800
王荣庙	9.5	2.7	2.1	1.5	2375	700

续表

	耕作（町步）	劳动力（人）	役马（匹）	奶牛（头）	毛收入（元）	
					农耕	畜产
通北	8.8	2.2	1.5	2.3	1760	800
北学田	10.16	2.1	1.9	1	1523	
黑马利	7.47（0.7）	1.4	1	1	1500	
板橙河	7.2	1.5	1.3	0.7	1050	
东二道岗	8.2	1.9	1.6	0.2	1160	
扎兰屯	7.2	1.8	1	1	1440	
盘山	2.6（水田）	1.9	1.5	0.3	800	
温春	5	1.9	2		1000	

注：（）内是水田面积；劳动力、役马、奶牛、收入皆为平均值。

资料来源：日"满"农政研究会"新京"事务所《开拓民の农业——新农法确立ニ关スル研究资料》，《日满农政研究报告》（第3辑），1943年，第27—30页。

据表5—15，第一，该年度王荣庙、北学田户数不甚明确，弥荣村、扎兰屯仅1户，仅舒兰农场户数较多。移民基本多在观望。第二，所参加的移民，多耕作旱地，水田较少，户均耕地8.1町步，劳动力2.2人，役马1.8匹。充足的劳动力和畜力，是实验农场的一大特色。第三，实验农场户均奶牛1.6头。16个农场户均营农毛收入32507元，其中畜产占32%，但这多由弥荣村、哈尔滨所体现，其余10个是没有畜产收入的。

在实验农场重点训练的同时，日本移民也以组合的形式实习改良农法。实习农户以3户或4户为一组合作耕作。1941年72个组农户参与，3户组与4户组共存，农户在216—288户之间。1942年61组，基本都是4户组，移民244户，两年基本持平。这种组合式耕作很可能要常态化。为何要采用组合进行营农？首先，这种耕作并不是专门为改良农法所发明的，在移民侵略之初该形式就已出现。1935年，《北满农业经营标准案》提出的"共同经营主义"就与此相类。1939年，《通河县新立屯地区营农计划案》对"组合经营"也有明确的说明。其次，由于改良农具稀缺，移民在入殖的前两年度4户共用一组农具，第三年度4户使用两组，第五年度1户一组，所以，3户或4户联合经营其实是无奈之举。最后，局部性的联合，农户可在役畜、劳力上互通有无，提高营农效率。

关于改良农法实施的效果，主要体现在改良农具的使用率、耕种面积、奶牛的饲养及役畜的引进等方面。

据表 5—16，关于改良农具，日本移民在两年间共获农具 11000—17000 多组。截至 1943 年移民户共 56620 户，超过七成的移民是使用不到这种农具的，局部也如此。1941 年，伪东安省境内哈达河、黑台、永安村、信浓、北五道岗和西二道岗此类农具，犁（プラヴ）满足率为 19.2%，耙（ハロー）10.8%，耕耘机（カルチベーター）25.4%。[①] 所以，农具的短缺制约了改良农法大面积推广，也制约了日本移民参与的热情。

表 5—16　　日本移民改良农具拥有状况　　单位：户

年份＼农具	犁（プラヴ）	耙（ハロー）	除草（ハロー）	耕耘机（カルチベーター）
1941	6090	4600	3760	6250
1942	11180	6730	7330	10190
合计	17270	11330	11090	16440

资料来源：日“满”农政研究会“新京”事务所《开拓民の农业——新农法确立ニ关スル研究资料》，《日满农政研究报告》（第 3 辑），1943 年 4 月，第 22 页。

关于耕作状况，且不说日本移民的耕作能力如何，单说改良农法的实践。据表 5—17，1941 年合计十个地域的移民采用改良农法，耕种了 26621 陌，是总耕作量的 21.2%，1942 年增加到 85017 陌。两年合计耕作了 111638 陌。但问题是，耕作面积的增加，就能代表营农收入的提高吗？如表 5—15 所示，实验农场移民的耕种面积大小不一，其中无畜产收入，桦林营农效果较好，是 2124 元，其余均户均收入在 1000—1500。这甚至还略逊于使用改良农法前。有畜产收入，情况略好。总之，不能单从种植面积的多寡来衡量改良农法的效果。

① 日本开拓研究所：《开拓民に于ける雇佣劳动事情调查》，1941 年 6 月，第 91 页。

表 5—17 日本移民耕作状况 单位：陌

耕作状况 / 年份	作物种植总面积（A）	改良农法种植面积（B）	B/A
1941	125450	26621	21.2
1942	149332	85017	56.03
合计	274782	111638	40.6

资料来源：日“满”农政研究会“新京”事务所《开拓民の农业——新农法确立ニ关スル研究资料》，《日满农政研究报告》（第3辑），1943年，第24页。

关于耕作法的使用问题，以户塚虎之助所撰《北海道农法长期传习报告书》为例，此人在群马移民村作一年多的新农法传习。从作物的播种类别看，是围绕着家畜饲养和农产品加工进行。先前的旱田种植与汉民族差别不大，多以大豆、谷子、小麦、玉米为主，实施改良农法后，则多以农产品加工和畜产加工提高营农收入，并以畜产养殖改良营农效益，因此多种植燕麦、苜蓿、甜菜、马铃薯等。从播种的时间看，每年5月上旬至中旬种植马铃薯、大小麦，同月中旬种植水稻、亚麻、甜菜等，中下旬种植燕麦、苜蓿。耕种上实行长期轮作，以户拥12町步耕地为例，将该地分为6块，每块2町步，6年轮作。

表 5—18 日本移民轮作状况

	第一年	第二年	第三年	第四年	第五年	第六年
第一块	燕麦、苜蓿	苜蓿	甜菜、马铃薯	大豆、小豆	亚麻、玉米	
第二块	小麦	大豆	马铃薯、甜菜	燕麦、苜蓿	苜蓿	玉米
第三块		豌豆	小麦	菜豆、小豆	燕麦、苜蓿	苜蓿
第四块	大小麦		大豆		大豆	
第五块	大豆	燕麦	苜蓿	燕麦		大小麦
第六块			燕麦	苜蓿	大小麦	大豆

资料来源：［日］户塚虎之助《北海道农法长期传习报告书》，1941年，第22页。

据表5—18，轮作以燕麦、苜蓿为主，其间轮种大豆、小麦、甜菜、马铃薯等。从燕麦、苜蓿的种植频率看，日本移民确系在践行有畜农业。

燕麦可与豆类、玉米、甜菜、马铃薯进行轮作，燕麦籽实是幼畜的食物，叶、茎是一般役畜、家畜的主要食物。苜蓿是多年生草本植物，一年可收获8—12次，是饲养畜产和制作绿肥的重要原料。马铃薯、甜菜是农业加工的主要原料，残渣也是制作有机肥的上好原料。从作物的种植和轮作看，提高了家畜养殖的力度和农产品的使用率。

关于家畜的饲养，《北满开拓地区酪农经营标准案》提出，户均奶牛3头，小牛3头，同时作物种植也围绕饲养的奶牛进行。但从四户组营农实习看，奶牛数是极少的。1941年72个营农组合奶牛214头，仅北学田奶牛4头，王荣庙8头，老街基1头，南二道岗11头，朝阳村14头，合计38头，所占比例17.6%。1942年61个组合饲养役牛123头，只有一个组合饲养奶牛1头。整体而言，日本移民的家畜饲养，多为役牛，奶牛所占比例较小。

关于役马，日本人坚信日本马营农能力要强于中国马，力主引进日本马。1941年调查中，役马几乎多为中国马，日本马可忽略。1942年61个组合共有役马213匹，日本马69匹，所占比例不及三成。这样与户均日本马保有量1—2匹有较大差距。

综合所述，笔者认为对于"北满改良农法"一些基本问题须注意。第一，从地理位置上看，北海道在北纬40°至北纬45°，与"北满"纬度略有重叠。但气候上北海道属温带季风气候，年降水量800—1200mm，属降雨充沛地段，而"北满"属大陆性季风气候，年降水量为300—700mm，降雨量较集中，容易造成内涝。如果忽视这个基本问题，盲目用北海道农法改良"北满农法"，将事倍功半。

第二，毋庸讳言，"北满"传统农耕法是沿袭华北和山东地区的，其落后的人力劳作和粗放种植显而易见，但这种种植方法是在长期的实践中总结出来的，畦垄耕作法是这种实践的代表。如前所述，"北满"降雨的特点是降雨量集中，容易造成内涝，如不及时解决，容易造成减产，甚至绝收，畦垄耕作法的特点是排水快，通风顺畅，但对浅根类作物不利，所以此类作物在逐年减少。日人决定用平畦耕作取代高畦垄，建议农户多种植甜菜、土豆、苜蓿等根茎类和草本作物，但排水问题仍未解决。

第三，关于耕翻问题，户塚虎之助认为，东北耕作法实行浅耕种植，容易造成作物生长期杂草丛生，影响产量，提出深翻解决这个问题。日人早已研究，东北南部，深耕效果不稳定，有的年份增产，有的年份减产。

北部地区，无论多雨的年份或干旱的年份，深耕均表现为增产。因此，在北部提倡深耕。“北满”土质良好且开发较晚，深翻可将矿物质和腐殖质置于地表，提高种植效益。但深翻对农具、役马有一定要求，关键是日本移民对改良农具认识薄弱，无法熟练使用，而且改良农具从数量及使用上都存在问题，这个短期内无法解决。役马同样数量有限。

第四，改良农具、引进役畜，确可提高营农效益，但前提要数量充足，即实现一户一组农具及一至两匹役畜。“北满”无霜期短，整地、播种、施肥、追肥、收获都较集中，机动时间较少，且日本移民握有200亩以上的耕地，如稍有懈怠，可能就贻误农时。另外，饲养奶牛，可提高农户收入，也可延伸农户经营时间，但这对日伪期待扩大种植面积，增产增收，没有实质性帮助。

第五，日本移民侵入我国东北后，一直运用所谓的“在来农法”，且对此依赖较深，突然要实行平畦耕作，本身不是很适应。战后日人总结到，经营农业是以外延性质的扩张为主，加之受到耕作最佳季节的制约，从播种、中耕、运输到脱粒，即使有驱使7—8头牲畜的特殊本领，但在除草和收割时也根本无法用上，仍须和体力作业相结合，无法克服原始的落后状态。岛木健作在《满洲纪行》说，“我所走过的开拓团，不用当地人耕种的一个也没有”。开拓民所采用的农耕方式，仍是原有的“满洲式农法”，新式的农具在露天下已锈蚀，依然是犁杖、木头磙子、点葫芦、锄头、石头磙子。这是无法回避的事实。

小 结

关东军、拓务省对日本移民的营农是很重视的，认为这是移民的重中之重，先后制定了多个经营案。满铁、满拓也在为移民村制定经营案，希望移民的农业经营标准且有效。但它们基本都在纸上谈兵，实际指导意义并不大。在雇佣、租佃的帮助下，日本移民的农业种植可保持收支平衡。但日人认为，要践行所谓“自作农创设政策”，须逐渐杜绝租佣制度，为此大力推行“北满改良农法”。

从革新农业经营方式看，日本移民作为不大。东北营农分水田和旱田两类。水田方面朝鲜民族经验丰富，日本的水田技术不大适用于东北寒地。旱田经营东北汉民族经验丰富，日本移民也并不在行。19世纪中期，朝鲜平安北道楚山郡80多户灾民移居鸭绿江上游的浑江流域，试种水稻成功。他们不仅把朝鲜水稻技术带入东北，还根据东北气候特点和土质情况，对原有的技术进行改良，创造出东北寒地种稻技术。日伪时期，朝鲜族移民已达百余万，但多为佃租农。战争时期沦为日本帝国主义粮食生产的工具。

在旱田方面，移民侵入东北后，耕作技术多向汉族农户学习。伪满后期，日本提出革新农业经营法，用“北海道农法”改良“北满畦垅耕作法”，还聘请了农业指导员，招募了营农讲习生。试图改变这种租佣农业，但最终所谓的“北满新农法”也只是增加了一些新式农具和一些役畜，并未从根本上改变旱田经营法。随着日本的战败投降，“大陆新农法”也就不了了之。因此，在农业经营上，日本移民并未给“北满农业”带来多大的积极影响。

第六章

"满洲建设勤劳奉仕队"

日本"北满移民"除"武装移民""农业移民""满蒙开拓青少年义勇军"外，还有"满洲建设勤劳奉仕[①]队""开拓女塾"等形式。"武装移民""农业移民"及"青少年义勇军"，国内外研究较为充分，孔经纬、高乐才、孙春日，山田豪一、浅田乔二、冈部牧夫、白取道博等中日学者都有专题研究。但对于"满洲建设勤劳奉仕队"则似乎关注不够。1980年姜念东等编著《伪满洲国史》、1995年谢学诗《伪满洲国史新编》、王承礼等主编《苦难与斗争十四年》（上中下）、2000年高乐才《日本"满洲移民"研究》等，对此都只字未提。

其间日本帝国主义侵华档案选编方面对"满洲建设勤劳奉仕队"给予关注。1991年，中央档案馆、中国第二历史档案馆和吉林省社会科学院合编《东北经济掠夺》"大规模日本移民计划的推行"部分，将"满洲建设勤劳奉仕队"列入日本青少年移民类。在"编者按"中，认为日本青少年移民有三种形式："满蒙开拓青少年义勇队移民""满洲建设勤劳奉仕队"和"开拓女塾"[②]。对此移民形式有所提及，并作了资料性整理。

关于该课题的研究，日本仅有白取道博《关于"满洲建设勤劳奉仕队"基础的考察》（《北海道大学教育学部纪要》2000年第80号），对日本国内的研究状况作了介绍，并讨论了其政策变化及队员的编成。窪田祥宏《兴亚学生勤劳报国队の大陆派遣》（《日本大学文理学部研究

① "勤劳奉公"之"奉公"，日语可以理解为国家效劳。"勤劳奉仕"之"奉仕"是为公益事业服务、尽力。这个两个概念可以理解为，在奉公精神下支配，国民进行具体的奉仕公益性质的劳动。

② 中央档案馆等编：《东北经济掠夺》，中华书局1991年版，第681页。

纪要》2000年第60号），对日本大学“勤劳报国队（学生队）”组织编成、派遣、返回等方面史实进行全面考证。中国方面刘萍《伪满“勤劳奉公法”的出台及其与协和会的关系》（《抗日战争研究》2006年第3期），在论述伪满“勤劳奉公”制度时，对“满洲建设勤劳奉仕队”有所触及。

学术界对此关注较少的原因，笔者认为，除了资料分散外，主要还是对“满洲建设勤劳奉仕队”认识存在偏差。一则如将其归入移民侵略政策，但它声称只“服务于农耕、土木和其他生产建设事业”，派遣的学生队、教学队等还有所谓的“入满”“离满”之说，即他们是有可能返回日本本土的，所以，认为这和移民侵略似乎不搭边。二则如不将其归入移民侵略的范畴，但它又是一项独立的移民制度，存在“开拓生产队制度”“农业生产队制度”（包括报国农场制、米谷增产制及特设农场制），长期从事农业生产是定居生活的基础。

“满洲建设勤劳奉仕队”是一项独立的移民侵略政策，日本帝国主义对此寄予厚望，在粮食掠夺方面甚至一度取代农业移民。七年间（1939—1945）共输入此类移民69097人，其中长期从事农业生产性质的队员51563人，所占比例78.35%。所以，农业生产是该制度的主要任务，如这样看的话，它的移民性质就毋庸置疑了。

本章拟利用目前可看到的中国和日本档案文献①、笔供口供及报刊数据，结合伪满“勤劳奉公”运动，将“满洲建设勤劳奉仕队”分为“长期勤劳奉仕队”和“短期勤劳奉仕队”。“长期勤劳奉仕队”主要是指“开拓生产队制度”或“农业生产队制度”，此类人数众多，有移民性质。“短期勤劳奉仕队”主要是指学生队及与之相关的一些制度，他们的作业具有“服务性”或“临时性”，其人数有限，但其与伪满“勤劳奉公”运动有某种连续性。所以，在“援助”与“移民”之间，结论是：“满洲建设勤劳奉仕队”制度与移民侵略政策无甚差别。

① 日本在1993年和1994年相继刊印由北博昭编《满洲建设勤劳奉仕队关系资料》和《兴亚学生勤劳报国队关系数据》，但利用起来并不容易。另外，1942年和1944年《满洲开拓年鉴》有分布。我国黑龙江省和吉林省档案馆藏有上千件移民档案材料，2003年这些档案由广西师范大学出版社相继影印出版，基本保持了档案的原貌，其真实性、可靠性毋庸置疑，这中间也零星的分布着“满洲建设勤劳奉仕队”的一些数据。

一 “满洲建设勤劳奉仕队”名称及构成

关于“满洲建设勤劳奉仕队”名称问题，1940年以前分别称为“兴亚青年勤劳报国队”“兴亚学生勤劳报国队”。“兴亚青年勤劳报国队”由日本农林省、拓务省实施派遣，“兴亚学生勤劳报国队”则由日本文部省具体负责，两者互不统属。其中，向东亚派遣的“勤劳报国队”又称“东亚勤劳报国队”，主要包括我国东北、华北、内蒙东部，后来还有华中和华南。1940年4月，文部省、拓务省（1941年11月“大东亚”省）、农林省（1943年11月农商省）三部门次官联名，将向我国东北派遣“兴亚青年勤劳报国队”和“兴亚学生勤劳报国队”统称为“满洲建设勤劳奉仕队”。

同时，由上述三部门统筹日本侧“满洲建设勤劳奉仕队”的派遣。“大东亚”省设立后，专门成立了“满洲建设勤劳奉仕队”本部，具体操作此事。“满洲国”则由开拓总局负责，还为此成立了“满洲建设勤劳奉仕队”中央实践本部，具体负责安排日本“勤劳奉仕队”。

1939年5月，满洲建设勤劳奉仕队中央实践本部编制了《满洲建设勤劳奉仕队要纲》（以下简称《要纲》）。该《要纲》包括方针、要领（13项）及处置（4项）。“方针”提出，在时局变动的情况下，加强日本青年对大陆国家的认知感，并可补充日本对“满洲移民”之不足。“要领”包括名称、组织、编制、运营机关、宣传募集、输送、勤劳作业、“勤劳奉仕”时间、“现地”设施配置、生产物处置等方面。“组织编成”将“勤劳奉仕队”分为甲乙种。甲种以农村青年为主，以出身地域为单位，职责是农业生产，解决农村饲料问题，劳动期自播种至收获一般六个月，另外，还负责移民地的军事建设。乙种由学生组成，以学校为单位，如医疗特技队、畜产指导队等。计划每年输送10万人。1939年度甲种奉仕队6000人，乙种奉仕队4000人。“勤劳作业”包括“开拓奉仕作业”“建设奉仕作业”“技术奉仕作业”和“特务奉仕作业”四种。“开拓奉仕作业”目的是增产增收。“建设奉仕作业”主要是在“国境地带”，如飞机场、军用通道等建设。“技术奉仕作业”主要对工农业进行指导。“特务奉仕作业”主要对移民进行医疗卫生及牲畜进行保健性指导。

在实际操作中，第一次向我国东北派遣的“满洲建设勤劳奉仕队”，由日“满”双方共同参与，分甲乙两类。甲乙奉仕队基本与计划一致。“满洲”乙种勤奉队是由伪协和会组织的，包括在“满”日本学生。同年5月，伪协和会决定以协和青年团为中心，组织学生勤奉队，配合日本勤劳奉仕队。1939年5月27日，《盛京时报》载，伪满各高校及专门学校约1000名学生，加入日本“满洲建设勤劳奉仕队”，从事吉林第二松花江水坝工程的“奉仕”作业。

1940年，甲种“勤劳奉仕队”改称“长期勤劳奉仕队”，乙种“勤劳奉仕队”改称“短期勤劳奉仕队”。前者包括特设农场队和开拓国境建设队。后者包括学生队（医疗特技班、兽医特技班、农业土木特技班、农业特技班、木工特技班），女子班，师范班，教学奉仕队等。学生队、师范队和教学队由高等专门以上学校教师及师范生中产生。

1941年，“长期勤劳奉仕队”又称开拓生产队，包括特设农场班、“报国农场”、米谷增产班。“短期勤劳奉仕队”包括开拓应援作业队和特殊作业队。开拓应援作业队主要是由一般开拓团班和义勇军开拓班组成，作为“长期勤劳奉仕队”的补充。1942年“勤劳奉仕队”基本构成，包括开拓生产队、开拓应援队、特殊作业队和学生队。1943年，“勤劳奉仕队”制度就演变成以“报国农场”为主的农业生产制，一直维持到侵略战争结束。

表6—1 “满洲建设勤劳奉仕队”形式变化及人数一览

年份	成年奉仕队	学生奉仕队	特别作业队	伪满班	朝鲜队
1939	甲种勤劳奉仕队（日本青年）5693	乙种勤劳奉仕队（日本学生）1335	特务队 510 兽医班 测量班 采矿班	甲种队（青年） 乙种队（学生）	朝鲜队

续表

年份	成年奉仕队	学生奉仕队	特别作业队	伪满班	朝鲜队
1940	长期勤劳奉仕队 5270 特设农场班 开拓国境建设班	短期勤劳奉仕队 2006 学生特设班 医疗班 兽医班 农业土木班 农业特技班 测量班 采矿班 教学奉仕队 女子班 103 师范队	开拓应援作业队 1747	伪满队 一般班 特技班 特设班	朝鲜班 青年队 学生队
1941	开拓生产队 3893 特设农场班 2617 旱田农场班 水田农场班 开拓团班 1276	特殊作业队 854 特技班 581 医疗班 兽医班 农业土木班 工业班 教学班 273 女子班 一般学生班	开拓应援作业队 683 一般开拓团班 义勇军开拓团班	伪满队 一般班 特技班 特设班	朝鲜班 363 青年队 学生队
1942	开拓生产队 2855 特设农场班 1364 报国农场 1491 米谷增产特别班 1697	特殊作业队 679 特技班 140 医疗班 兽医班 农业土木班 工业班 教学班 539	开拓应援作业队 804 一般开拓团班 义勇军开拓团班	伪满队 1578 一般班 特技班 特设班	

续表

年份	成年奉仕队	学生奉仕队	特别作业队	伪满班	朝鲜队
1943	开拓生产队 4862 特设农场班 1364 报国农场 1978 米谷增产班 1270 女子班 250	特殊作业队 140 特技班	开拓应援作业队 2243 开拓团班 1743 训练所班 500		
1944	特设农场班 报国农场 米谷增产班 开拓增产促进队 开拓团班 训练所班			伪满学徒队	
1945	报国农场 4581 米谷增产班 4981				

资料来源：中央档案馆，中国第二历史档案馆，吉林省社会科学院合编《日本帝国主义侵华档案资料选编·东北经济掠夺》，中华书局 1992 年版，第 699—702 页。另，白取道博《“满州建设勤劳奉仕队”に关する基础的考察》，《北海道大学教育学部纪要》，80 号（2000），第 292 页。

综合表 6—1，从国别看，“满洲建设勤劳奉仕队”有日本、伪满和朝鲜三类。日本勤奉队是主要施行者，伪满辅助，朝鲜人数较少。需要指出的是，伪满勤奉队虽与日本同步实施，但实际承担的是日本学生队的角色。从实施的类型看，有成年队、学生队、特技队等。1939 年至战败投降，成年队侧重于粮食掠夺，最后以所谓的“报国农场”“特设农场”及米谷增产班的形式结束。学生队和特技队从 1943 年就基本消失了，主要原因是日本军国主义无止境的粮食等战略物资的需求，他们就相对不太重要了。

“满洲建设勤劳奉仕队”是一项独立移民侵略政策。它既有农业生产（包括报国农场制、米谷增产制及特设农场制）性质的长期勤奉队，又有学生参与的短期勤奉政策。形式虽不甚复杂，但侵略程度丝毫没有减弱。

二 关于基本人数的考察

《满洲建设勤劳奉仕队要纲》曾计划每年度向我东北输送 10 万队员。

1939年度希望甲种奉仕队6000人，乙种奉仕队4000人。但实际甲种队员输送5693人，乙种1335人，再加之，先遣队270人，特务班240人。实际7538人，完成率73.7%。

1940年，开拓作业队5270人，学生及教学队2006人，女子奉仕队103人，应援队1747人，其他817人。先前计划输送12841人，实际9943人，完成率88.8%。

1941年，开拓生产队3893人（包括特设农场班2617人、开拓团班1276人），米谷增产班2277人，特殊作业队854人（特技班581人、教学班273人），开拓应援作业队685人（指一般开拓团班685人），朝鲜队363人。先前计划输送17300人，实际8072人，完成率51.7%。

1942年，日本发动太平洋战争，粮食等战略物资需求增大。殖民主义者千方百计地增加粮食，报国农场就是这种需求的产物。开拓生产队2855人（特设农场1364人、报国农场1491人），米谷增产班1697人，开拓应援作业队804人，特殊作业队679人（包括特技班140人、教学班539人），一般队1578人（包括特技班和特设班），学生队380人，开拓女塾班400人。先前计划输送13000人，实际8393人，完成率88.4%。

1943年，开拓生产队4862人（报国农场1978人、特设农场1364人、米谷增产班1270人、女子青年队250人），开拓应援作业队2243人（开拓团班1743人、训练所班500人），特殊作业队140人（主要是特技班140人）。先前计划输送8250人，实际7245人[①]，完成率87.8%。

1944年，日伪计划开拓生产作业队员9500人（报国农场7000人、特设农场1500人、米谷增产班1000人），应援作业队1000人（开拓团班700人、教学班300人），另计划出动伪满学生队5000人。[②] 总计15500人（实际完成数字不得而知）。从上述五年的计划与实施看，如计划切实，完成率都较高。五年计划共输送61787人，实际输送47150人，完成率为76.3%。因此，根据对前述完成率的分析看，1944年计划为15500人，完成率以八成计是有可能的，完成数字是12400人。

1945年日本战败投降，甲种农场有队员4581人，其中女性1942人；

① 1939—1943年资料均来自1944年《满洲开拓年鉴》。

② 日本“满史会”编：《满洲开发四十年史》（下册），第533页。

乙种4981人，其中女子2249人。[①] 共计9561人。

另外，还有所谓的“乙种勤奉队（伪满方面）”，1939年527人。“现地班”（即伪满方面）1940年1457人，1941年878人，1942年3093人。这两个概念主要是指在伪满工作或上学的日本青年或学生，合计5955人。

综上所述，1939—1945年，属广义上“勤劳奉仕”制度的队员共计69097人，从日本直接派遣的队员58142人。其中从事农业作业45608人，占所派遣总数的63.17%，开拓应援队员6479人，所占比例8.97%，特殊作业队员2996人，所占比例4.25%，学生队员4329人（包括113人的朝鲜学生），所占比例为6.0%。

再以本书所主张的形式分析，“长期勤劳奉仕队”人数51563人，需要说明的是，此处将“满洲现地班”5955人归入其中，理由是他们已长期定居该地，和“长期勤劳奉仕”制度所显示的移民性质一致，那么其所占比例即为78.35%。“短期勤劳奉仕队”人数12804人，所占比例19.7%。

三 “满洲建设勤劳奉仕”

（一）“长期勤劳奉仕”

近人马毅认为，“满洲建设勤劳奉仕队”的派遣是为了完成一般农业移民未完成之侵略任务。[②] 进而言之，笔者认为“长期勤劳奉仕队”的派遣是为了完成一般农业移民未完成之任务。本节以“报国农场”“女子勤劳奉仕队”为例对此略作分析。

“报国农场”分为甲乙类。甲种是独立设置，主要集中在布特哈、巴彦旗、扎兰屯等“北满”地段。乙种农场设置在移民团内，主要是米谷增产队。截至1943年6月底，甲种农场17个。[③] 1944年，为了加大掠夺粮食的力度，日伪又增设了33个。截至1944年2月，甲种农场达51个。[④] 截至1945年日本帝国主义战败投降时，甲种农场已达57所，乙种

① 日本“满史会”编，《满洲国史（分论）》（下），1990年，第318页。

② 马毅：《东北现势》，独立出版社1944年版，第110—111页。

③ 中央档案馆等编：《东北经济掠夺》，第702页。

④ 黑龙江省档案馆，黑龙江省社会科学院历史研究所编印：《日本向中国东北移民（档案史料选编）》，1989年，第230—232页。

农场15所。他们多数集中在铁路沿线，运输便捷，且土质优良地域。关于“报国农场”设置的具体状况可参见表6—2。

表6—2　　　　1944年的“报国农场”状况

农场名	计划人数	所属县旗	裕家大顶子岛根	50	依兰
东京	150	长春	洼丹岗长野	450	汤原
关东州经济会	200		巴兰青森	70	
福井县御岳乡	150	盘石	浑阔冈山	150	
饮马河高知	300	九台	吉祥青森	50	鹤立
大榆树神奈川	150	怀德	七虎林鸟取	50	密山
蔡家沟东京	200	扶余	完南村东京农大	150	
金路河广岛	150	德惠	山形	140	宝清
山梨	150		东模林长野	100	
上金马川广岛	150	舒兰	和歌山	150	宁安
大和山形	50	甘南	桦林香川	150	
吴山福岛	100		半截沟香川	150	
兴亚福井	150		卢屯香川	150	
白家	150	通北	南山市爱和	70	
新泻	150		东宁	400	东宁
琦玉	150		高柴山形	50	阿城
九道沟郡马	150		老石房长野	50	木兰
王荣庙香川	150	绥棱	双喜岭长野	50	
双泉镇德岛	100		后河奈良	150	汪清
诺敏河爱媛	150		马川子滋贺	150	珲春
考永府岩手	100	庆安	佐伯大分	150	昌图
秋田	150	嫩江	三台子长野	150	康平
枥木	150	桦川	伊和生长野	150	盘山
公心集长野	50		成吉思汗	150	
宝山山形	50	富锦	关家三户青森	60	布特哈
太平富山	150	依兰	麒麟千叶	150	
			合计	7100	共29县

资料来源：本表据伪开拓总局1944年2月《报国农场设置要纲案》，见档案史料选编《日本向中国东北移民》，第230—232页。

通常情况，一个农场占地300公顷，放牧、采草地、薪炭备林地200公顷。每个农场大体150名，队员为农村青壮年、辍学生和女子。输送前进行一系列农事训练。农场经营的资财及资金由伪满政府和满拓公社提供。另外，日“满”政府还对“报国农场”进行补助，包括农业经营费、农场创设费、队员伙食费，住宿费等。作业周期一般是六至八个月。一个作业周期后，每个农场都留有一定数量的人员，为下一个周期储备人力、物力。这样长期轮换式的生产、应援，提升了他们对“北满”的认识及营农能力。甚至可以说，只要日本帝国主义需要，他们随时都可转化为严格意义上的农业移民，况且乙种农场本身就设置在移民村内。

1944年，《报国农场设置要纲案》对设置的目的进行说明，其一，“为了适应紧急增产的要求，高效率地发挥勤劳奉仕队的营农能力，决定设立报国农场，以收开拓增产之实效，有利于大东亚战争之最后胜利”。从“以收开拓增产之实效”看，日本帝国主义似乎在抱怨农业移民营农乏力，无法提供足够的粮食，即“满洲开拓政策”已名存实亡。其二，“满洲建设勤劳奉仕队”的主要功能已变为农业生产了，即伪满后期“报国农场”几乎就等同于“满洲建设勤劳奉仕队”。因此，从逻辑上讲，伪满后期“满洲建设勤劳奉仕队”即为“报国农场”，“报国农场”可代替农业移民。这点在《报国农场设置要纲案》“措施”项第四条可完全印证，“报国农场”队员要求留在该地区或其他任何开拓团定居者，应积极加以辅导。

关于“女子勤劳奉仕队”问题，《满洲建设勤劳奉仕队要纲》没有作过多说明。但并不等于说“女子勤劳奉仕队”就可忽略。1940—1943年，特殊作业队女子班成员753人。截至日本战败投降，甲种“开拓农场”队员4581人，其中女子1942人，乙种农场队员4981人，其中女子2249人。女子所占比重43.83%。已婚女子主要承担家事、农事、军事等任务，独身女子除农事、军事外，还是青年男子移民的“候补新娘”。1942年9月，“满洲开拓”《第二期五年计划实施目标》规定，要运用“女子勤劳奉仕队”制度，对女青年及其母亲进行教育，确保青年移民对配偶的需求。所以，陈野守正认为，独身“女子勤劳奉仕队”员被输入中国东北，除承担必要的农事作业外，“大陆花嫁”就是其主要任务。[1]

1943年，日伪出台“开拓女塾”政策，专门对有志于成为移民配偶，17—25岁日“满”独身日本女子，进行殖民培训。训练内容包括“皇民”修炼、协和训练、生活训练、农事、家事、情操陶冶，[2]目的是要为日本帝国主义培养出意志坚定的部落中坚妇女。截至1943年，在密山、勃利、五常、巴彦、木兰、扎兰屯、绥棱等“北满”各县开设12个所。1944年，又在秋梨沟、宁安、克山、庆安和嫩江增设5所。同年公布的《开拓女塾经营方针》还计划以后每年逐渐增设10所。

那么，我们如何认识、区别“女子勤劳奉仕队”和“开拓女塾”？第一，前者中有已婚女子，出发点是农事、家事，“报国农场”中大量女队员的存在就是如此。后者皆为独身女青年，其出发点是婚配。1941年，伪满“现地”3所“开拓女塾”，共有女青年100人。1942年，8所共有330人。1943年，12所共有452人。其中，1941和1942两年间，九成以上在中国东北实现了结婚。[3] 1945年，“北满”16所“开拓女塾”中还有309名训练生。第二，从农事角度看，“满洲建设勤劳奉仕”制度是对日本农业移民政策的一种补充，甚至代替。那么，从婚配角度看，“开拓女塾”对“女子勤劳奉仕”制度也是一种补充。但从最终施行看，二者并无本质的区别。女性移民的首要任务就是充当使移民定居的工具，这一任务从移民事业开始直至崩溃，从始至终，毫无变化。[4]如果将已婚“女子勤劳奉仕队”与“农业生产队”相绑定，未婚女子勤奉队、“开拓女塾”与“大陆花嫁”相联系，那么，“女子勤劳奉仕”制度的“永久定居”性就无须怀疑了。

综上所述，“报国农场”主要从事农业生产，女子勤奉队员基本充当移民定居的工具。那么，如何将从事农业的“勤劳奉仕”队员，理解成移民了？笔者认为可从两方面考察。首先，日本帝国主义的“百万户移民”出发点是营农及与农业关联的渔业、林业、畜牧业移民，非农移民

① ［日］陈野守正：《〈满洲〉に送られた女たち——大陆の花嫁》，梨の木舍1992年版，第68页。

② 《满洲开拓年鉴》（1944年），《满洲移民关系数据集成》（第33卷），第210页。

③ 满洲开拓史刊行会编：《满洲开拓史》，满州开拓史刊行会1966年版，第344页。

④ 中国东北沦陷十四年史编委会、日本殖民地文化研究会编：《伪满洲国的真相——中日学者共同研究》，社会科学文献出版社2010年版，第146页。

所占比重极少，所以，“农业生产”几乎就是移民的全部。

其次，第二期农业移民侵略计划几近于崩溃，而与此同时，“报国农场”、米谷增产班及特设农场数量却快速增加，其前景有取代移民侵略计划之势。据古海忠之笔供，第一期成年移民共移殖 4.4 万户 10.7 万人，青少年移民 2.1 万人。截至战败投降，日本共向我国东北殖入移民 102239 户，22.1 万人。即第二期实现移民 9.3 万人，其中有 1.6 万人是由青少年义勇军转变而来，而第二期总共殖入 7.7 万人。这其中 80% 青壮年被送往战场，移居地多为老弱妇孺，基本丧失了独立营农的能力。但 1941 年至 1945 年间共派遣勤劳奉仕队员 5.2 万人，其中从事农业的近 4 万人。此对于垂死的移民侵略政策无疑是“一缕曙光”。

那么，勤劳奉仕队员农业生产状况如何？关于这一点，以“报国农场”为例，《报国农场设置要纲案》提出，以种植水稻、大豆、大麦、燕麦、马铃薯为主，这一点与农业移民类似，只不过农业移民已基本是租佣耕种了。

（二）“短期勤劳奉仕”

“短期勤劳奉仕队”有学生特技班、教学班、开拓应援队。他们都须先在内原训练所实习一个月，然后被派遣到中国东北。本节以学生队和教学班为例略作说明，兼与伪满“勤劳奉公”比较。

《满洲建设勤劳奉仕队要纲》在“要领”中对学生的募集、输送、“归还、解散”都作了说明。一般先由日本文部省，根据关东军及军部的意愿进行募集，然后由各学校摊派完成。之后，输入中国东北，从事殖民活动。

1939 年，北海道大学 95 名学生及教师，参与了内原训练的实习，1940 年，6 名教师和 39 名学生，被派往我国东北。他们多从事医疗、兽医、农业、木工、矿工等作业。如医疗特技队一般以五六人为一小分队，为日本移民进行诊疗。1940 年，派遣了由 31 所高校参与的医疗特技队，共拼凑了 350 人。分散在“北满”各地。同年 7 月，北海道大学医学部派遣西谷锦雄等 5 名医疗队员，在黑龙江上游的呼玛、金山镇、鸥浦等地对其移民进行诊疗。

另外，学生队的军事辅助功能也不容小视。日本勤劳奉仕队制度源于德国法西斯。德国在入侵波兰的战争中，一些学生勤劳奉仕队员起了很重要的作用。他们在作战部队后面，手持铁锹，与作战部队一起，在第一线以锹代枪，为德军服务。为此，德国国防军司令部还对他们写了感谢信，“后方勤务之诸君，在通信联络的领域内，所表示的异常活跃，特别是对于道路及桥梁，铁道至复修作业，勤劳奉仕团所表示的非常协力，使军队之作战遂行容易，其力甚大”①。

学生队军事功能，主要体现在“满”苏、“满”鲜“国境地带”。在没有军事行动时，他们多进行忠君训练、军事协同生活，还附带了解当地的地理概况，如土地使用状况、桥梁架设、铁路铺设等，为所谓的“亚细亚新秩序”储备知识。② 军事行动时，在军队背后充当“枪后青年国防”的角色。我们暂且不论他们的军事作用是否有效，单就这些实践活动，可使他们了解“北满”人文环境、农业特点、土地分布及周边状况，从而强化了民族优越感。这是日本殖民统治所需要的。

窪田祥宏《兴亚学生勤劳报国队の大陆派遣》（2000）认为，在日本文部省的主持下，“兴亚青年勤劳报国队（学生队）”是“国民精神总动员运动”的一部分，主要体现了所谓的“皇国劳动观”。这种“皇国劳动观”要求学生和普通民众一样，为日本侵略战争“勤劳奉仕”。

教学队属特殊作业队，主要对“乡土部队”③ 的青少年移民进行训练。1940 年开始派遣。1943 年该形式在日伪统计数据里消失。三年间共输送 1397 人，所占比例为 2.19%。

青年义勇军初期采取不分地域的募集形式，但应募者寥寥。关东军认为，应募不成功的主要原因，是募集过于盲目，不集中，且缺乏针对性的宣传和鼓动。因此，提出应募化减少的主要对策是有组织地在高等小学校募集，将其总数的一成作为募集标准。④ 应募者减少化在理论上可解决。这种募集方式产生的青少年移民就称为“乡土部队”。1942 年 9 月，“满

---

① ［日］福田晴夫：《国民勤劳奉公制度是甚么》，《新满洲》，5：1（1943.2），第 33 页。

② ［日］天野贤定：《兴亚青年勤劳报国队に参加して》，《驹沢大学实践宗乘研究会年报》8，1940 年，第 123—124 页。

③ “乡土部队”是以高等小学校毕业生为主，同一地域出身者（郡、道府县）募集起来组成小队或中队，然后统一训练和输送。1940 年，同一府县的出身者构成的中队急剧增加。1941 年以后，“乡土中队”“乡土小队”就成为青年义勇军的主要组成形态，以后逐渐就成为一种常态。1941—1944 年，同一府县出身的青年义勇军中队所占比重分别是：83.4%、79.6%、91.5%、85.7%（据《满洲开拓史》第 325—337 页）。

④ ［日］喜多一雄：《满洲开拓论》，明文堂 1944 年版，第 110 页。

洲开拓”《第二期五年计划实行目标》，将青年义勇队组成的“乡土部队”与成人“分村移民”同等对待。

另外，日本帝国主义也将这种“乡土部队”的组成形式运用于伪满的“国民勤劳奉公”之中。半田敏治认为，伪满“国民勤劳奉公队”的主要特点之一，就是由乡土之青年而成之“乡土部队”，有所谓“乡土的名誉心”和“乡土的连带责任感”，[①] 这种组成形式便于日人集中殖民控制和掠夺。所以，“国民勤劳奉公队”以村屯为单位集中募集，日伪认为效果良好。

对“乡土部队”的“拓殖培训”，与一般青少年略有差异。在日本本土，训练地还在内原，但训练形式和教授者发生变化。《满洲开拓青年义勇队教学奉仕队派遣实施要纲》规定，日本学校放暑假后，可利用青少年殖入中国东北之机，让小学校及青年学校的教职员，与伪满义勇军训练所的相关教职员，对青少年移民进行寝食、建设、生产等方面训练。要让青年义勇军充分体验“开拓训练就是教育，军事教练就是警备”的原则。这些教授者就是教学队的主要组成者。

以学生队和教学队为特点的“短期勤劳奉仕”制度作业，时间较短，且人数较少，虽不能说来去自由，但至少有返校的可能。在1942年后，该制度基本已为伪满本地学生所取代。虽“短期勤劳奉仕”制度存在时间较短，但这种“服务性”殖民活动很快就由伪满“勤劳奉公”运动所取代。

四 伪满洲国的“勤劳奉公”运动

伪满洲国“勤劳奉公”运动与日本一样，也是随着“北边振兴计划”和“第二期五年计划”开始的，但真正开展还是在太平洋战争之后了。从实施性质看，伪满“勤劳奉公”运动累计参与虽有50万以上，但和“短期勤劳奉仕”制度一样，“服务”“从属”于“满洲建设勤劳奉仕”制度。从事的工作主要是耕地的排水、灌溉、整理，造林及林间道路修筑，军用道路建筑作业，为日本移民准备住所，一般土木工程，飞行场的

① ［日］半田敏治：《国家的经纶之国民勤劳奉公制度》，《满洲国政指导总览》，满洲产业调查会发行1944年版，第240页。

修建及防空设施的修筑等。[①] 从类型上看，分青年队和学生队，他们是用性命“援助”“服务”于日本帝国主义的侵略战争。

1939年夏，日本“满洲勤劳奉仕先遣队”抵达长春，伪满“勤劳奉仕”运动也就此开始。初期伪协和会积极呼应，“满洲建设勤劳奉仕队”中央实践本部也从中协助，主要目标是伪满青年，并避免将其称为“劳工”。因此，与日本政府有计划有组织的派遣方式不同，在伪满洲国内的“勤劳奉仕”尚处于自发时期，较多停留在舆论宣传上。1942年后，伪民生部直属机构国民勤劳奉公局宣告成立（1945年伪勤劳部），该运动遂全面展开。

首先，关于青年队，日伪先是大张旗鼓地对其进行所谓的“国民训练”，训练内容包括国民基本训练、技能训练、预备干部训练及精神训练。伪协和会在全东北设立了192个青年训练所，计划对157.2万[②]青少年进行训练。从1938至1942年，该协会已训练80472名青年及预备干部。另据伪勤劳部大臣于镜涛笔供，1945年3月为训练勤奉队所需的干部，还专为颁布过训练技术和管理劳工的干部法令。[③] 根据这个法令，在大屯设立青年勤奉队训练所，训练在职干部和养成大批新的干部。同时，伪勤劳部计划三年内训练勤奉队员100万，但日本很快就投降了，该计划也就流产了。

其次，青年队队员着装统一，学日语，作息时间严格，属半军事化队伍。其中，各地方的最高组织者称“司令”，省的正副司令由各省省长、次长担任，市县旗的正副司令为各市县旗长、副市县旗长担任。组织形式分一般队和特技队两类。一般以编成中队为基础，作为的队的集结、训练、作业及内务的单位，人员以300名为标准。大队由若干中队组成，中队大体分5个小队，小队分3个分队，一个分队20名成员。[④] 基层机构情况，据参加过勤奉队的当事人回忆，勤奉队的机构设置有统一的规定，根据每个县旗大小，基本设立大队、中队、小队、分队。大队设大队长1人，大队副1—3人；中队设中队长1人，中队副1—2人；小队设小队长

① ［日］福田晴夫：《国民勤劳奉公制度是甚么》，《新满洲》第5卷第1号，1943年第2期，第32页。

② 中央档案馆等编：《伪满傀儡政权》，第642页。

③ 中央档案馆编：《伪满洲国的统治与内幕——伪满官员供述》，第245页。

④ 日本“满史会”编：《满洲国史（分论）》（下），1990年，第841页。

1 人；分队有分队长。[①]

伪满勤奉青年队组织严密，对队员控制相当严格。伪满后期，为加强对奉公队员的控制，规定“凡年龄 17 岁至 56 岁”之间的男子必须实行国民手账登记制。在义务劳动期间，为防止队员逃跑，实行严厉的点名制度，以加强其法西斯管理。1945 年 2 月 16 日，所谓《康德新闻》载，“通化县公署动员科勤奉股，依据省当局之指示，为彻底明了勤奉义务者之动静……特对以下各村之勤奉义务者实施点呼”。

伪满勤奉队劳动条件极差，“勤劳奉仕”亲历者回忆当时的顺口溜：“勤劳奉仕倒透雷，饭不够吃咸菜堆，肚子饿了喝凉水，穿着破裤子露大腿”。[②] 住的是席棚，下雨就漏，吃得坏且不够吃，劳动时间在 15 个小时以上，因此，死亡率在 4% 以上。现东北各县文史数据关于这方面的记录举不胜举。

伪满学生队由大中学生组成，每学年都要从事 3 个月以上的义务劳动。1942 年公布了“学生勤劳奉公令”，要求大学及类似大学的学校中男学生每年都要参加勤劳奉公学生队。1944 年又公布学生的“勤劳奉公法”，规定中等学校以上男女学生，每年分班轮流实行 4 个月到 6 个月的校外劳动。否则将不准予毕业。但如果学生勤奉执行符合其要求，则可不考虑功课的好与否，都可视作合格。1945 年 1 月 17 日，《康德新闻》载，“若勤劳奉公达五个月以上时，则不课此科亦可”。学校理应是脑力劳动教育的场所，此时却成为体力劳动的输送地。

如将伪满勤奉队与日本勤奉队略作比较会发现，两者似乎都有“枪后青年国防军”的意味，实则差别很大。前者组织形式虽是军事化，但实质只是军事化管理下的劳工。后者兼有战略农业移民之功效。另外，有一点不容忽视，就是后者对前者的推动作用，这从上述对东北青年所谓“国民意识”的训练、军事化的组织形式、学生勤劳报国等方面可略窥一二。

如上所述，伪满勤劳奉仕制是以日本为旗帜，而日本是以德国法西斯为榜样。德国的勤劳奉公制，既解决了劳动力问题，又对德国青年进行了

---

① 《伪满兴安史料》，《内蒙古文史资料》第 34 辑，1989 年，第 196 页。

② 吉林省白城市委员会文史资料委员会编：《白城文史资料》第 1 辑，1999 年，第 286 页。

法西斯教育，即具有经济和教育双重功能。伪满洲国同样如此，既要确保劳动力，还要以所谓“建国精神”为目的进行“国民意识”训练，彻底奴化伪满青年，为日寇侵略中国充当马前卒。

五　伪满“勤劳奉公”人数之考辨

关于伪满勤奉队数量，各种数据记载不一，且差别较大。据于静远笔供，勤奉队员的征集数量，“预定每年20万人”。具体施行的流程，另据金名世笔供，首先由关东军、伪协和会提出，然后“由伪国民勤劳奉公局按需要的多寡，定编队的多寡”。上述二人的供述是可信的。其一，每年动用勤奉队，是由伪民生部来“定编”，各地方具体摊派执行。其二，于静远是1942年9月至1944年11月担任该职，也正是这个制度大规模实施之阶段，金名世于同年12月接任该职。因此，勤奉队的“定编”，他们或多或少参与其中。

关于年度实际提供数量，伪国务院总务厅长官武部六藏的供述，1943年动员了6万人，1944年动员了约20万，1945年预定动员30万。对于武部氏供述的可信度，可从两个层面进行分析。

首先，从部分伪省份对所辖区域的征集量看，1943和1944两年伪吉林省征集到7万人。1943年7月到1945年8月，伪滨江省每年动员6万。1943年到1944年，伪奉天省两年征集量高达14万。1943年伪间岛省将大约1.2万人编入勤奉队。综合以上四组数据，1943年，伪吉林、伪滨江、伪奉天及伪间岛省四省征集奉公队员21.2万人。1944年，伪吉林、伪滨江和伪奉天三省征集20万。这还不算其他省份。所以，武部六藏供述1943年动员了6万，可能是部分省份提供的数据。

其次，伪满勤奉队员是以每年不符合征兵要求的青年为主，即普通民众所说的“国兵漏”。而每年的“国兵漏”不大可能超过30万，换言之，每年的勤劳奉公人员是不会超过30万的。因此，1945年计划动员30万可能是日伪压榨东北青年的最大值了。谢学诗援引古海忠之笔供认为，“1943年达到2万人，1944年3.2万人，1945年计划动员15万人”。显然是部分数据。综上分析，1943年征集量超过20.2万人，1944年达23.8

万人[①]，1945年计划30万人。

关于伪满勤劳奉公的死亡数量，据伪满官员供述，勤奉队员过劳生病死亡率一般在4%—5%，有的甚至达20%以上。伪满国民勤劳奉公局长半田敏治报告，1942年队员死亡800余人，1943年死亡3200余人，1944年死亡4800余人。另据伪兴农部大臣于静远供述，三年中共9000人死亡。学生情况较青年略好。据1943年4月任伪文教部大臣的卢元善供述，1944年，大学学生2万人，国民高等学校16万，共18万人在各地工矿充当劳工，学生勤劳奉公因过劳生病死亡率0.5%。

小 结

关于“满洲建设勤劳奉仕队”派遣的目的，1941年《满洲建设勤劳奉仕队要纲》在方针中提出，“有助于产业开发、北边振兴计划和日本农村的更生与振兴，动员日满两国的勤劳青年，组成满洲建设勤劳奉仕队”。此处所说的“北边振兴计划”，据古海忠之供述，“鉴于日本军队进驻满洲北部国境地带，而这些地区缺少铁路、公路、电讯、电话、电力，以及其他各种城市设施。伪满政府根据关东军的要求，从1939年起，用三年时间在该地区建设和充实上述各项设施，就是北边振兴计划”。“产业开发”特指“第二个五年计划”，该计划首先要确保对日物资供应，加大对战略资源如煤、铁、粮食等的掠夺。“日本农村的更生与振兴”，据柚木骏一研究20世纪30年代的经济危机，对日本的农业冲击极大，使大量自耕农、佃农、贫农阶层贫困化加剧，同时也使地主阶级陷入困境。为了使农业摆脱贫困，日本法西斯决定“输出危机”。“满洲建设勤劳奉仕队”制度和移民侵略计划皆为“日本农村的更生与振兴”的主要内容。

再，比较伪满和日本的“勤劳奉仕”，无论是伪满“勤劳奉公”运动，还是日本“满洲建设奉仕队”，都是“义务劳动”的幌子，以“北边振兴计划”和“第二期五年计划”为导火索，真正的目的是资源掠夺。日本帝国主义认为，日本之所以是现代化的国家，是因为其国民意识发

① 日本“满史会”编：《满洲国史（分论）》（下），1990年，第828页。

达，视劳动为崇高严肃的东西，“勤劳是国民的义务，也是荣誉”。而伪满洲国之所以国民意识不发达，就是因为其鄙视劳动，视劳动为下等人的事。因此，伪满洲国须效仿日本国民皆劳体制，确立“劳动就是义务”的观念。勤劳奉公运动就是“举国实践之道、为兴亚之推进力”，重点于精神的陶冶训练，“精神训练”的着眼点在于清算队员之唯物的世界观。① 但到了太平洋战争后，“服务”“援助”性的“短期勤劳奉仕队”基本停止进行，伪满“勤劳奉公”运动则取而代之，使其得以继续运行。“长期勤劳奉仕队”制度渐渐的偏离了这个方向，更坚定地向农业定居移民上转变。

此时或许有人疑惑，短期勤奉制度从人数上相较长期勤劳奉仕是次要的，但如果补之以伪满 50 万以上人数，还是次要的吗？那么，在“援助”与“移民”之间，还能确定“满洲建设奉仕队”制度与移民无甚差别？对此须明白，伪满“勤劳奉公”运动首先是一场“苦力”掠夺运动，其次以培育奴性的“国民意识”为主。之所以将“短期勤劳奉仕队”制度与之相提并论，主要还是因为它不具有长期约束力。“长期勤劳奉仕队”制度对土地粮食资源的掠夺与农业移民是一致的。其次，这种侵略形式对于我国极具侵略性。所以，“满洲建设勤劳奉仕”制度是日本帝国主义继“武装移民”“农业移民”“满蒙开拓青少年义勇军”之后，对我国东北进行移民侵略的又一重要形式。

那么，我们如何认识“满洲建设勤劳奉仕队”政策？近人马毅认为：“‘满洲建设勤劳奉仕队’是日寇鉴于本国人畏怕寒冷，不肯北进，故在国内用宣传诱导方式，在东北用高压强迫手段，招致中倭两国之青年，强迫从事于农耕、土木及其他各种苦工，美其名曰‘勤劳奉仕队’。”② 他认为，第一，“满洲建设勤劳奉仕队”是日本主导下的日“满”共同行为，非日人或伪政府单独行为，这一点无可厚非。第二，认为中日两国青年同为苦力，均是受害者。关于这点笔者认为，必须将伪满“勤劳奉公队”与日本“勤劳奉仕队”区分开，不可等同。在日本军国主义的控制和灌输下，法西斯思想、民族优越感已占据了日本青年的头脑，统治、奴役殖

① ［日］半田敏治：《国家的经纶之国民勤劳奉公制度》，满洲产业调查会发行 1944 年版，第 237—238 页。

② 马毅：《东北现势》，独立出版社 1944 年版，第 53 页。

民地民族已成为主流思潮。所以，马毅认为双方都是受害者，显然不符合日“满”当时的实际状况，事实上，日本“勤劳奉仕队”确是受害者，但更多的是施害者，伪满“勤劳奉公队”则毫无疑问是受害者。

第七章

近代“北满”社会秩序之历史考察

关于近代“北满社会”的讨论，实际是近代东北移民史的延伸。从民国初至今，该领域的研究成果丰硕，似已无讨论之必要。笔者以为，以往研究解决了不少问题，但似乎有个常态，即晚清至“九·一八”事变前，东北移民史的研究似乎仅限于关内移民。“九·一八”后，则着重考察日本“满洲移民”。此法确可使关内移民、日本“满洲移民”研究深入化、细致化，可阶段性的考察该区域人口之变化、经济之发展及民族之变迁，但从整体史角度看，这种割裂对系统性考察东北社会秩序的变化是不利的。本章以“北满”为研究区域，以俄国移民、关内移民、朝鲜移民和日本移民为考察对象，将1860—1945年的移民史贯通考察，以主流移民和非主流移民的形式讨论移民体在“北满社会”中的功能。另外，还从县的设治和乡村秩序的变迁，解构“北满”社会秩序的变化。

一 “北满”主要移民体

“北满”人口结构较为复杂，有关内移民、朝鲜移民、俄国移民和日本移民，还有波兰人、德国人、英美人等。其中波兰人、德国人、英美人多从事商业，为侨居，非永久定居。俄国移民多定居于东省铁路沿线各城市。日本移民在“九·一八”事变前也多从事商业，仅有千人从事农业，事变后遂以永久定居为目的。关内移民、朝鲜移民主要从事农业，为定居移民体。

(一) 俄国移民

东省铁路修筑及通车，俄国大批工程技术人员、文职人员、军队警察等在海拉尔、满洲里、哈尔滨等沿线居住，成为“北满”不可忽视的移民体。其中，哈尔滨最为集中，1912 年该市总人口 68549 人，其中俄国人 43091 人，占 63.7%。到了 1922 年俄国移民达到 155402 人，直到 1928 年，还有 10 万余人。① 另据《远东报》载，1917 年，铁路沿线俄人共 47868 人，海拉尔 5554 人，满洲里 3257 人，横道河子 2652 人，其余依次分布在铁路沿线。

十月革命后，大批白俄分子由西伯利亚涌入“北满”，据表 7—1，1918 年，哈埠俄国人 6.02 万人，以后逐年上升，至 1922 年达到最高值 15.5 万人，这主要是因为苏俄政权在 1921 年彻底击溃了国内反对势力，迫使其向“北满”移居，或通过“北满”向外迁徙。以后平均每年也有 7 万人左右。

表 7—1　1917 年后哈埠俄国人数

年份	1918	1920	1922	1924	1925	1926	1927	1928
人数	60200	131073	155402	58559	92852	54644	55959	108666

资料来源：李德滨、石方《黑龙江移民概要》，黑龙江人民出版社 1987 年版，第 139 页。

从俄国人居住特点和就业看，他们集中居住在城市，从事非体力劳动，教育采用西方模式，宗教信仰自由，较易维护自己的政治权利和经济利益。他们在哈尔滨开办了初中、高等及各类职业学校 20 余所，有一套完整的教育体系。还办报纸、建文化研究机构等。圣索菲亚教堂与圣·尼古拉中央大教堂、圣母报喜教堂并称为哈埠的三大教堂，是其主要的宗教活动场所。

单就哈埠而言，俄国移民占有绝对优势。但就整个“北满”而言，他们并不具有任何优势，尤其是帝俄被推翻后，其地位、利权更无法保障，其人数即便是鼎盛时期，也仅在 20 万左右。

---

① 李德滨、石方：《黑龙江移民概要》，黑龙江人民出版社 1987 年版，第 138—139 页。

（二）朝鲜移民

“九·一八”前，东北朝鲜人有62万人，其中39.5万人居住在今延边地区。① 同时，以该地域为中心，由近向远，逐步向“北满”腹地移动。朝鲜移民是“北满”重要的移民体。据表7—2，1922年共有2312户9253人，分布在十多个县市，其中宁安、密山、东宁三县1539户6441人，户数占66.6%，人数占69.6%。据表7—3，到了1930年增加到10745户49611人，分布的县市由先前10个扩展到22个，1千人以上移民地域增加到11个，宁安、东宁和密山三县人数均在4000人以上。鉴于上述三县临近“间岛”，说明“北满”的朝鲜移民，除了少量从本土和俄远东移入外，多数是就近迁徙。同时，随着南部人口压力的增加，朝鲜人不得不再向“北满”其他地域迁徙，而且这种迁徙的速度是惊人，1922—1930年八年间户数增加了4.65倍，人数增加了5.36倍。

再，结合表7—2和表7—3，朝鲜移民在“北满”人数增长迅速，几乎分散在每个角落，在局部却是共同生产，共同经营，均加入宗教组织。1920年，朝鲜人特有的天道教扩展到绥芬河地区。在宁安和东宁该教组织垦民每户出资2元，租入土地，集体耕作，还调节生产品的购买和生活品的供应。② 这种聚居性的生产生活在朝鲜移民中较具特色。

表7—2　　1922年“北满”朝鲜移民人数及分布

	哈尔滨	滨江	双城	同宾	宁安	穆棱	密山	东宁	富锦	依兰	其余
户数（户）	132	5	26	109	953	172	298	285	13	5	314
人数（人）	691	15	78	423	3705	895	1192	1544	32	17	661

① ［日］冈部牧夫：《朝鲜人农业移民》，《伪满洲国的真相》，第160页。

② 孙春日：《中国朝鲜族移民史》，第392页。

表 7—3　　1930 年“北满”朝鲜移民人数及分布

	阿城	滨江	双城	宾县	五常	珠河	苇沙	宁安	东宁	穆棱	同宾
户数	501	450	146	180	262	438	94	2003	1040	268	438
人数	2011	1855	400	812	1235	1667	392	10015	5200	1265	1667
密山	方正	依兰	勃利	桦川	富锦	宝清	同江	绥远	饶河	虎林	其余
803	70	168	116	20	25	43	3	594	454	81	2548
4207	347	715	576	125	139	252	16	2823	2296	311	11285

资料来源：［日］船桥治统《满洲移民关系资料集成》（第 17 卷），日本不二出版社 1991 年版，第 272—283 页。

整体而言，朝鲜移民属生存型迁徙，居住较为分散，且在“北满”绝对人数有限。这对他们获取经济利权、政治利益是不利的，所以无论在城市，还是农村，都属边缘性的移民体。“九·一八”后，日伪对朝鲜移民的基本方针是“不阻止、不奖励的放任政策”，但其移民的热情很高。《朝鲜农民移住满洲问题》的报告认为，每年都有相当的数量增加，增加多少，未明确说明。但保守估计，每年至少有 2 万人。

日本百万户移民出台后，关东军和朝鲜总督府开始积极推行朝鲜移民政策。1936 年，满鲜拓殖会社成立，开始计划向“满洲”输送朝鲜人，其中“北满”是重点输送地。朝鲜总督府计划用 15 年时间分批输送朝鲜人移民 15 万户 75 万人。[①] 1938 年 7 月，日伪出台《鲜农处理要纲》，将朝鲜人也分为集团、集合、分散移民。1939—1942 年共移民 47335 户，朝鲜人家庭规模一般较大，如以户 5 人计，四年间至少移居 23 万人。第二期计划每年移民 1 万户，集团移民和集合移民各 5000 户。但由于大量青壮年被强行征用，朝鲜移民与日本移民一样，变得有名无实。

（三）日本移民

“九·一八”事变前，日人在“北满”多从事商贸业、服务业。1914

① ［日］船桥治编：《满洲移民关系资料集成》（第 12 卷），日本不二出版社 1992 年版，第 249 页。

年，黑河地方就有日人开办的药铺、理发所、旅馆、成衣铺 31 家，漠河镇有妓院 13 家，理发所 1 家，医院 2 家。[①] 在满洲里、安达等地也有日本移民经商。1924 年，“满铁”在哈埠开设了“北满贸易馆”，还在齐齐哈尔、海拉尔、海伦、宁安、牡丹江、佳木斯、富锦、依兰等地设分馆。1918 年，哈埠日本移民 2768 人，1920 年，增加到 3759 人。1927 年前后，哈埠日人已超过 4000 人。

“九·一八”后，为了实现“移国于大陆”的迷梦，日本政府推行移民侵略政策。1932—1936 年试图以退役军人为主体，希望能探索出一条移民侵略之路径，但试验效果不尽如人意。主要表现是，武装移民自杀、被杀率较高，退团率居高不下。此阶段前后输送了五次，共九个移民团，第一次 1131 人，第二次 1188 人，第三次 300 户 614 人，第四次 500 户分成两个移民团共 982 人，第五次 1000 户分成四个移民团，共 2177 人。后因退团的缘故，关东军又鼓动有家室移民的家属入殖，并单身移民寻找“大陆新娘”，至 1939 年前五次移民合计 2330 户，7113 人。[②] 试验移民濒临破产，但广田弘毅内阁还是孤注一掷地推出了“百万户国策移民”，并将其列入七大国策。此期间，20 余万农业移民被输往“北满”腹地。

据古海忠之 1954 年 6 月 29 日笔供，日本农业移民总数约 8.8 万户，21 万人，青年移民 1.8 万人，共计约 22.8 万人。另，据战后日本大藏省统计，截至 1945 年 8 月，日本“满洲移民”102239 户，220968 人。两组数据相差基本不大。所以，1932—1945 年日本农业移民超过 22 万是可以确定的。其中，以黑龙江为主的“北满”地区占 79%以上。

还有，官方认为不是移民的，实质等同于移民，如“满洲建设勤劳奉仕队”。该移民类型仅次于“满蒙开拓青少年义勇军”，是一项重要的青少年移民形式。七年间（1939—1945）日本共输入 69097 人。

---

① 辛培林：《中华民国时期黑龙江地区沿革》，《黑龙江沿革史讲稿》，1981 年，第 369 页。

② 日本东亚研究所：《关于满洲开拓民的资料性调查研究（中间报告）》，1941 年 4 月，第 56—57 页。

表7—4　"九·一八"后关内移民、日本移民、朝鲜移民之数量变化

年份	关内移民		日本移民	朝鲜移民
	迁移数	回流数		
1931	417000	403000		
1932	373000	449000		672649
1933	569000	448000		673794
1934	627000	400000	179000	761594
1935	440000	420000	242000	826570
1936	360000	383000	319000	888181
1937	323000	259000	393000	893083
1938	492000	252000	418000	932000
1939	986000	391000	522000	1056000
1940	1319000	857000	642000	1162000
1941	918000	688000	862000	1345000
1942	1004000	596000	1017000	1465000
1943			1097000	1541000
1944			1148000	1643000
1945			1213000	1719000

资料来源：王成敬《东北移民问题》，《东方杂志》第43卷第14号，第16—18页。

另外，大量"在满日本人"多在伪政府中担任职务、从事商贸、工矿业等，此类人数众多。据表7—4，伪满初期，"在满日本人"人数仅20万—30万，但到后期，人数已达到120万。他们实质也是移民。这个可从伪满国籍法的难产说起。根据伪国籍法草案，只要日人愿意，随时可取得伪满国籍，但日本国籍法规定，取得他国国籍，就得脱离日本国籍。这是日本人所不愿看到的，也不符合其战略意图，所以伪满国籍法迟迟未出台。1934年，日伪决定施行户口调查，用暂行户籍法代替国籍法。既然日人有了伪满洲国的户口，即户籍，不论其是否脱离日本国籍，他们也是伪满的日本移民。

（四）关内移民

1860年，清廷计划移民以固东北边疆，但基本只停留在文件上。直

到俄筑东省铁路，才切实实行。1897—1922 年，移民虽缓慢而持续的增长，但季节性移民占据多数。季节性迁徙是指无永久居住打算，每年二三月开始，由于该地域无霜期短，十月前后又返回关内。1917 年约 33.4 万山东居民通过各种途径抵达东北，冬季约 22.1 万人又返回山东；1918 年约 45.1 万人前往东北，冬季 33.1 万人又返回了，[①] 返籍率在 60%—70%。人口流动的频繁对于形成稳定的社会是不利的，也使“北满”在一段时间内被称为“流动的社会”。

20 世纪 20 年代，当局全力推行移民固边，关内向“北满”迁徙大幅增加，定居人口呈上升态势，村屯、县旗数明显增多，移民社会稳步形成。出现这种变化的主要原因是，其一，民国时期，华北地区人口稠密，农户负担持续加重，人多地少日益严重。其二，军阀统治，战乱不休，干旱蝗灾兵灾匪祸接连不断，普通民众生存压力加大。其三，东北当局出台了许多措施接济、奖励移民垦荒，还与山东省协议组织山东灾民赴黑龙江垦荒。1923 年，当局通过《移民和开发计划》，制定《难民救济规定》《新入境难民救济规定》等政策，提出按计划给移民一些特殊福利，如发放救济金、提供建房资金、帮助解决安家落户问题，鼓励移民定居。另外，随着东部内蒙古、嫩江流域北部、松花江下游、牡丹江流域的全面开放，可供农业移民选择的地区增加。加之“南满”人口密度本身就大，移民遂向“北满”迁徙，永久定居此地，生息繁衍，推动该地域社会秩序的形成。

关内移民赴东省有三条传统线路。山东青岛一带移民渡海至大连，再转“南满”线赴长春、滨江等地，这路人直接就在“北满”落脚了。营口上岸的移民或搭乘南满支线赴长春等地，或乘京奉路转四洮路赴洮南一带。1920—1922 年，在营口上岸的移民中，约 5 万近 65% 的人前往“北满”；在大连上岸的移民有 15 万人，近 75% 的人前往“北满”。另据 1924 年 5 月 3 日《盛京时报》题为《鲁直苦力北上劳工之调查》的报告披露，在安东上岸，有一半以上移民“北满”。1927 年长春站接运南来移民 269973 人，1928 年接运 327485 人，1929 年接运 268090 人。华北其他移民由京奉路出关，然后沿京奉、“南满”、打通、四洮等路分散，有五成以上移民最终目的地是“北满”。

---

① 徐恒耀：《满蒙的劳动状况与移民》，《东方杂志》第 22 卷第 21 号，第 33 页。

表 7—5　　"九·一八"前关内移民及定居率

年份	迁徙人数（万）	定居人数（万）	定居比（%）
1923	34.2	10.15	29.7
1924	37.66	17.66	46.9
1925	49.19	25.25	51.3
1926	57.26	24.91	43.5
1927	101.76	67.86	66.7
1928	113	69	61.1
1929	108	46	42.6
1930	81	31	38.3
合计	582.07	291.83	50.1

资料来源：日本《满史会》《满洲开发四十年史》（上卷），黑龙江人民出版社 1991 年版，第 52—53 页。

据表 7—5，八年间关内共移民 581.98 万，其中定居 291.83 万人，比率超过五成。1924—1928 五年间定居率均在 42% 以上，1927 年和 1928 年更是超过了六成。定居人数上除了 1930 年，每年都在增加。其中 1927 年和 1928 年，定居人数分别是 67.86 万和 69 万。

有观点认为，移民虽增加了东北的人口，推动了东北农业的进步，但由于建设近代社会文明特殊要求和移民自身特点的限制，移民在建构东北近代社会文明中始终不是主导力量。并认为资本及资本持有者是近代化的主导力量。"移民的思想意识和生活方式都仍处于传统的范围之内，而近代社会文明却与中国传统文明大相径庭，当移民的生产、生活和价值取向还都完全处于传统的范围之内的时候，他们未能成为发展方向完全不同于传统文明的近代社会文明建构的主要动力，当然也是很自然的事了。"① 但有一点须知，人口是构建文明和秩序的基本要素。有清一代，"北满"边疆沃野千里，空旷无人，根本无从谈起所谓的"文明与秩序"，俄国才

① 白宏钟：《移民与东北近代社会文明的建构》，《中国社会历史评论》第七卷，天津古籍出版社 2006 年版，第 396 页。

得以从地缘政治角度提出所谓的“黄色俄罗斯”计划，日本才有机会实施他们的“大陆政策”。若“北满”边疆人口稠密如关内，阡陌如织，不管近代工业文明与传统农耕文明差异有多大，社会秩序都会潜在性的构建，文明也会存在于普通民众中。

再从社会发展的角度看，“北满”文明和秩序可自上而下地规划，但主导其实施和推进的则必然是普通移民。同时也就不难理解，1897年，俄国有每年60万的移民计划。1937年，日本更是不切实际地推出“百万户国策移民”。事实上，近代化的过程实际是“需求”的过程。这种“需求”包括“政治需求”“经济需求”、土地需求等，而这些“需求”的实现无一不依靠基层民众。没有普通移民的各种需求，“开明官绅、知识分子和外籍人士”无论怎么带动、引导，最终只能如在人迹罕至的地带修筑了公路，而公路每天只是晒太阳，其功能根本无法体现。

1931—1937年，日伪限制关内移民阶段。日本帝国主义独占东北后，限制关内民人出关，推行本土移民侵略政策。1934年，关东军特务部作出了限制华北民众移居的决定。1935年3月，伪政府又公布了《外国劳动者取缔规则》，要求关内移民须持证迁入。所以，这期间关内民人无法自由出入。据表7—5，1927年以后连续三年，关内移民人数均在100万以上，而定居率也在持续走高。据表7—4，1931—1937年，关内移民在32.3万—62.7万，人数几乎是呈倍数下降，回流数则在显著增加，1932年和1936年，回流量明显超过迁移数。结合表7—4和表7—5，结论是关内移民增长明显下降，回流人数则增长显著。这种现象是日本帝国主义人为干预的结果，目的是要改变“北满”，乃至整个“满洲”的人口结构和民族结构，抬升日本移民的政治权益、经济利益，从而扭转“北满”的政治归属和社会结构。

19世纪末，“北满”定居人口仅150万人，1908年增加到636万人，1918年904.2万人，1928年已增至1355.7万人。[①] 1947年达到1950.6万。[②] 毫无疑问，人口惊人的增长速度，是由关内移民推动的。其中，

① 日本“满史会”编：《满洲开发四十年史》（上卷），第52页。

② 侯杨方：《中国人口史（1910—1953）》（第六卷），复旦大学出版社2001年版，第148—149页。

70%以上从事农林牧业，提供了社会发展所需的谷物粮食。据中东铁路调查局1922年统计，“北满”一地每年就产出粮食6200万吨，其中25.6%供出口，[①] 使“北满”一跃由“渔猎之乡变为农耕之地”。他们是构成“北满”社会的基石。

二　社会秩序之变迁

结合上节所述，“北满社会”人口结构较为复杂，有关内移民、朝鲜移民、日本移民、俄国移民等。这种复杂的状况是东北亚国家实力消长所造成的，并决定了该地域基本走势。“北满移民”就是此背景下的产物。笔者引入“主流移民”“非主流移民”的概念，以时间、规模、影响等因素[②]对移民体进行分析，并认为政治、军事因素应予以充分考虑，这也是“北满社会”嬗变之重要原因。

人类的迁徙几乎与人类历史同步推进。传说中的黄帝时期，轩辕之部众在东至大海，西到陇右，南至长江，北到草原间，迁徙往来，并因部族之利益而定居生活。希腊城邦史实际就是古希腊人迁移开拓的历史。中世、近世，人类迁徙的脚步也一直没有停止。我们应能考虑到，一区域的移民体不止一个，如上古，不同氏族、不同胞族、不同部族在同一空间生活，历史上他们曾多次迁徙。夏人近五百年至少六次迁徙，时其部族或附庸有易氏、鬲氏、穷氏、仍氏、莘氏、缗氏、虞氏等也随之移动。商人在迁往黄河中下游的过程中，[③] 经过契至汤十四世八次迁徙，才最终成为中原主流人群，并实际控制或影响其他群体达五百余年。周人崛起于西方，经过多次迁徙、多次分封，才取代商人成为中原主流群体。因此，“主流移民”在持续的时间、规模、影响上超过其他移民体，在秩序构建中拥有较大的主动性，并可决定历史的发展方向，否则就是“非主流移民”，最终淹没于历史的长河中。

关于近代的“北满移民”，它首先是国际政治因素——俄国在“北满

---

① ［俄］尼古来夫：《中俄日在东三省的权利》，第43页。

② 参见张国雄《中国历史上移民的主要流向和分期》，《北京大学学报（哲学社会科学版）》1996年第2期；鲁西奇《移民：生存与发展》，《读书》1997年第3期。

③ 关于商人来源问题，目前依然未有定论。范文澜、郭沫若、李亚农等均认为，商人源于东方。金景芳等认为商文化源于今内蒙古昭乌达盟，即辽河发源地。

边疆”的高压——作用下的结果。1860 年，《北京条约》签订后，俄逼近东北边疆，朝廷被迫放弃封禁政策，开始实行移民固边，但却过多考虑旗人利益，移民政策弛禁不定，致使整体效果不佳。所谓垦荒实乃流民垦熟多年，官方给予追认而已。

1897 年，俄国修东省铁路，“北满”移民“真正开始之年以 1897 年为始”[①]。首先，该年度俄修筑的东省铁路直接警醒了清廷，切身体会到巩固边疆的刻不容缓，即该路的修筑是清廷移民固边的直接“驱动力”。其次，东省铁路的出现确实改变了“北满”，乃至东北亚国际关系和经济格局。该路贯通后与俄西伯利亚铁路衔接，直接缩短了贝加尔湖与海参崴的距离，俄随时可控制黑龙江流域、乌苏里江流域，中国逐渐被边缘化，列强“门户开放、利益均沾”被打破，俄独占了“北满”。经济上，俄人自称，“中东路之历史可谓即满洲经济发展历史”。1913 年，该路运输的物产占“全满”出口物 47.6%，1920 年占 61%，1921 年占 63.6%，进口稍逊，占四分之一弱。[②] 最后，该路的贯通客观上便利了关内移民迁徙。可以说，1860—1897 年是“北满移民”初始阶段，对于各移民体而言，规模普遍较小，或时断时续，或流于形式，且缺乏持续性，影响力有限，也就谈不上“主流”与“非主流”。

1897—1930 年，移民社会的构建期。从国际政治、军事因素看，俄人初期占据优势。随着东省铁路修建，其移民持续迁徙。义和团事件后，15 万军队迅速开进。日俄战争后，俄只好全力固守“北满”。1917—1930 年，该地成为俄冒险者的“天堂”，人数暴增，但其政治、军事优势却不复存在，其移民的持续性及影响也在下降。日本移民此阶段人数有限，基本可忽略。

此阶段，关内移民规模较大，数量持续增长，移民固边初见成效。

同时，女性移民对“北满边疆”的开发也不容低估。1925—1927 三年间女性移民以倍数增加，所占比重也在直线上升，其间共有 11.2 万名妇女前往关外。[③] 光绪初曾解除妇女移居关外的禁令，但由于移民多从事繁重的体力劳动，如垦殖、伐木、货运等，很长一段时间，“北满移民”

---

① 朱偰：《满洲移民的历史和现状》，《东方杂志》第 25 卷第 12 号，1928 年，第 9 页。

② ［俄］尼古来夫：《中俄日在东三省的权利》，第 42—43 页。

③ 王海波：《东北移民问题》，中华书局 1931 年版，第 23 页。

多系男性青壮年，妇女的作用几乎被忽略了。民国中，随着招垦县[①]的增加，定居条件的改善，加之粮食连年丰收，社会秩序逐渐趋于稳定。家庭移民逐渐占据主流，妇女成为社会稳定的基础。

清末及民国在“北满”设治了60余县或类似县机构，规范了“北满”的治理秩序。同时，粮食的增产增收促成大小粮栈的产生，并逐步演变成市镇。我国在“北满边疆”的移民已由规模优势逐渐转变为控制、影响。“北满主流社会”秩序正在逐步形成。

1931—1945年，日本军事力量迅速膨胀，移民社会进入震荡期。日本移民借助其优势，开始持续、大规模地向“北满”移殖。结合国际政治、军事等因素，此阶段日本人在时间、规模、影响上占据优势。以表7—4为例，1934年规模仅17.9万人，1938年就达成41.8万人，五年间增加了2.34倍。1942年101.7万人，相较1938年增加了2.4倍，相较1934年增加了5.68倍。此阶段，日本移民似乎从前阶段的无足轻重，一跃而成“北满主流移民体”。日本移民的异军突起，彻底颠覆了中国人口的内部自行调节，关内移民处于失控阶段，甚至可以说成为日本移民之附庸。据表7—4，1937年，移入人数虽有大幅增加，但多属劳工性质，已被纳入了日本的战争轨道。

综上所述，1897—1930年俄国移民略有优势。1931—1945年日本移民则异军突起。但其规模、时间及影响都是阶段性的。关内移民由于特有的规模、时间等优势，虽时有反复，但主导了“北满”农业、县市及社会秩序的构建。朝鲜移民多为自发性迁徙。从规模和持续的时间看，朝鲜人晚清时期就开始移居了，据表7—4，1932年人数达62.3万人。1937年，日本全面将朝鲜移民纳入其移民侵略的轨迹中，到“二战”结束，该移民人数171.9万，十多年间增长了2.76倍。但政治利权无法有效确保，且缺乏土地所有权，作为移民体，始终在夹缝中生存。

---

① 依兰道设有招垦处，东三省各属皆设有招垦章程，当局准许移民免费乘车，派员引导难民，至各县开垦。各招垦县，东部内蒙古有洮南、洮安、镇东、安广、通辽、瞻榆、突泉、双山，依兰、富锦、同江、绥远、桦川、勃利、方正、同宾、苇河、珠河、长山岭、东宁、密山、舒兰、宁安、穆棱、敦化、汪清、和龙、萝北、绥东、汤原、巴兰、绥化、呼兰、海伦、通河、木兰、巴彦、兰西、青冈、克山、明水、通兆、龙镇、望奎、林甸等。参见朱偰《满洲移民的历史和现状》，第17页。

三 县的设治与秩序的创设

徐世昌在《东三省政略》中提出，“强国以实边为要，实边以设治为先”。“实边”就是“移民实边”，目的是增加人口，改变“北满”地广人稀的局面。“设治”是增设厅府州县的数量，巩固移民实边的成果，构建地域社会的中国秩序。所以，州县设治是秩序创设的根本。

1916年7月，孙中山在上海茶话会上的演说中提出，如中国能建三千个县，犹如三千块石础，[①] 国家基础可日臻巩固，强国梦可有期待。1918年7月在上海与李宗黄谈话中认为，“日本之强，非强于其坚甲利兵，乃强于其地方组织之健全”[②]。综合上述两则言论，徐世昌所说的“设治为先”与孙中山“三千县”实质是一回事，都认为要强化地方组织，尤其是州县，从而秩序化上层建筑。县或类似县的组织，上承接中央、诸省，下达公众，是一个承上启下机构，是国家秩序、独立、强盛的标志。

“北满”设治分前后两期。咸丰初至光绪三十一年（1905）为前期。此时期采用常规的设治，而且犹犹豫豫，既未能改变“北满”边疆机构寥寥，也未有效遏制俄人野心。虽制定了移民政策，但实施力度不够。有限度的州县设治，根本起不到固边的作用。1882年，铭安、吴大澄奏请在宁古塔、三姓、珲春添设州县机构，以强化控制，但竟未被采纳。反对理由是，“因民多事繁而设官，未有先设官而待民居渐密者”[③]。从中可见，此时期“北满”设治的基本思路：移民实边、人口增多、设官建制。如果“招垦尚无成效，人民亦未稠密”，就不得设治建官。

另外，旗民二元管理体制有所松动，民事管理略有加强。咸丰年间添设呼兰厅、绥化厅理民事。1877年（光绪三年）设通化、怀德县。1879年设海龙厅。1880年设宾州、五常厅。1882年设双城厅、伊通州、敦化、

① 中国社会科学院近代史研究所、中华民国史研究室：《孙中山全集》（第三卷），中华书局1984年版，第329页。

② 中国社会科学院近代史研究所、中华民国史研究室：《孙中山全集》（第四卷），中华书局1984年版，第491页。

③ 《吉林将军希元奏宁姓珲三处不宜添设道府厅县等官折》（光绪十一年十月十五日），黑龙江省档案馆编《黑龙江设治》（内部发行），1985年，第25页。

农安县。1888 年吉林厅、长春厅由厅升府。1892 年设延吉厅。1902 年设绥芬厅、盘石县。人口确有增加，但距离摆脱困境还有很长的路。“北满移民”多以冒险为主，社会空间流动性较大，垂直流动较小，谈不上社会秩序。

光绪三十一年至民国十八年（1929）为设治后期。日俄瓜分东北，清廷意识到问题的严重，设治的幅度和数量明显加大，采取非常规的“聚民即以实边”策略，“移民实边”的效果、设治的力度明显强于以前。1905 年设黑水厅、呼兰厅、巴彦州、榆树县、兰西县、木兰县、汤原县、大通县（民国三年改通河县）。1906 年设海伦厅、馀庆县、安达厅、大赉厅、肇州厅、拜泉县。1908 年置呼伦厅、胪滨府、吉拉林设治局。

谭其骧认为，县乃历代地方行政区划之基本单位，大致与时俱增，置后少有罢并，比较稳定。县历代标准大致相似，虚置滥设者较少。一地方创建县治，大致即可以表示该地开发已臻成熟。[①] 传统创设基本是“民多事繁而建官”，属于自然形成。但此时“北满”创设较关内复杂许多。徐世昌认为，“内省重在治民，以户口之繁庶为准；边地重在守土，以地方之冲要为衡”[②]。其一，日俄已瓜分东北，中国徒有虚名，如不切实伸张利权，恐连虚名都难以保障，所以就不能拘泥于“以户口之繁庶为准”的设治原则了。其二，在战略要地创设建制，是最好的守卫之策，即可主动“聚民实边”，还可“绥靖地方”，是自上而下的非常之法。所以，徐世昌在“因民多事繁而设官”与“先设官而待民聚集”之间，倾向于后者。在户口达不到设治要求，可在要冲之地先行建官，再吸引垦民，从而加快边疆社会秩序建设的步伐。

另外，清廷、民国政府为此还创设了具有时代特色的机构——“设治局”。在边疆省份，列强蚕食瓜分时刻存在，保卫疆土成为头等大事。我国政府要筹备县治，但人口、赋税、安全状况等都达不到设治要求，于是就创设了相当于县的临时性机构——设治局。作为一个准县机构，设治局是近代帝国主义侵略的产物。时人评述，该机构是一种“相当县治”

---

① 谭其骧：《浙江省历代行政区域——兼论浙江各地区的开发过程》，《长水集》上，第 403—404 页。

② 《会议政务处议奏吉省拟请添改民官酌裁旗缺折》（宣统元年四月十五日），《黑龙江设治》，第 70—71 页。

的地方行政制度，或者可以说是一种“预备县”，经过相当治理时间后，改设为“县治”。[①] 1931年6月，国民政府还出台了《设治局组织条例》，各省在尚未设治的地方，得依本条例之规定，暂置设治局，至相当时期，改设县治。[②] 据笔者不完全统计，“设治局”是1908年（光绪三十四年）创设，最早的应是吉拉林设治局。

据表7—6，1912年、1914年、1915年三年单黑龙江就设治了13个，1912—1929年差不多每年增设2个，共设治了33个。究其原因，“帝制”改为“共和”后，北洋政府追求全国各地方政令一体化，加紧县一级组织的完善，但由于“北满”各地垦放较晚，无法满足正规设治的要求。其次，“北满”边疆的人口稀少是列强觊觎的主要原因，所以在战略要地遍设此类机构是固边设防的有效措施。截至1929年，还有泰康、东兴、逊河、克东、铁骊、布西、索伦、甘南、凤山、德都、富裕、奇克、干安等13个。[③] 其余均相继升格为县。设治局是一种权宜之计，一旦受时局影响，准备稍有改善，即改升为县，所以，设治局改设县的时间无一定规律，有的当年即改县，有的则长达十多年。

表7—6　　黑龙江设治局一览

	设治局名称	改县年份		设治局名称	改县年份
光绪三十四年	吉拉林设治局	九年改室韦县	民国十二年	明水设治局 依安设治局	十八年改县 十八年改县
民国元年	肇东设治局 萝北设治局 布西设治局 呼玛设治局	三年改县 三年改县 三年改县	民国十五年	甘南设治局 雅鲁设治局	1933年 十八年改县

① 程方：《中国县政概论》，商务印书馆1929年版，第110页。

② 中国第二历史档案馆：《国民党政府政治制度档案史料选编》，安徽教育出版社1994年版，第535页。

③ 东北文化社编印：《东北年鉴》，第157、159页。

续表

	设治局名称	改县年份		设治局名称	改县年份
民国三年	泰来设治局	五年改县	民国十六年	东兴设治局	1933 年
	林甸设治局	六年改县		泰康设治局	1933 年
	龙门镇设治局	五年改龙镇县		索伦设治局	
	绥棱设治局	六年改县		佛山设治局	十八年改县
	漠河设治局	六年改县			
民国四年	克山设治局	同年改县	民国十七年	逊河设治局	1933 年
	通北设治局	六年改县		鸥浦设治局	十八年改县
	铁骊设治局				
	景兴设治局	十八年改县			
民国五年	望奎设治局	十一年改县	民国十八年	克东设治局	1933 年
	乌云设治局	十八年改县		富裕设治局	1933 年
民国六年	绥东设治局	十八年改县		凤山设治局	1933 年
民国九年	奇干设治局	十一年改县		德都设治局	1933 年
				奇克设治局	同年改县

资料来源：据张伯英总纂，崔重庆等校勘《黑龙江志稿·地理志·疆域》，黑龙江人民出版社 1992 年版，第 60—81 页整理。

同时，县的创设也是城市化的一种体现。从中国传统政治角度讲，县是一种承上启下的基层机构。《说文》：“县，系也。”引申为系、顺。分封时期，县联系着诸侯国与百姓。帝制时期，县是百姓与州郡间的桥梁。所以，其政治功能要远大于其他。近代以来，县在承担政治功能的同时，还有城市化的作用。因此，县治的创设是国家在城市确立秩序的主要体现。

“北满”城镇发展基本有三条线索。第一，1840 年前为军事防务和驿站基础上兴起的城镇。吉林市、宁古塔、三姓、伯都讷、阿勒楚喀（阿城）、拉林、双城堡、珲春、齐齐哈尔、瑷珲、墨尔根、呼兰、海拉尔、布特哈等军事堡垒，后作为商埠，吸引大量移民，逐渐发展成较大规模的城镇。

第二，因铁路修筑而兴起的城市，如长春、哈尔滨、绥芬河、一面坡、横道河子、满洲里、昂昂溪、三岔河等。

第三，无论从数量，还是效果，“北满”城镇的创建都更多地体现在县或准县组织上，只不过从“城市”角度看，其规模是小了点。在一些交通便利、土地肥沃之地，垦民涌入量大且快，可迅速形成村屯，逐渐发展为城镇，如巴彦州、珲春、三岔口、绥芬河、穆棱、汪清、蜂蜜山等。这是“因垦民聚集而设治”。另一地域，垦民移殖量少且慢，但地处要冲，或长期以来过于空旷，就采取“先设治而待民聚集”。前述“设治局”就是如此。然而，无论是“因民设官”，还是“设治而待民”，从秩序的创建看，它们的功能是一致的。

1907 年，“北满”旗籍副都统 8 个①，厅州县 23 个②，结合地域面积 402.1 万平方里，每个设治面积高达 13 万平方里，每平方里人口仅 1.6 人。1914 年，该地划分为七个道，下辖 60 县 5 设治局 3 特别区。③ 七年间增加了 37 个县治，增长率 119.4%。人口增加 267.8 万④，增长率仅 42.1%。人口的增长速度明显慢于县治速度，这也说明当局在创建秩序上是主动的。1929 年，“北满”县级或类似县级机构共 96 个，⑤ 设治增加了 28 个，增长率 41.2%。人口增加了 451.5 万⑥，增长率 49.9%。两者的增长速度较为接近，说明设治为移民开垦创造了足够的条件，“设治而待民聚集”的效果正在逐渐显现。

再根据垦殖、开发的早晚，“北满”各县被分为三等，开发较早的是一二等，较晚的是三等县。一等县 22 个，二等县 19 个，所占比率合计 42.7%。三等县 42 个，占 43.8%，如再加上 13 个设治局，所占比率可达 57.3%。这说明“北满”仅四成的县是自然形成的，官方只是事后予以追认，是“因民多事繁而设官”。另外六成的设治较晚，是当局对“俄人垂涎于前，日人窥伺于后”的主动应对，也体现了在“北满”创建“中

① 分别是吉林副都统、宁古塔副都统、阿勒楚喀副都统、三姓副都统、伯都讷副都统、黑龙江城副都统、墨尔根副都统、呼伦贝尔副都统。

② 分别是伊通州、敦化、盘石、农安、榆树、临江、大通、汤原、双城直隶厅、宾州直隶厅、五常直隶厅、延吉直隶厅、绥芬直隶厅、巴彦州、兰西县、木兰县、余庆、黑水直隶厅、青冈、拜泉、大赉直隶厅、肇州直隶厅、安达直隶厅。

③ 吉林 37 个县，黑龙江 23 个县 5 设治局 3 个特别区。

④ 限于笔者所掌握的资料，636 万是 1908 年人口数据，1918 年 904.2 万。参见日本“满史会”《满洲开发四十年史》（上卷），第 52 页。

⑤ 吉林 41 个县，1 个设治局，黑龙江 42 个县 11 个设治局。

⑥ 采用 1928 年数据 1 355.7 万。

国式秩序”的决心和努力，虽晚了点。

清末及民国在“北满”的设治与农业移民及秩序是息息相关的。设治，有计划地引导了移民的流向，既平衡了南北人口的走向，还加快松花江流域的垦殖，又从客观上构建了“北满”城镇的秩序。此时期，在当局政策的扶持和设治的引导下，关内移民和“南满”人口较稠密的各州县纷纷向松花江流域迁徙，开垦了800多万公顷的农田，这中间还包括朝鲜移民。为了管理数以百万计的移民，当局设治了60余县或类似县机构，规范了“北满”的治理秩序。同时，在松花江左岸逐渐形成了以绥化、克山、海伦为中心的松嫩平原，在右岸以依兰、桦川、富锦为中心的三江平原及在中游以双城、五常、肇源为中心的的农业主产区。不仅满足了生产者的家庭消费，还提供了大量粮食外销。1914年，松花江左岸农业产区收获2.9亿公斤，人均粮食保有量1300公斤，有的县则高达1500公斤，除去各类消费500—600公斤，超过一半的粮食要外销。[①] 大量的粮食流通促进了道路的修筑、马匹养殖、航运业的发展，同时，粮食的集散与运输又促成大小粮栈的产生，并逐步演变成市镇。

伪满时期，日本帝国主义对地方行政制度进行三次改革，目的是强化经济掠夺和殖民统治。1941年以后此类改革更为频繁，战时经济掠夺的目的更为突出。在市、县旗一级表现为伪政府、协和会和兴农合作社的“三位一体”。但在基层设治上变动不大，基本沿袭民国的设治。

四　村屯秩序与制度的演变

有研究认为，如将近代东北移民分区比较的话，辽宁移民更多地表现为“工业开发移民”，吉林移民表现为“都市开发移民”，黑龙江移民表现为“农业开发移民”。[②] 这种比较可分地域的了解移民的特点及相关作用，但该结论如何得出，有何数据依据，论者并未具体说明，只是说基于移民的去向和移动目的。据1931年版《东北年鉴》，吉林从事工业和商

① 曲晓燕：《近代东北城市的历史变迁》，东北师范大学出版社2001年版，第245—248页。

② 王胜今：《伪满时期中国东北地区移民研究》，中国社会科学出版社2005年版，第13—14页。

业者所占比例合计32.3%，辽宁从事工业和商业者18.06%。“工业”虽多系工矿开采，但有一定是肯定的，东北近代化程度远高于关内。根据移民留居特点，东北近代化主要体现在辽宁中南部和吉林南部，北部蒙古王公辖地、旗地和官庄，均未作开发。所以，从东北各地开发程度看，可分南北两区域，南部开发较早，工商业水平略高，北部较晚，清末、民国及伪满均作为农业地带开发。

清廷曾对移民社会是有设计的。光绪二十二年（1896）制定《开荒章程十一条》提出，“古者，方里而井，每井九区，每区百亩。画井开方，以安屯也”①。45垧为一方，每四方作为一区，合九区划为一井。一井即一屯。仿行内地，推行保甲法。每屯举屯长一人，编为三牌，每牌10户或11户，举牌长一人。屯长、牌长负责维持辖区秩序，并形成自耕农式的乡村秩序。

但在移民招垦过程中，却出现了严重的土地集中现象。官僚、商人、地痞及“揽头”垄断土地，获取大批优质的土地，“北满”大土地所有制由是形成。俄人耶修诺夫《中国农民的北满殖民及其前途》记录了20世纪20年代“北满”大土地所有者的调查状况②，在所调查26个县中，拥有100—500垧有3000—5000户，③ 百垧左右不计其数。这基本还是民间地主。官僚地主往往坐拥数千垧，甚至万垧以上。④ 商业资本也控制了大片土地。吉林官号银在虎林有1.8万垧土地。布西7万垧、饶河4500垧土地由商业组合开发。

需特别注意的是，不论是官僚地主、商业组合，还是民间地主，最终也都实行租佃耕作。有民谣曰，“农民头上三把刀，地租、扛活、借贷高”。这实际是在揭示大土地所有制对劳动者的危害，其中租佃制首当其冲。一般情况下，佃户要把收入的四成纳租，余下的维持生计，有时还作

① 万福麟监修，张伯英总纂：《黑龙江志稿》，第378页。

② 日本“满史会”编：《满洲开发四十年》，第463—464页。

③ 宾县500垧以上有20人，100—500垧500人，克山100垧以上500—600人，桦川200垧以上42人，大赉100—400垧80户，肇州100垧以上900人，扶余300垧以上120人，双城县300—1000垧约100人，德惠100—250垧450人，榆树100—200垧500人，农安150—500垧20人，同宾200垧以上100余人。

④ 乌珠河9万垧1人，4.5万垧1人，3.25万—4.5万垧6人；扶余县1.6万垧1人，8000垧1人，6000垧1人，另外嫩江、勃利、宁安、五常、阿城、通河等县也有分布。

副业。副业就是“扛活”，作雇工。在“北满”经营一二百垧土地的相当多，多采用原始农具，在无霜期较短的状况下，雇工就很必要，有长工、童工（半拉子）、短工、日工等。一般长工带地1—2垧，2垧地产量约8石，交完捐税摊派外，所剩极少。短工，即月工，一般为6个月，或种地上工，或产地上工。日工多为贫苦农民临时做工，俗称“卖晴天”。贷钱月息较高，还有“上打利”，即借钱时扣下第一个月利息，“出门利”，是借钱出门后不论半天、一日，或还钱时月份上超过一日、半日，皆按整月付息。[①] 6%的大土地所有者拥有66%的土地。[②] 从而形成少数富农控制农村，有一半以上的农户是无地可种的。这在“北满”具有普遍性。

这种大土地所有制除影响移民的生活外，还有对乡村秩序有结构性的负面影响。首先，由于短期内无法拥有自己的土地，移民在“北满”缺乏归属感，往往像“候鸟”一样在关内外来回流动，表面上看移民链具有可持续性，“北满”人口数量呈几何数倍增，但却严重制约着移民的定居效率及人口稳定。这就不难理解民国时期“北满”村屯规模为何都较小，多以10—50户为主。其次，由于移民多为佃租农，生存压力较大，多居住“窝棚”。垦民拖家带口，到达目的地后，造半穴居式的窑坑，即“窝棚”。从实际使用的角度看，各家窝棚集合在一个地点，而且基本是一个姓氏，赵姓称“赵家窝棚”，李姓则称“李家窝棚”，张姓、王姓仿此称谓，这是中国家族制在“北满”的延续。[③] 绥化县蔡家窝堡、双城堡兰稜王家窝棚、肇州张家大围子、克山县的程家油房屯在当时有一定的知名度。在窝棚附近，杂货店也相继出现，出售高粱酒、粗布、粗布鞋、帽子、药品，甚至货币兑换、书信收发等，以满足垦户的生活需求。东省铁路经济调查局也发现，“北满”同一族姓者构成的村屯比重很大。“窝棚”较易建造，但并不大适合人类居住，一旦进入雨季，潮湿难耐，而且这种居住形式并非权宜之计，逐渐向常态化发展。另外，村屯的组织形式是家族式的，有一定的凝聚力，但属低层次、低水平，难有推广价值。“北满”乡村秩序性不高。

蒙地移民房屋由政府建造，条件略好，但也多为土屋，另外就是蒙古

① 绥化地区地方志编纂委员会：《绥化地区志》，黑龙江人民出版社1995年版，第210页。

② 日本“满史会”编：《满洲开发四十年》，第491页。

③ ［日］稻叶君山：《满洲发达史》，1940年，第332页。

包。有大地主主动出资，修建村屯。农户或由地主代理人直接招募，或是“老资格”的人招。他们回乡招来亲友邻居，构成村屯的核心力量。[①] 但这毕竟是少数。

还有一部分移民沦为胡匪，直接破坏社会秩序。“北满”农村经济在租佣制的生产关系下崩溃，八成以上的农业移民无法成为移垦社会的固定成员，最终使农村秩序趋于混乱。

“九·一八”事变前，朝鲜移民集聚区在“北满”分布较为零星，但很有特点。朝鲜村屯可分为密集型和散列型两种。密集型村落多分布在沿河、沿沟、沿路等地。散列型村落多在平原区。朝鲜移民多数是破产的农民，因此，多数是“北满”地主的佃农，村落的形态也是以地主为中心，扇子形分布着佃农的房子。

总而言之，民国时期“北满”村屯规模较小，属自然形成，土地关系极为混乱，往往为地主、富农控制，且集中推行传统性的保甲制度。在古代中国，保甲制有着漫长的历史，是封建君主制在农村的政治管理体制。以户为单位，十户为甲，十甲为保，挨甲编保，编余之户，不满一甲者，六户以上得成立一甲，五户以下，则并入邻近之甲。基本功能“教、养、管、卫”[②]。“教”，遵守乡约。“养”，富民强乡。“管”，去私理民。“卫”，以兵卫乡。以教、养为主，王道之保甲。以刑法、军事为主，霸道之保甲。内忧外患的“北满”，保甲基本以“管、卫”为主。但某些大土地主借此鱼肉乡里，以公肥私，凸显了保甲之弊，降低了对乡村秩序的规范效用。

日本推行移民侵略后，“北满”农村基本可分为“非日本移民区”和日本移民区。“非日本移民区”民国土地关系[③]依然延续。日本移民区则

① 兰特模：《汉人移殖东北之研究》，《新亚细亚》第4卷第5期（1932），第70页。

② 叶木青：《中国保甲制度之发展与运用》，世界书局1936年版，第93页。

③ 这方面的研究成果有，肖梦《伪满时期的农村地主阶级》（《社会科学辑刊》1984年第3期），张占斌《日伪时期东北无地农户状况初探》（《北方文物》1986年第3期），张云樵、张占斌《伪满时期黑龙江省土地占有关系初探》（《齐齐哈尔师范学院学报》1986年第3期），衣保中、廉晓梅《日本移民侵略与东北殖民地土地占有关系》（《北方文物》1997年第3期），于春英、王凤杰《伪满时期东北农业雇工研究》（《中国农史》2008年第3期），李淑娟《日本移民侵略与东北土地产权结构的演变》（《北方文物》2008年第1期），刘洁《论解放前后东北土地占有关系的变革及其积极作用》（《史学集刊》2008年第3期）等，就日本移民侵略、掠占土地及其殖民土地占有关系的形成进行系统论述。

妄图建日式村屯，引领伪满农村的走势，同化中国村屯。初期，为了镇压东北抗日武装，在“非日本移民区”兴建“集团部落”，推行保甲制度。日寇认为，军事镇压不过是“治标”，而要彻底扼杀抗日武装，必须实施“治本”之策，其中在农村强行并屯、建造“集团部落”，是“治本”的重要内容之一。[①] 最终实现所谓“匪民分离”，断掉抗日武装生存之根。而日本移民村本身就具有集团部落功能，只不过性质与前者大相径庭。

1934 年 12 月 3 日，伪民政厅第 969 号令《关于建设集团部落之件》，令各基层单位建设“集团部落”。普通百姓称其为“屯子”或“围子”。日伪要求避免将其造成多角形，原则以正方形为准，须修炮台、壕沟、土墙、铁丝网，其中炮台是最主要的设施，而且是数量越多越好。1935 年共建成 1524 个，1936 年和 1937 年达到高峰期，共 10646 个。[②] “北满” 9541 个，所占比例 89.6%。

其中，朝鲜人集团部落设置以 1937 年为界，1932—1937 年，主要是安置朝鲜难民为主，使他们集结在指定地点，从事农业生产，以此稳定刚刚建立的伪满社会秩序，并借此切断同抗日武装间的联系。[③] 1937 年以后以“朝鲜开拓民”为主，其设置目的和与前阶段相同。

关于“集团部落”位置的选择，一般尽量避开山区、林区，设在开阔平原地带。以宝清为例，西部大小梨树沟子一带居民，均迁到靠山、望山坡；黑瞎子沟、庙岭沟居民迁到双柳河子；太平路迁到凉水泉子；锅盔山附近迁到王福岗、杨荣围子等处。四周均无障碍物，无法躲藏。每个部落，根据片内户数多少，确定占地面积和部落的大小，百户以上占地 150 余亩，40—60 户占地 120—150 余亩，一般划分 2—4 趟街，4 个居民区。[④] 部落内实行保甲制和连作罚金制。每十户为牌，十牌为甲，以警察署管辖区内的甲为保。居民通“匪”，全牌遭殃。

---

① 赵冬晖、孙玉玲：《苦难与斗争十四年》（上），中国大百科全书出版社 1995 年版，第 363 页。

② 中央档案馆、中国第二历史档案馆、吉林社会科学院合编《日本帝国主义侵华档案资料选编·东北大讨伐》，中华书局 1991 年版，第 173 页。

③ 孙春日：《中国朝鲜族移民史》，第 472 页。

④ 石丕城：《伪满集团部落——宝清县归屯前后》，《宝清文史资料》第四辑，宝清县文史资料委员会 1985 年编印，第 93—94 页。

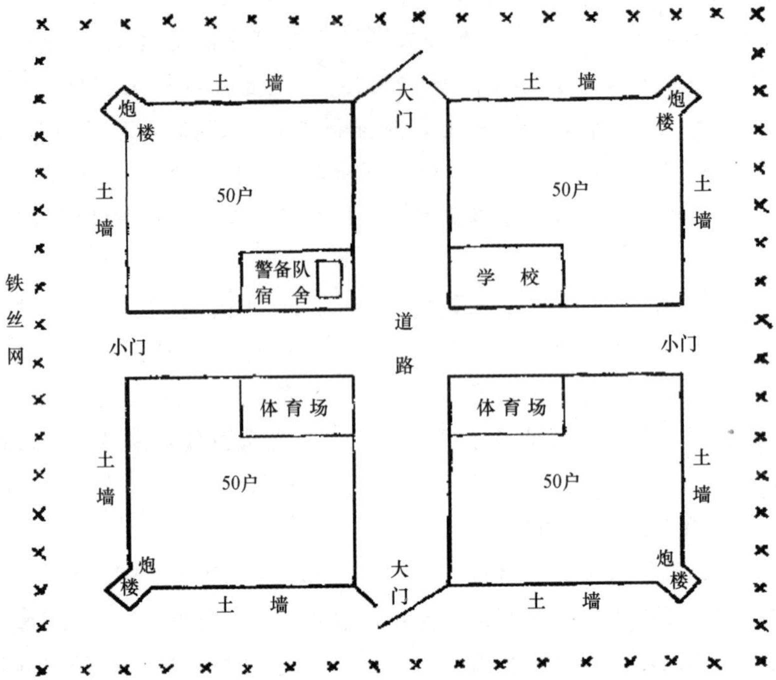

图 7－1 日伪集团部落示意图

资料来源：中央档案馆、中国第二历史档案馆、吉林社科院合编《日本帝国主义侵华档案资料选编·东北大讨伐》，中华书局 1991 年版，第 188 页。

在推行保甲过程中，对人员进行专业训练。伪中央警察学校对伪警察进行保甲特别培训，并对伪省及指定县旗官员进行保甲培训；制定“保甲日”“保甲歌”“保甲五训”“保甲十训”等，并利用广播、报纸进行宣传；选派“优秀”保甲长到伪新京、大连及日本进行参观、考察；奖励保甲居民，并授予功劳章等。① 在日伪一系列“治标治本”的举动下，我抗日武装损失很大。1936 年，日伪认为抗日武装已进入没落期。② 所谓

① 吉林省公安厅公安史研究室编译：《满洲国警察史》，1990 年，第 214—215 页。

② 据伪满军政部顾问部认为，东北抗日运动分为三个时期：1931 年至 1933 年处于兴起阶段，1934 年至 1935 年是斗争的爆发阶段，1936 年是没落期。参见《关于东北抗日联军的资料（第一分册）》，中华书局 1982 年出版，第 1 页。实际是日本帝国主义过高地估计自己。1936 年至 1937 年，东北抗联的武装斗争达到高潮，仅 1936 年 7 月，就出动 20 余万人次，消灭敌人 900 余人。1938 年后抗联进入了极端艰难期，但并没有被日伪彻底镇压。

的“治安”已恢复，遂提出用“街村制”取代“保甲制”。

1937年10月，《满洲国地方行政机构改革案要纲》提出，街村是伪满最基层的组织。12月1日，伪满政府发布《街村制度确立基本要纲》，同时公布《街制》和《村制》，要求渐次撤销保甲制，向街村制转变。并规定，县级市镇和集镇设街，农村部落设村，街长、村长有县委派。关于实行街村的目的，可从两个层面分析。日本帝国主义发动全面对华战争及太平洋战争后，经济的压力加大，由于丰富的农作物和地下资源，东北遂成为日本侵略的总后方，尤其伪满中后期，任何政策的出台都是以经济掠夺为主，街村制也不例外。《街制》共七章54条，“财务”一章就占了20条，税种包括门户费、地费、房屋费、杂费等。《村制》七章52条，“财务”一章也20条，村税有门户费和地费。另外还要求居民交营造物使用费、个人办事税、过料费等。[①] 另据黄富俊口供，本来街村预备期限定为五年，1938年实行经济统制后，街村组织提前强化，把收买粮谷统制物资等由街村承担。[②] 街村遂演变成日伪直接掠取农村的基层机构。

其次，妄图建立日式基层秩序。日本认为保甲制对巩固政权和创建秩序有利，但那是中国的东西，[③] 与其所宣称的建立“王道乐土”政策是相悖的，所以，把日本所谓先进的“市町村制”搬来，在伪满建立日式的乡村秩序。日本市町村制基本是自上而下地导入了普鲁士的地方制度，主要是确立了立宪制的基础和对外标榜文明国家的需要。这个制度本身是有进步意义的，但与伪满所要建立的街村制区别很大。据黄富俊1954年5月5日笔供，日本町村是自治的，村长由选举产生，而伪满的村长及担任财务、交通、教育的干部，完全由县委派，失去农村自治的意味。另外，日伪虽一再宣传要用街村制取代保甲制，两者有根本的区别，但据现有档案文献看，发现它们的区别只是在名称和形式，本质是一样的。1939年6月，伪国务院公布的《街村育成要纲》“街村内部区划”“街下分区，区

---

① 中央档案馆等编：《伪满傀儡政权》，第502页。

② 中央档案馆编：《伪满洲国的统治与内幕——伪满官员供述》，第213页。

③ 日伪认为，目前“反满抗日”分子煽动性极强，有不满而背叛匪化，还有受苏俄影响的，凡此种种，中国长期有效的保甲制，可起到维持治安的功效……目前，满洲国的保甲制度，是采取中国保甲制度之长、参照满洲国现状的满洲国独特的保甲制度。1934年在指定五十县实施，效果非凡。受此刺激，过去未顾得上实行的城市，要效仿实行。参见《满洲国现势》，载《伪满傀儡政权》，第500页。

下组织牌""村下分屯，屯下分牌"。街村只是将自然部落、小聚落强行合并为行政村屯或较大的聚落。保甲制是"保下有甲，甲下设牌"。从两者设置区划看，是没有区别的，街村制和保甲制一样，主要目的还是监控村屯与外界的联系。

伪满后期，街村被归入伪协和会，成为其下设机构，使这种监控表面化。众所周知，伪协和会臭名昭著，曾帮助关东军镇压抗日武装，劫掠农户粮食，活动遍及伪满每个角落，是关东军推行"国民组织化"的"别动队"。1941 年 2 月伪国务院公布《国民邻保组织确立要纲》，明确提出"在农村者以屯以下，在市街者以班，为国民邻保组织"，村、街、区、分区均为"协和会最下部之机构"。1943 年 12 月《村建设要纲》，将村屯重新界定为集团部落，并以此对现有屯区进行调整，还在"备注"中提出适用范围是具有农村性质的市街，未施行的街村或日本开拓团要以该要纲为准，制定其街村纲要。

综上所述，由于受历史大环境的制约，"北满"农业最大的问题就是大土地所有制畸形发展，无地、少地农户占绝对多数，而且农村规模较小，多为自然村屯，有一定家族性。最初的村屯围绕所租种或耕种的土地建立，以半地穴式的"窝棚"为主，在严寒的"北满"很有特点。但其秩序性较差，时常受匪徒的侵扰，所以，村屯常有一些防御性的建筑。伪满时期，日伪疯狂建"集团部落"，试图隔断抗日武装与村屯间的关系，依山林建造的自然村几乎消失。由于日伪推行所谓"国策移民"，"北满"近千万公顷土地被掠取，这些被掠取耕地的农户有的成为日伪所说的"内国开拓民"。他们在县内或省内进行群体性迁徙，任务是重建村屯，并为日伪提供粮食。事实上"内国开拓民"是"集团部落"的变种。

关于管控村屯的制度，初期和关内一样，是保甲制度。1937 年，日伪宣称要废除封建性的保甲制，推行近代化的街村制，但经考察发现，该制度并不具有西方自治性，而是日伪经济掠取的一种政策。总而言之，民国时期"北满"村屯秩序较差，伪满时期实行了日式街村制，但村屯秩序依然是混乱的。

结束语

日本帝国主义对中国东北移民侵略广受学术界关注，孔经纬、衣保中、高乐才、孙春日均进行了长期而卓越的研究。本书通过界定“满洲”及其衍生概念“北满”“南满”，集中考察了日本在“北满”的移民行为，认为日本帝国主义试图以移民侵略的形式改变东北土地占有及人口关系，并最终影响东北的社会关系及社会走势。

其中，重点探讨了加藤完治的殖民教育思想及移民举措，以及东宫铁男提出的武装移民计划。“内国开拓民”政策是日本帝国主义为掠取粮食而耍的花招，也是日伪后期控制民众的一种组织形式。日本移民的农业经营，因缺乏实际经验而在苦苦维持。“满洲建设勤劳奉仕队”政策本是作为移民侵略的补充，但由于后期农业移民行将崩溃，此项政策遂演变为一项独立的移民侵略政策。

纵观日本“北满移民”的侵略行为，本书得出以下结论。

第一，从日本帝国主义的移民决策和施行看，关东军无疑是日本以外移民侵略的推动者，日本国内的实际推动者是加藤俱乐部，其官方机构拓务省只是二者的传声器。加藤完治长期以来践行着所谓的“农民魂”，还推动着“开拓魂”，是日本“北满”移民的思想源泉。关东军与加藤俱乐部，互为表里，直接决定了日本的移民行为。

第二，从移民的动机看，有一般性移民和规模性移民。前者旨在强调其定居性及与迁入地民族的融合性，不具有冲击迁入地的人口结构和社会走势的功能，其类型有分散型、集中型，生存型、发展型。而规模性移民典型例证是民族迁徙行为，对于日本“北满”移民，其显著特点是群体性、高度计划性和组织性，旨在强行加入移居地，变更迁入地的政治所属。是决策者出于政治、军事等原因，有计划地将本民族之一部或大部迁往目标地，主观性的改变迁入地的民族结构、社会结构及政治属性。

日本的移民行为，从动机上看，要远远高于一般意义的民族迁徙。明治重臣山县有朋提出，在确保“生命线”前提下，扩展“利益线”，在条件成熟时，可使“利益线”转化为“生命线”，吞并台湾、朝鲜就是“利益线”转化“生命线”的实践。策划伪满洲国的建立也是这种实践的延续。他们认为，“北满”就是日本帝国主义的“北部边疆”。那么，“北满移民”的动机是什么呢？近人王检所言，日本不仅仅将“满蒙”作为殖民地，而是要“实现其移国大陆的计划”。这个动机是适应日本帝国主义的整体战略的。

大藏公望在《满洲开发四十年史》序言中不无怀念地写道，日本用了40年（1905—1945）时间，使“满洲”这个名副其实的“塞北荒原”变为在东洋也算是现代化的工业地区，这与日本人的技术和努力分不开，他还特别强调“暂且不谈其动机”。从社会心理学角度讲，动机是行为的先决条件。没有社会动机或国家动机，社会行为或国家行为是断然不会发生的，也就不会有日本人的技术和努力了。大藏公望对日本人的作用津津乐道，反而强调不谈动机，显然是在避重就轻。

第三，日本的移民行为与一般意义上民族迁移主要区别是，高度的国家意志性和计划性。东北固有族群包括肃慎系、秽貊系、东胡系和古汉族系。日本民族不属于这四大族系中的任何一支。20世纪三四十年代，日本农业户口近六百万，计划将其中一百万户五百万人，即总户口六分之一迁往“北满”，采取的是将半个村屯，甚至整村屯迁移，而且是短期内集中进行，计划二十年后日本人要占伪满总人口的20%。其规模性、族群性显而易见。还有日本移民关联机构为其准备房屋、土地等，预留了移民资金，还规定移民土地不得出售给中国人，是其世袭财产，并使土地所有权重新与民族特权、政治权力结合起来，形成了僵硬的国有化殖民地土地关系。

以本书所主张的“历史结构性移民理论”观之，日本移民的“群体性、有计划的长距离迁徙及永久定居行为”，均处于高位，最终必将彻底改变“北满”地区的人口结构、民族结构、社会结构，并影响其社会走势。

第四，历史的实践证明，霸道政治时常大行其道，但长时段内却很难持久。明治维新后，日本综合国力持续提升，在东亚可谓是“一枝独秀”。其强烈的“膨胀国民”意识，无论是民间，还是官方，都甚嚣尘上。帝国主义阶段，日本热衷于武力掠取他国领土，延伸其地理边界。对于所获领土，日本已不满足于“形式的殖民”，即殖民国和殖民地间在政治上确立一种从属关系。而试图实质性的保有武力所获领土，即“实质的殖民”，以移民的形式在殖民地建立持续的社会经济关系。对于此次移民侵略，日本举国推行，其执行不可谓不坚决，组织不可谓不严密，意志不可谓不坚定，但在正义者面前，最终皆回归初始。

附录一

作者发表与本书关联的学术论文

《伪满洲国“内国开拓民”刍议》，《北方文物》2013 年第 3 期。

《从东北日本移民看伪满时期的土地关系及其社会影响》，《长白学刊》2013 年第 1 期。

《加藤完治的农业殖民教育思想与实践》，《南开日本研究》（年刊），2014 年。

《东宫铁男与关东军“北满”移民政策探析》，《辽宁师范大学学报（社会科学版）》2013 年第 1 期。

《日本侵华期间“满洲建设勤劳奉仕队”政策刍议》（发表题目为《伪满洲国的“勤劳奉仕”》），《外国问题研究》2012 年第 4 期。

《伪满洲国时期东北农户的生存——以日本移民之雇工、佃农及“国内移民”为中心》，《外国问题研究》2013 年第 3 期。

《日本侵华期间东北“未利用地”掠取刍议》，《哈尔滨师范大学社会科学学报》2012 年第 3 期。

《“满洲”：从族名到地名考》，《东北史地》2013 年第 3 期。

《关于日本伪满移民的两个问题》，《佳木斯大学社会科学学报》2010 年第 2 期。

《晚清“北满”放荒与移民》，《佳木斯大学社会科学学报》2012 年第 1 期。

《对日本“北满”移民之理论考察》，《哈尔滨师范大学社会科学学报》2011 年第 6 期。

《日本“北满”移民之关联问题述论》，《佳木斯大学社会科学学报》2010 年第 6 期。

附录二

日本“北满移民”大事记

1932 年

1 月 15 日至 29 日，关东军在奉天召开“满蒙法制及经济政策咨询会议”。关于移民问题，那须皓、桥本传左卫门等人鼓吹实施急速的移民侵略计划。

2 月，加藤完治伙同石黑忠笃、宗光彦已制定了《满蒙殖民事业计划书》（《六千人移民案》），称：“目前是满蒙殖民千载一遇之绝好机会”，“根据我国之现状，极早而且尽可能多地殖民于彼地，是最重要的事业之一”。

是月，关东军统治部据此制定了《移民方策案》《日本人移民案要纲》《屯田兵制移民案要纲》三个移民文件，构成日本移民侵略的基本框架。

4 月，日本在东北成立“日满土地开拓公司”，以掠取土地为己任。

6 月 10 日，东宫铁男向关东军提出“以在乡军人编成吉林屯垦军基干队，永久驻屯在吉林省东北地区的意见书”。

7 月 14 日，关东军安排东宫铁男和加藤完治在奉天会面。加藤移民案与东宫案实现合流。

8 月，关东军第二部第一班制定《朝鲜人移民对策案大纲》，基本态度是：对已居住于东北的朝鲜人以安抚为原则，但不鼓励新移居者。

8 月 16 日，日本拓务省提出“吉林省依兰地区移住计划说明书”中所制定的“一千户移民方案”，获日本国会通过。计划 1932 年秋入殖五百户，1933 年春五百户。

10 月 1 日，关东军特务部制定《关于在满洲移民的要纲案》，强调要以日本移民为中心，主体由“普通移民”向“特别农业移民”（即屯田式的武装移民）转变，露骨地提出了日本移民的军事、政治功能。

10月5日，493名在乡军人移民被送往“北满”。

12月，加藤完治和东宫铁男共同起草了《第一次武装移民精神动摇状况以及关于第二次以后人选的期望书》，希望以后将重心放在青少年移民身上，并积极制定“满蒙开拓青少年义勇军”方案。

是月，关东军第二部第一班制定了《移民一般农耕地的选定及获取对策方案》，作为移民用地掠取的基本原则。

1933 年

1月3日，伪满政府允许日本人从该年度3月起可自由购买、租借土地。

2月8日，东宫铁男提出招募“大陆新娘”，以解决频频出现的移民“屯垦病”。

2月11日，第一次武装移民入殖桦川县永丰镇，取名“弥荣村”。据1939年调查，包括家属该移民村293户1131人。

4月8日，关东军统治部发布的《日本人移民实施要纲案》。

5月，东亚劝业会社在日本拓务省、关东军的特许下，在珠河县设立河东安全村，安置东北朝鲜人851户3485人。

7月18日，第二次武装移民482人，侵入桦川县湖南营，建立了“千振村”移民团。据1939年调查，包括家属该移民村348户1303人。

12月，关东军统治部《在满洲朝鲜人指导方案》，重申日伪将保护在东北朝鲜人，但不积极鼓励新移殖者。

12月3日，“满洲国”颁布民政部训令第969号《关于集团部落建设之件》，主要目的是归吞并户、匪民分离。

1934 年

1月，日人计划在依兰、桦川、勃利、密山、宝清、虎林等县“收买”耕地165万垧，占该区域可耕地58.3%，地价不论熟地荒地，一律1元。

2月21日，当地农户3000余人占领土龙山。

3月，因日人土地掠夺而爆发震惊中外的“土龙山农民暴动”。

4月，东亚劝业会社在朝鲜总督府的资助下，设置绥化安全村，前后安置“北满”朝鲜人625户。

是月，第一批“大陆新娘”30名抵达弥荣村。

9月，东宫铁男将14名日本青少年移民送入三江区域的饶河，开启了“满蒙开拓青少年义勇军”这一新的移民形式。

10月21日，第三次试验移民259人抵达绥棱县北大沟，取名“瑞穗村”。据1939年调查，包括家属该移民村248户738人。

11月23日，由于日人的移民用地要求而提出土地商租问题，为此伪满政府出台了《农地商租法》。

12月3日，伪政府公布“集团部落”设置的决定，全面推行“永久性防卫的集团部落”，其具有防备、聚落、移民三种功能。

1935年

3月，关东军第三课制定《北满移民农业经营标准案》。

4月，日本国民高等学校从茨城县西茨城郡宍户町迁到该县东茨城郡下妻村内原，占地面积扩大到138公顷，内原训练所就此出现。

6月，第四次武装移民被输往密山县，计划组建城子河和哈达河移民村。据1939年调查，包括家属城子河248户625人，哈达河202户534人。合计450户1159人。

是月，第二批“大陆新娘”130名抵达千振村。

7月，日本拓务省抛出《北满移民农业经营标准案》。

7月23日，伪满民政部设拓政司，负责日农业移民。

10月，日本拓务省设立“海外拓殖委员会”，并在东京设立“满洲移住协会”。

12月，以“满洲国”为法人的暂时性移民机关“满洲拓殖株式会社”（简称“满拓会社”）宣告成立。

1936年

1月，日伪设立满洲拓殖会社，资本金1500万元。

4月，关东军在长春召开第二次移民会议，会议讨论关东军制定的《满洲农业移民百万户移住计划案》和具体实施的《暂行甲种移民实施要纲案》。

5月11日，关东军司令部公布了《满洲农业移民百万户移住计划案》，提出在20年内向中国东北移民100万户500万人的庞大移民计划。

6月，东洋协会调查报告《朝鲜农民移住满洲问题》，截至1934年6月，在东北的朝鲜人717210人，近四成居住在“北满”。

7月，第五次武装移民1093人侵入密山县，分别组成永安屯、朝阳屯、黑台、信浓4个移民村。据1939年调查，包括家属永安屯280户739人，朝阳屯266户694人，黑台196户530人，信浓296户676人。合计1038户2639人。

8月8日，关东军发布“北满”第六次移民，计划移殖万户，分集团移民和自由移民两种。

8月25日，广田弘毅内阁正式宣布向中国东北移民是日本七大国策之一。

9月9日，鲜满拓殖会社在汉城成立，朝鲜总督府专门制定其储备金5000万元。

9月14日，伪满发布政令，满鲜拓殖会社在长春成立，基本金1500万元。

10月，拓务省起草了《北满集团农业移民的经营标准案》，对移民的营农问题进行了规划。

12月1日，关东军参谋部制定《日本人移民用地整备要纲案》，对移民用地的掠取流程进行规范。

1937 **年**

2月，伪安东省公布“安东省鲜农移民案”，计划移殖朝鲜人3万户20万人。

5月，日本拓务省制定了《满洲移民第一期实施计划要领》，作为“二十年百万户移出计划”第一期（1937—1941）10万户的实施大纲。

6月，加藤完治组织了第三次饶河少年队，并在内原训练所进行为期一个月的训练，之后将100人送往嫩江伊拉河。

是月，第六次集团移民分别侵入虎林、密山、林口、鹤立、绥棱、海伦、通北等县，共组成17个移民屯。据1939年调查，包括家属17个移民屯共计3897户8287人。

7月15日，日本移民关联机构在长春召开移民会议。15日公布《青年农民训练所创设要纲》。

9 月 1 日，满洲拓植公社正式取代满拓会社，资本金增至 5000 万元。

11 月，关东军出台《日本人移民用地整备要纲案》，对移民用地的获取数额作了规划，一年 100 万町步，分 10 年完成。

11 月 3 日，石黑忠笃、桥本传左卫门、那须浩、加藤完治同"满洲移住协会"理事长大藏公望等人，联名向日本政府提交了《关于满蒙开拓青少年义勇军编成建议书》，建议立即组织"满蒙开拓青少年义勇军"5 万人的移民计划。

11 月 5 日，日伪设立嫩江开拓训练所，对日青少年移民进行"现地"训练。

1938 年

1 月 21 日，满拓公社设立孙吴青年移民训练所。

2 月 11 日，长野县大日向村先遣队抵达舒兰县四家房，开启了"分村移民"的序幕。截至日本投降，该村 189 户 766 人。

2 月 21 日，朝鲜总督府计划向伪吉林省移殖朝鲜人 1.3 万人，伪间岛省移殖 1.2 万人。

2 月，第七次集团移民 3957 人，在"北满"组建了 22 个移民村。

3 月，伪政府为配合日本第七次集团移民，掠取耕地逊河 25 万垧，孙吴 5 万垧，爱辉 2 万垧。

3 月 1 日，加藤完治就任内原训练所所长。

4 月，为安排 1400 户朝鲜移民，掠取宁安、海林耕地 5200 垧。

7 月，关东军出台《鲜农处理要纲》，将朝鲜移民也分为集团、集合、分散开拓团。

7 月 1 日，伪满产业部训令第 171 号《三江省移民用地整备实施要领》，要求满拓公社务必获取土地收买人的地照。

8 月 10 日，日本拓务省开始在全面招募"大陆新娘"。

9 月，据日伪调查，伪牡丹江省有日移民 2814 人，家属 2168 人，合计 4982 人。

12 月 12 日，伪国务院决定设立开拓总局，作为伪产业部的直属局。下设总务处、土地处、招垦处、拓地处。在土地掠夺方面与满拓公社相呼应。同时，决定在伪龙江省、滨江、三江、吉林、牡丹江设开拓厅，其他各省设开拓科。其他各关联县设开拓科或开拓股。结城清太郎、稻垣正夫、五十子卷三先后担任该局局长。

1939 年

1 月 10 日，关东军制定了《满洲开拓根本政策基本要纲》，提出“日本内地人开拓民原则上暂以北满方面为主”，并提交日本政府。

2 月，第八次集团移民分别侵入汤原、通河、桦川、依兰、方正、庆城、铁力、珠河、五常、木兰、宾县等 11 县，共组成 40 个移民村。

3 月 3 月，伪满另一决策性机构“企划委员会”增设了一个移民管理机构“开拓委员会”，主要协调移民用地收买、改良及日移民与“原住民”的关系处理。

4 月 8 日，伪满政府公布“产业开发五年计划”“开拓移民计划”“北边振兴”等所谓的“三大国策”。

4 月 29 日，一千余名朝鲜移民进入“北满”。

5 月，“满洲建设勤劳奉仕队”中央实践本部编制了《满洲建设勤劳奉仕队要纲》，开始向伪满输送“满洲建设勤劳奉仕队”员，以挽救行将崩溃的农业移民。日本帝国主义七年间（1939—1945）共输入勤奉队员 69097 人，其中从事农业生产的队员 51563 人，所占比例 78. 35%。

6 月 1 日，伪满出资 2000 万设立了“满洲土地开发会社”。

12 月 12 日，日“满”双方同时公布《满洲开拓根本政策基本要纲》，并成为日本“满洲移民”的最高法典。

该年度，朝鲜集合移民 5015 户，分散移民 2393 户，合计 7408 户。

1940 年

1 月 23 日，伪开拓总局公布《开拓地协同组合法案》。

2 月 27 日，伪满产业部第 221 号训令《关于开拓用地整备之件》，要求满拓公社掠取土地的实际面积是 1200 公顷，伪开拓总局 841 万公顷。

4 月 1 日，“满洲开拓青少年义勇队训练本部”在长春成立，该训练部是伪满“现地训练所”统一管理组织。截至日本战败投降，各类青年移民训练所共 94 个，其中“北满”76 个。共容纳训练生共 37945 名。

5 月 3 日，伪满政府发布第 107 号政令《开拓团法》，对“以永驻为目的”的日本移民给予法律上的承认。

5 月 16 日，结城清太郎兼任开拓总局长。

6月2日，伪满政府设立“开拓研究所”，作为“开拓国策”的综合调查研究机构，下设分所或支所。

6月20日，伪满政府发布第162号政令《开拓协同组合法》，对日移民给予超国民待遇。

7月4日，稻垣征夫任开拓总局长。

10月，《满洲国现势》公布，1932年至1940年7月，日本帝国主义在东北的各类移民，日人59705人，朝鲜人96518人，日青少年37205人，“满洲建设勤劳奉仕”队员21794人。

该年度，密山县北五道岗、铁骊县安拜移民村分别开设“开拓女塾”，前者接收女子30名，安拜18名。截至1943年，日伪在“北满”各县开设12个所“开拓女塾”。1944年，又计划在秋梨沟、宁安、克山、庆安和嫩江增设5所。

该年度，朝鲜集团移民3290户，集合移民1318户，分散移民1842户，合计6450户。

1941年

3月23日，第十次集团移民2032户，4526人。

4月30日，伪满政府制定所谓《扶助国内开拓民纲要》《国内开拓民扶助法》，试图缓和日本移民与“原住民”的矛盾。

6月1日，满拓公社与满鲜会社最终实现合并，并增资1500万元，有日“满”均摊。

6月2日，伪开拓总局制定《日本开拓第二期五年计划》（1942—1946），计划入殖15.8万人，青少年移民6.5万人。

6月10日，朝鲜满会社在汉城宣布解散。

11月13日，伪满政府发布第280号政令《开拓农场法》，“开拓农场”是以世袭家产制为主进行农业经营的。

11月24日，开拓总局土地处《未利用地开发事业法要纲案》，打着造成农田的幌子，开始了新一轮的土地掠取。

12月12日，日本第一期“二十年百万户移出计划”实绩，总移民41537户10.7万人。其中，集团移民团259个，2.4万户8.5万人；集合移民团122个，5300户1.5万人；分散移民团43个，1400户5300人；铁路自警村23个，384户1400人；青少年移民3.5万人。

12 月，日伪公布《满洲开拓第二期五年计划要纲》，提出一般移民计划 22 万户，青年义勇队 13 万人。

该年度，朝鲜集团移民 615 户，集合移民 141 户，分散移民 1969 户，合计 2725 户。

1942 年

1 月 18 月，伪国务院、兴农部公布《开拓农业传习场官制》。“传习农场”主要向日本移民传习改良农法。

3 月，日本拓务省出台《女子拓殖事业对策要纲》，将日本各道府县及民间广泛推出的各项“大陆新娘”活动统称“女子拓殖事业”。

4 月 30 日，伪满参议府会议提出《内国开拓民助成要纲》和《内国开拓民助成法》，拟资助因日移民侵略失地的东北农户。

6 月 24 日，哈尔滨开拓农业传习场进行第一次改良农法传习。

10 月 26 日，伪满洲国和朝鲜总督府同时发布《朝鲜人满洲开拓第二次五年计划要纲》，计划每年移民 1 万户，集团、集合移民 5 千户，分散移民 5 千户，五年合计 5 万户。

11 月 30 日，伪国务院、兴农部公布《内国开拓民助成事业法》，对“国内开拓民”进行规范化管理。

1942 年 12 月，满拓公社制定《北满开拓地区酪农经营标准案》。

该年度，朝鲜集团移民 1152 户，集合移民 13302 户，分散移民 16298 户，合计 34657 户。

1943 年

2 月 10 日，伪兴农部公布《内国开拓民助成事业法实施细则》。

6 月 29 日，伪满洲国“报国农场”17 个，移民 1727 名。

截至该年度 12 月，日本在东北的移民团（移民村）数 623 个，移民 53620 户 155390 人。其中“北满”户数占 95.2%，人数 94.93%。

1944 年

2 月，伪开拓总局公布《关于 1944 年度开拓用地整备件》，该年度收买土地面积 613783 公顷，改良面积 363089 公顷，日移民入殖区域面积 133754 公顷。

5 月 10 日，该年度入殖“满蒙开拓青少年义勇队”1.3 万人，其中 4345 人即日起陆续殖入。

5 月 12，该年度在通化、三江、龙江、东安、黑河殖入朝鲜集团、集合移民 2.4 万人，并已全部完成。

附录三

参考文献

一　史料、档案、报刊

[日] 舍人亲王编纂:《日本书纪》(全三册),佚存书坊 1895 年版。

[日] 藤原继绳、营野真道等编纂:《续日本纪》,吉川弘文馆 1980 年版。

[日] 德川光圀等编纂:《大日本史》(二十六册),吉川弘文馆 1911 年版。

[高丽] 金富轼编纂:《三国史记》,韩国乙酉文化社 1997 年版。

[高丽] 释一然:《三国遗事》,韩国乙酉文化社 1997 年版。

(清) 阿桂等撰:《钦定满洲源流考》,文渊阁《四库全书》本。

(清) 长顺等撰:《吉林通志》,1896 年刻本。

(清) 嵇璜、刘墉等奉敕撰:《皇朝通志》,商务印书馆 1935 年版。

[日] 白取道博解题:《满蒙开拓青少年义勇军关系资料》,不二出版社 1993 年版。

[日] 北博昭编:《兴亚学生勤劳报国队关系资料》,不二出版社 1994 年版。

[日] 北博昭编:《满洲建设勤劳奉仕队关系资料》,不二出版社 1993 年版。

黑龙江省档案馆编:《东北日本移民档案(黑龙江卷)》(影印本,全 10 册),广西师范大学出版社 2003 年版。

吉林省档案馆编:《东北日本移民档案(吉林卷)》(影印本,全 5 册),广西师范大学出版社 2003 年版。

辽宁省档案馆编:《满铁密档·满铁与移民》(影印本,全 8 册),广西师范大学出版社 2003 年版。

中央档案馆、中国第二历史档案馆、吉林省社会科学院合编:《日本帝国主义侵华档案资料选编——东北经济掠夺》，中华书局 1991 年版。
黑龙江档案馆、黑龙江省社会科学院历史所编：《日本向中国东北移民》（档案选编），1989 年。
吉林省图书馆伪满洲国史料编委会编：《伪满洲国史料》（全 33 册），全国图书馆文献缩微复制中心，2002 年影印本。
内蒙古自治区文史资料委员会编：《伪满兴安史料》，《内蒙古文史资料》第 33 辑，1989 年。
黑龙江文史资料委员会编：《梦碎“满洲”——日本开拓团覆灭前后》，黑龙江人民出版社 1991 年版。
舒兰文史资料研究委员会编：《舒兰文史资料》（第 2 辑），1986 年。
佳木斯文史资料委员会编印：《开发与掠夺》，《佳木斯文史资料》（第 11 辑），1990 年。
鸡西市文史资料研究委员会编印：《鸡西文史资料》（第 4 辑），1988 年。
绥棱县文史委员会编：《绥棱文史资料》（第 10 辑），1999 年。
《东方杂志》《盛京时报》（1944 年改称《康德新闻》）。

二 著述

孟森：《明清史论著集刊》（上下），中华书局 2006 年版。
王锺翰：《王锺翰清史论集》，中华书局 2004 年版。
万福麟监修，张伯英总纂：《黑龙江志稿》（上中下），黑龙江人民出版社 1992 年版。
［日］稻叶君山著：《满洲发达史》，杨成能译，东亚印刷会社（奉天）1940 年版。
——《清朝全史》（上下），上海社会科学院出版社 2006 年版。
［日］喜多一雄：《满洲开拓论》，明文堂 1944 年版。
［日］藤原彰等编：《日本法西斯与东亚细亚》，青木书店 1977 年版。
满洲开拓史复刊委员会：《满洲开拓史》，全国拓友协会 1980 年版。
孙邦主编：《伪满史料丛书——经济掠夺》，吉林人民出版社 1993 年版。
中央档案馆编：《伪满洲国的统治内幕——伪满官员供述》，中华书局 2000 年版。
王承礼、常诚、孙继武主编：《苦难与斗争十四年》（上、中、下），中国大百科全书出版社 1995 年版。

［日］井上清等著：《日本近代史》（上、下），杨辉译，商务印书馆 1972 年版。

［日］井上清著，天津市历史研究所译：《日本历史》（上、中、下），天津人民出版社 1974 年版。

孔经纬：《东北经济史》，四川人民出版社 1986 年版。

王希亮：《日本对中国东北的政治统治（1931—1945）》，黑龙江人民出版社 1991 年版。

日本“满史会”编著：《满洲国史（分论）》（上、下），“东北沦陷十四年史”吉林编写组译，东北师范大学校办印刷厂印刷，1990 年。

日本“满史会”编著，“东北沦陷十四年史”辽宁编写组译：《满洲开发四十年史》（上、下卷），1987 年内部发行。

日本“满史会”编著：《日本帝国主义在中国东北的移民》，孟宪章等译，黑龙江人民出版社 1991 年版。

日本“满史会”编著：《满洲国史（总论）》，步平等译，黑龙江社会科学院内部出版，1990 年。

日本铃木隆史著，吉林省伪皇宫陈列馆译：《日本帝国主义对中国东北的侵略》，吉林教育出版社 1996 年 6 月版。

［英］F. C. 琼斯著：《1931 年以后的中国东北》，胡继媛译，商务印书馆 1959 年版。

金毓黼著：《东北通史》，《社会科学战线》杂志社 1980 翻印版。

［韩］全海宗著：《中韩关系史论集》，全善姬译，中国社会科学出版社 1997 年版。

周一良：《周一良集》（第四卷），辽宁教育出版社 1998 年版。

拜根兴：《七世纪中叶唐与新罗关系研究》，中国社会科学出版社 2003 年版。

王屏：《近代日本的亚细亚主义》，商务印书馆 2004 年版。

［日］草柳大藏：《满铁调查部内幕》，黑龙江人民出版社 1982 年版。

刘瑞霖：《东三省交涉辑要》，台湾文海出版社 1968 年版。

王海波：《东北移民问题》，中华书局 1932 年版。

陈翰笙、王寅生：《黑龙江流域的农民与地主》，国立中央研究院社会科学研究所专刊第一号，1929 年。

王芸生编著：《六十年来中国与日本》，生活·读书·新知三联书店 1981

年版。

东北局宣传部:《东北农村调查》，东北书店 1947 年版。

李尔重、富振声等:《东北地主富农研究》，东北书店 1947 年版。

东北文化社编印:《东北年鉴》，1931 年。

葛剑雄、吴松弟、曹树基著:《中国移民简史》，福建人民出版社 1997 年版。

东北沦陷十四年史总编室和日本殖民地研究会:《伪满洲国的真相——中日学者共同研究》，社会科学文献出版社 2010 年版。

[美] 拉铁摩尔 (Owen Lattimore) 著:《中国的亚洲内陆边疆》，唐晓峰译，江苏人民出版社 2010 年第 2 版。

[日] 信夫清三郎编:《日本外交史》(上、下)，天津社会科学院日本问题研究所译，商务印书馆 1980 年版。

东省铁路经济调查局编印:《北满农业》，1928 年。

徐曦编纂:《东三省纪略》，商务印书馆 1915 年版。

华企云:《满蒙问题》，大东书局 1931 年版。

[清] 杨宾:《柳边纪略》，商务印书馆 1936 年版。

萧一山:《清代通史》(全五册)，中华书局 1986 年版。

[清] 徐宗亮著:《黑龙江述略》，李兴盛等校，黑龙江人民出版社 1985 年版。

[清] 徐世昌等编纂:《东三省政略》(上、下)，李澍田等校，吉林文史出版社 1989 年影印本。

高乐才:《日本"满洲"移民研究》，人民出版社 2000 年版。

孙春日:《"满洲国"时期朝鲜开拓民研究》，延边大学出版社 2003 年版。

——《中国朝鲜族移民史》，中华书局 2009 年版。

[日] 加藤完治:《日本农村教育》，东洋图书会社 1934 年版。

[日] 村上重良:《国家神道》，商务印书馆 1990 年版。

[日] 小平権一:《石黑忠笃》，时事通讯社 1962 年版。

[日] 上笠一郎:《满蒙开拓青少年义勇军》，中央公论社 1973 年版。

[日] 樱本富雄:《满蒙开拓青少年义勇军》，青木书店 1987 年版。

日本农业研究所编印:《石黑忠笃传》，1969 年。

近代日本思想史研究会:《近代日本思想史》，那庚辰译，商务印书馆 1992 年版。

［日］藤冈启著：《满蒙经济大观》，吴自强译，民智书局 1929 年版。
马毅：《东北现势》，独立出版社 1944 年版。
苏崇民：《满铁史》，中华书局 1990 年版。
乌廷玉等：《东北土地关系史研究》，吉林文史出版社 1990 年版。
谢学诗：《伪满洲国史新编》，人民出版社 2008 年第 2 版。
［日］依田憙家：《日本帝国主义与中国》，北京大学出版社 1989 年版。
衣保中：《东北农业近代化研究》，吉林文史出版社 1990 年版。
——《中国东北区域经济》，吉林大学出版社 2000 年版。
郭文韬、曹隆恭等：《中国近代农业科技史》，中国农业科技出版社 1989 年版。
孙继武、郑敏主编：《日本向中国东北移民的调查与研究》，吉林文史出版社 2002 年版。
李淑娟：《日伪统治下的东北农村》，当代中国出版社 2005 年版。
［日］白取道博：《满蒙开拓青少年义勇军史研究》，北海道大学出版社 2008 年版。
潘喜廷：《东北近代史研究》，中州古籍出版社 1994 年版。
日本产业调查会满洲总局编印：《满洲产业经济大观》，1943 年。
［日］梁顺春雄：《东宫大佐传》，新红社 1942 年版。
石艳春：《日本“满洲移民”社会生活研究》，高等教育出版社 2011 年版。

三 论文

［日］永田武雄：《北满农耕地土壤调查成绩（第一报）》，《日本土壤肥料学杂志》第 14 卷第 8 号，531－536，1940－08－25。
——《北满农耕地土壤调查成绩（第二报）》。《日本土壤肥料学杂志》第 14 卷第 9 号，567－586，1940－09－25。
——《北满农耕地土壤调查成绩（第三报）》，《日本土壤肥料学杂志》第 14 卷第 10 号，631－648，1940－10－25。
江桥：《清朝前期宗室人口状况的初步统计与分析》，《人口研究》1986 年第 2 期。
赵中孚：《移民与东三省北部的农业开发》，（台北）《“中央研究院”近代史研究所集刊》1972 年第 3 期。

李长传:《满洲地理研究》,《新亚细亚》第 2 卷第 2 号, 1931 年。
[日] 那须皓:《日本农业的特质》,《东方杂志》第 28 卷第 9 号, 1931 年。
瞿明宙:《日本移民急进中的东北农民问题》,《东方杂志》第 32 卷第 19 号, 1935 年 10 月。
[日] 浅田乔二:《拓務省の満州農業移民計画: 試験移民期》,《駒澤大學經済學部研究紀要》第 32 号, 87 - 155, 1974 - 03。
——『満州移民の農業経営状況』,『駒沢大学経済学論集』第 9 巻第 1 号, 77 - 99, 1977 - 06。
——『満州農業移民の富農化・地主化状況』,『駒沢大学経済学論集』第 8 巻第 3 号, 39 - 94, 1976 - 12。
王家鹏:《乾隆与满族喇嘛寺院》,《故宫博物院院刊》1995 年第 1 期。
王俊中:《"满洲"与"文殊"的渊源及西藏政教思想中的领袖与佛菩萨》,(台北)《中央研究院近代史研究所集刊》1997 年第 28 期。
[日] 岩本勲:『日本帝國主義の戦爭と侵略の論理 (1)』,『大阪産業大學論集. 人文・社會科學編』第 3 巻, 33 - 54, 2008 年 6 月。
——『日本帝国主義の戦争と侵略の論理 (2)』,『大阪産業大学論集. 人文・社会科学編』第 4 巻, 1 - 23, 2008 - 10。
——『日本帝国主義の戦争と侵略の論理 (3)』,『大阪産業大学論集. 人文・社会科学編』第 5 巻, 1 - 22, 2009 - 02。
——『日本帝国主義の戦争と侵略の論理 (4)』,『大阪産業大学論集. 人文・社会科学編』第 6 巻, 1 - 21, 2009 - 06。
[日] 白取道博:『「満州」移民政策と「満蒙開拓青少年義勇軍」』(『北海道大学教育学部紀要』第 47 号, 107 - 139, 1986 年 2 月。
——『「満蒙開拓青少年義勇軍」の創設過程』,『北海道大学教育学部紀要』第 45 号, 189 - 222, 1984 年 12 月。
——『「満蒙開拓青少年義勇軍」の変容 (1938—1941 年):「郷土部隊編成」導入の意義』,『北海道大学教育学部紀要』第 54 号, 33 - 96, 1990 - 02。
——『「満蒙開拓青少年義勇軍」の政策的位置 (1941—1945 年)』,『横濱大学学報』第 31 号, 27 - 44, 1991 - 10 - 31。
——『「満州建設勤労奉仕隊」に関する基礎的考察』,『北海道大學教育

學部紀要』，第 80 号，277 - 295，2000 - 03。

［日］宇野豪：『日本国民高等学校運動の創始者』，『広島修大論集．人文編』第 39 巻第 2 号，229 - 259，1999 - 03 - 31。

——『日本国民高等学校運動の展開』，『広島修大論集．人文編』第 40 巻第 1 号，79 - 105，1999 - 09 - 30。

——《国民高等学校運動から満洲移民運動へ》，《広島修大論集．人文編》第 41 巻第 1 号（1），1 - 40，2000 - 09 - 30。

［日］浅田乔二：『1930 年代植民地（朝鮮）地主制の存在形態：全羅北道地主制の事例分析』，『駒沢大学経済学論集』第 21 巻第 3 号，1 - 35，1990 - 02。

——『矢内原忠雄の植民論（上）』，『駒沢大学経済学論集』第 20 巻第 1 号，21 - 82，1988 - 06。

——『矢内原忠雄の植民論（中）』，『駒沢大学経済学論集』第 20 巻第 2 号，1 - 69，1988 - 09。

——『矢内原忠雄の植民論（下）』，『駒沢大学経済学論集』第 20 巻第 3 号，1 - 75，1988 - 12。

［日］竹田稔和：『筧克彦の国家論——構造と特質』，『岡山大学大学院研究科紀要』第 10 号，27 - 40，2000 - 11。

［日］田中寛：『「満蒙開拓青少年義勇軍」の生成と終焉：戦時下の青雲の志の涯てに』，『大東文化大学紀要．社会科学』第 42 号，33 - 81，2004 - 03 - 31。

［日］内木靖：『満蒙開拓青少年義勇軍——その生活の実態』，『愛知県立大学大学院国際文化研究科論集』第 11 号，79 - 108，2010。

［日］武田清子：『加藤完治の農民教育思想：国民高等学校運動と満州開拓団』，『国際基督教大学学報』A 教育学第 11 号，47 - 103，1965。

［日］三浦実生：『昭和三傑：大川周明、加藤完治、権藤成卿』，『農林春秋』第 2 巻第 3 号，47 - 51，1952 年 3 月。

［日］玉真之介：『満州開拓と北海道農法』，『北海道大学農経論叢』第 41 号，1 - 22，1985 - 02。

［日］菅谷務：『橘孝三郎にみる農本主義思想の位相（その一）：変革期における宗教とテロリズム』．『五浦論叢』第 9 号，45 - 62，2002 - 10 - 30。

［日］今津九右衛門等：『昭和15年（康德7年）度滿州國北安省鐵驪縣開拓農民衛生實態調查報告書』，『京都府立医科大学雑誌』第31卷第1—4号，1-56，1941年1月。

王检：《东三省日本移民的过去和将来》《东方杂志》第30卷第17号，1933年9月。

辛培林：《论日本殖民统治时期的东北社会形态》，《黑龙江社会科学》1995年第4期。

郑敏：《沦陷时期东北农村经济的殖民地化》，《东北沦陷史研究》1998年第4期。

李淑娟：《日本帝国主义对中国东北移民侵略特点之剖析》，《学术交流》2003年第2期。

衣保中：《近代朝鲜移民与东北地区水田开发史研究》，南京农业大学博士论文，2002年。

［日］福田晴夫：《国民勤劳奉公制度是甚么》，《新满洲》第5卷第1号，1943年第2期。

［日］玉真之介：《満洲林業移民と営林実務実習生制度》，《青森県史研究》第8卷，1-20，2003-12。

［日］天野賢定：《興亜青年勤勞報國隊に参加して》，《駒沢大學實踐宗乘研究會年報》第8号，121-131，1940-03。

［日］窪田祥宏：《興亜學生勤労報國隊の大陸派遣》，《日本大學文理學部研究紀要》第60号，97-112，2000年。

［日］浅田乔二：《新渡戸稲造の植民論》，《駒澤大學經済學部研究紀要》第46号，1-160，1988-03。

——《細川嘉六の植民論》，《駒澤大學經済學部研究紀要》第47号，1-189，1989-03。

后　记

本书是我参与吉林大学东北亚研究院衣保中教授主持的教育部哲学社会科学研究重大委托项目《吉林新发掘日本侵华档案中若干重大侵华罪行研究》（14JZDW006）之子课题《日本侵华时期对东北的经济掠夺档案整理研究》的阶段性成果，也是我所主持的教育部年度青年基金项目（11YJC770040）之结项成果。关于日本对我国东北移民研究，我大约是2009年开始接触，其间写了些不成熟的文章。2011年，该选题获教育部资助。在即将付梓之际，要特别感谢学界前辈、领导同仁、亲人朋友的厚爱、支持和帮助。

首先，特别感谢吉林省委决策咨询委员会委员、吉林大学东北亚研究院博士生导师衣保中教授，吸收我入课题组。衣先生是东北经济史方面的方家，长期从事东北区域史研究，成果卓著，为学术界所敬仰。客观地说，作者所在的高校学术氛围不甚浓厚，很难如某些高校在科研上引人关注，况且我也是初出茅庐，能中选此题目，相信评审专家承担一定的压力。因此，自立项之日起，即下定决心，专心研究，回报评审专家的抬爱。三年间，我先后走访了佳木斯辖区内多处日本移民团原址，发表论文10余篇，自认为解决了一些问题，如加藤完治的殖民思想、东宫铁男的移民行为、“满洲建设勤劳奉仕队”及伪满“内国开拓民”问题等。

其次，感谢陕西师范大学历史文化学院、东北亚研究中心主任、博士生导师拜根兴教授。拜教授是我的硕士导师，早年留学韩国，主要从事中日、中韩关系史研究。忝列拜师门下，掌握了学术论文的选题及写作的技巧。毕业工作后，他还一直关注我的工作和学习，并在我的要求下，欣然赐序。

另外，还要感谢中共吉林省委党校吴祖鲲教授。在学术交流中认识了吴教授，最终我们成为忘年交，情同父子。三年间，他为我的学术研究提供了关键性指导，引荐并结识该领域内的前辈同行。最后，特别感谢中国社会科学出版社宋燕鹏先生，正是由于他的努力，才使本书很快出版。

佳木斯大学邱洪斌校长曾过问此书的出版，科技处胡明处长、崔秀兰教授、周文翠教授，社会科学部主任彭立学教授，提供了诸多帮助，在此一并致谢。

由衷地感谢国家的改革开放，使包括我在内的许多人告别贫困，接受良好的教育。感谢教育部基金资助，使我有足够的动力全身心投入人文科学研究。感谢我的父母，是他们坚信教育的价值，让我去兰州大学、陕西师范大学求学读书。感谢我妻子佟淑玲女士默默的陪伴，她的支持是我的精神源泉。我将竭尽全力奋斗出一片天地，营造我们美好的未来。

但愿本书的出版能对近代东北亚历史的研究有所补益。必须指出的是，由于个人学识、水平等原因，书中肯定有不少缺点和不足，这当然由我自己负全责。

马　伟

2015 年 1 月